Ellen Nieswiodek-Martin (Hg.)

Träume kennen kein Alter

Über die Herausgeberin

Ellen Nieswiodek-Martin ist seit 2014 Chefredakteurin der Zeitschrift LYDIA. Diese Aufgabe hat sie selbst erst in der zweiten Lebenshälfte übernommen und möchte die Leser ebenfalls dazu ermutigen, ihre Träume umzusetzen, neue Aufgaben mutig anzugehen und das Leben neu zu gestalten. Sie ist verheiratet, hat sechs größtenteils erwachsene Kinder und zwei Enkelkinder. Außerdem ist sie Herausgeberin mehrerer Bücher.

ELLEN NIESWIODEK-MARTIN (Hg.)

Träume kennen kein Alter

Schöne Aussichten auf die zweite Lebenshälfte

Lydia

Inhalt

Vorwort

Was ist eigentlich unser „wahres Alter?" Ab wann sind wir „ältere" Menschen, ab wann sind wir „alt"? Wenn das so einfach wäre mit der Definition! Eine bekannte Fernsehmoderatorin sagte kurz vor ihrem 40. Geburtstag: „Vierzig ist das neue Dreißig". Ein Modedesigner erklärte: „60 ist das neue 40". Ja, was denn nun? Die Erklärung für solche Aussagen liefert der Spruch: „Man ist immer nur so alt, wie man sich fühlt." In einem Artikel der „Badischen Zeitung" las ich, dass sich der Durchschnittsdeutsche 8,3 Jahre jünger fühlt als er ist. Das passt ja gut! Dieses Lebensgefühl mag damit zu tun haben, dass die meisten Mitbürger, die 50 Jahre oder älter sind, andere Erfahrungen gemacht haben als die Generation ihrer Eltern. Die Menschen, die heute „um die 50" sind, kennen weder Krieg noch Nachkriegsjahre und waren in ihren produktivsten Arbeitsjahren Teil einer erfolgreichen Volkswirtschaft mit all den Vorteilen, die damit einhergingen.

Das Älterwerden – für viele Menschen ist es eine Schreckensvision, deren Vorboten und Auswirkungen mit allen Mitteln bekämpft werden müssen. Unsere Gesellschaft bietet dafür zahlreiche Möglichkeiten an wie Kosmetikstudios, Fitnesscenter, Anti-Aging-Produkte und chirurgische Eingriffe. So soll die Jugendlichkeit bis ins reife Alter erhalten werden – äußerlich und innerlich. Denn auch bildungstechnisch wird für Ältere gut gesorgt. Deutschlands Universitäten haben Menschen, die in der zweiten Lebenshälfte noch einmal neue Wege einschlagen wollen, als neue Zielgruppe für sich entdeckt. Sie bieten ihnen die reguläre Teilnahme an Seminaren und Vorlesungen an – nicht nur als Gasthörer. Für manche dieser Studenten und Studentinnen bedeutet das Studium einfach, ihre Bildung aufzufrischen oder weiter auszubauen, für andere erfüllt sich damit ein Lebenstraum. Doch nicht nur ein spätes Studium stellt einen Lebenstraum dar, den man sich auch im reiferen Alter noch erfüllen kann. Noch viele andere Träume warten darauf, verwirklicht zu werden.

Einige dieser Möglichkeiten, die sich in der zweiten Lebenshälfte auftun können, sind allerdings abhängig von guter Gesundheit, ausreichenden finanziellen Mitteln (nicht jeder kann sich eine Kreuzfahrt oder eine Reise zu exotischen Zielen leisten) oder auch davon, ob man (noch) einen Partner hat, der die eigenen Pläne teilt und unterstützt. Und auch, wenn man es nicht wahrhaben will, geht manches nicht mehr, weil man tatsächlich älter wird – egal, wie man sich fühlt. Das realisieren wir spätestens dann, wenn uns das Leben mit ungeplanten unerwünschten Ereignissen konfrontiert und wir spüren, dass dieses Leben irgendwann zu Ende geht.

Die Autorinnen und Autoren dieses Buches haben ganz unterschiedliche Lebensläufe, aber etwas haben sie alle gemeinsam: Sie sind Menschen, deren Glaube an Jesus Christus das Fundament ihres Lebens ist. Ich bin überzeugt davon, dass Sie, liebe Leserinnen und Leser, inspiriert, ermutigt und getröstet werden durch diese persönlichen Geschichten, in denen wunderbare Frauen und Männer Gottes ihre Herzen öffnen und uns einen Einblick in ihr Leben und ihre Gefühle schenken. Sie alle sind mutig in der zweiten Lebenshälfte vorangegangen und haben sich auf das Abenteuer des Älterwerdens eingelassen.

Man muss kein bestimmtes Alter erreicht haben, um von den Erfahrungen dieser Autorinnen und Autoren profitieren und lernen zu können. Dazu gehört der Umgang mit den eigenen Begrenzungen – in welcher Form auch immer – und mit schwierigen, aber notwendig gewordenen Entscheidungen.

Die Geschichten in diesem Buch zeigen jedoch auch: Gewisse Dinge, die wir mit dem Älterwerden und schließlich dem Alter verbinden, sind nicht unausweichlich. Manche Ängste können wir getrost ablegen, denn der Schöpfer des Himmels und der Erde spricht das große Amen über unser Leben; ihm allein steht es zu, die Spanne und die Umstände unseres Lebens zu bestimmen. Deswegen ist eines gewiss, wenn ich mein Vertrauen auf Jesus setze – unabhängig davon, wie alt ich mich fühle oder wie alt ich tatsächlich bin: Das Beste kommt noch, nämlich eine Ewigkeit in Gottes Gegenwart.

Bis dahin lädt er uns ein, zuversichtlich und mutig durch unser Leben zu gehen und im Älterwerden nicht nur die Herausforderungen, sondern auch die Chancen zu sehen.

Denn für die Träume, die Gott uns ins Herz gelegt hat, gibt es kein „zu alt".

Viel Freude und Inspiration beim Lesen!

Ihre Ingeborg Barker

Ingeborg Barker ist Pastorin der Fels Gemeinde in Bingen, liebende Ehefrau, Mutter und Großmutter und langjährige Frauenleiterin im Bund freikirchlicher Pfingstgemeinden.

Für wen dieses Buch geschrieben ist …

Wann beginnt eigentlich die zweite Lebenshälfte? Das wurde ich bei der Zusammenstellung dieses Buches mehrfach gefragt.

So ganz einfach lässt sich das nicht sagen. Denn wie jung oder alt man sich fühlt, ist sehr unterschiedlich und hängt von verschiedenen Faktoren ab. Die eine hat schon seit dem 40. Geburtstag Angst vor dem Älterwerden. Andere machen sich zum ersten Mal kurz vor dem 50. Geburtstag Gedanken, was noch kommen könnte.

Sollte man die Definition an der statistischen Lebenserwartung festmachen?

Dann könnten wir Frauen hier in Deutschland bei einer statistischen Lebenswartung von rund 87 Jahren den 43. Geburtstag als Lebensmitte annehmen.

Ein Mann hat nach heutigem Stand etwa zwei Jahre weniger zur Verfügung. Aber all das sind statistische Zahlen, die sich durch die individuellen Umstände verändern können.

Eine Frau, die 1968 geboren ist und in Deutschland lebt, hat eine statistische Lebenserwartung von 87,9 Jahren. Das errechnet das Portal http://population.io nach dem Geburtsjahr, dem Geschlecht und dem Land, in dem man lebt.

Netterweise rechnet das Portal auch gleich die verbleibenden Lebensjahre aus und fragt: „Fühlen Sie sich jung oder alt?“ Es folgt die Feststellung: „Sie sind die 5 7771 645 274. lebende Person auf der Welt. Das bedeutet, dass 78 Prozent der

Weltbevölkerung und 54 Prozent der Menschen in Deutschland jünger sind als Sie."

Ob diese Angaben aufmunternd sind, sei dahingestellt. In jedem Fall zählt eine 50-Jährige eindeutig zu der älteren Bevölkerung.

Andererseits: Wir haben das Vorrecht, in Deutschland zu leben – einem Land mit hohen Standards und guter Versorgung. Würde eine Testperson als Wohnort nämlich Indien angeben, würde ihre Lebenserwartung auf 79,1 Jahre sinken. Im Kongo würde sie statistisch gesehen nur 76,5 Jahre alt werden, in Nigeria 72,4 Jahre.

Die Sache mit der Lebenshälfte ist also – statistisch und persönlich gesehen – sehr unterschiedlich. Bei all dem sind Krankheiten, Unfälle und andere unvorhersehbare Ereignisse nicht berücksichtigt.

Wann sich Menschen mit der zweiten Lebenshälfte beschäftigen möchten, ist also eine sehr persönliche Frage. So verschieden, wie die Menschen sind, so verschieden sind auch die Lebenssituationen, in denen sie sich befinden. Eine Frau, die erst mit 39 ein Baby bekommen hat, wird sich mit 40 kaum Gedanken über ihre zweite Lebenshälfte machen. Dagegen wird eine 45-jährige Mutter, deren Kinder erwachsen sind, ganz anders auf die nächsten Jahre schauen.

In diesem Buch finden Sie deshalb ebenfalls ganz unterschiedliche Aspekte des Älterwerdens. Lesen Sie sich das Inhaltsverzeichnis durch und nehmen Sie sich die Themen vor, die Sie momentan beschäftigen. Ich wünsche Ihnen viele ermutigende und segensreiche Erkenntnisse dabei.

Ihre Ellen Nieswiodek-Martin

Kapitel 1

Aufgewacht in der Lebensmitte

Du stellst meine Füße auf weiten Raum.
Psalm 31,9 (Luther)

Älter werden – aber nicht alt sein

Ellen Nieswiodek-Martin

Vor einiger Zeit war ich mit der U-Bahn unterwegs. Die Waggons waren sehr voll und ich hatte nur einen Stehplatz bekommen. Mit einer Hand hielt ich mich fest, in der anderen hatte ich eine Brötchentüte. Da stand ein junger Mann auf und bedeutete mir, dass ich gern seinen Platz haben könne. *Nanu? Sah ich schon so gebrechlich aus, dass ich scheinbar dringend sitzen musste?* Darüber machte ich mir ernsthaft Gedanken. Ich beschloss, dass mir der nette Mann lediglich ermöglichen wollte, mein belegtes Brötchen im Sitzen zu genießen. So musste es gewesen sein. Mit Anfang fünfzig sah ich schließlich nicht so aus, als könnte ich nicht mehr stehen …

Einige Wochen später unterhielt ich mich auf einem Gemeindefest mit einem jungen iranischen Flüchtling. Ich duzte ihn, doch er sagte „Sie“ zu mir. Als ich ihn bat, doch bitte „du“ zu sagen, schaute er mich an und meinte: „Im Iran gilt es als sehr unhöflich, ältere Menschen zu duzen. Das machen wir niemals.“

Ältere Menschen? Damit meinte er mich! Mir fiel darauf keine Antwort ein, zu sehr beschäftigten mich seine Worte. Bin ich ein älterer Mensch? Dabei fühle ich mich doch kaum anders als mit Mitte dreißig … Irgendwie gefiel mir diese Einordnung nicht.

So tat ich das Ganze als kulturelle Eigenheit ab. Außerdem bin ich schon länger in einem Alter, in dem mich Jüngere unwillkürlich siezen.

Seine Bemerkung, aber noch viel mehr meine Reaktion darauf, beschäftigte mich dennoch tagelang. Warum habe ich ein Problem damit, als „älter" eingestuft zu werden?

Fakt ist: Ich bin älter als eine ganze Menge Menschen. Das ist an sich nichts Negatives. Woher kommt also diese emotionale Abwehr? Möglicherweise liegt es an dem inneren Bild, das ich von älteren Menschen habe.

Dieses Bild ist in meiner Kindheit und Jugend entstanden. Damals wirkten Menschen mit Mitte vierzig, fünfzig oder gar sechzig aus meiner Perspektive alt – und langweilig. Das heißt, sie benahmen sich *für meinen Geschmack* alt und langweilig. Zum Beispiel meine Oma. Eine kleine, fast kugelrunde Frau, die viele Kilometer von uns entfernt wohnte. Sie war eine liebevolle Oma, die einige Male auf uns Kinder aufpasste. Aber sie mochte es nicht, sich viel zu bewegen. Ausflüge und aktive Unternehmungen waren nicht ihre Sache. Am liebsten kochte sie oder saß im Sessel, las eine Zeitschrift oder schaute fern. Sie war damals Anfang sechzig. Sie und andere Menschen haben mein Bild vom Alter geprägt.

Heute sind Sechzigjährige gesundheitlich oft noch so fit wie früher Vierzigjährige. Und meine Vorstellung von damals ist überholt. Die Journalistin Margaret Heckel fasst es so zusammen: „Weil wir die These so sehr verinnerlicht haben, dass Alter ein Prozess des Verfalls ist, kommen wir gar nicht auf die Idee, nach unseren Stärken im Alter zu suchen."

Leute über sechzig nennt man heute „Best-Ager", Menschen über 45 sind „Midlife-Boomer". Sie sind aktiv und weit davon entfernt, mit Pantoffeln und Lesebrille im Sessel zu sitzen.

In den USA haben die über 55-Jährigen fast doppelt so oft erfolgreiche Firmen gegründet wie die 20- bis 34-Jährigen.[1] Sie haben in der zweiten Lebenshälfte einen Neuanfang gewagt und ihre große Erfahrung brachte ihnen Erfolg. „Die ersten 50 Jahre eigneten wir uns eine Fülle an Wissen und sozialem Know-How an, um es die nächsten 50 Jahre an unsere Umgebung und die Gesellschaft zurückzugeben“, sagt Laura L. Carstensen, die Leiterin des Center of Longevity der Stanford University in Kalifornien.[2]

Die Amerikanerin Suzelle Poole[3] tanzt seit ihrem siebten Lebensjahr Ballett. Auch mit 77 Jahren gibt sie noch Unterricht und tanzt den Schülern alles vor. Ihr Motto: „Es ist nie zu spät, das zu tun, was du liebst.“

Der Australier Allan Stewart[4] hat mit 97 Jahren sein viertes Studium abgeschlossen. Der zwölffache Großvater und sechsfache Urgroßvater sagte gegenüber der Zeitung „The Australian“: „Ich bin einfach mit guten Genen gesegnet.“

Andere kaufen sich als Rentner ein Wohnmobil und ziehen damit durch die Welt. Wieder andere engagieren sich im sozialen Bereich oder beginnen ein neues Hobby.

Die amerikanische Schneiderin Lillian Weber[5] hatte sich zum Ziel gesetzt, bis zu ihrem 100. Geburtstag 1000 Kleider für afrikanische Mädchen zu nähen. Dieses Ziel hat sie sogar überschritten. Bis zu ihrem 100. Geburtstag hatte sie 1051 Kleider für das Hilfswerk „Little Dresses for Africa“ erstellt – und sie will weitermachen, solange sie kann.

Viele Geschichten dieses Buches handeln von solchen neuen Zielen, von Neuanfängen, von Träumen, die man sich erfüllt oder neuen Aufgaben, die man findet. Sie werden sehen, die Aussichten auf die zweite Lebenshälfte können tatsächlich schön sein. Es ist noch so viel möglich!

Auch in der Bibel spielt das Alter keine Rolle für die Berufung eines Menschen. Bei Gott gibt es kein „zu alt“ oder „zu jung“.

Gott hat dem jungen David eine große Aufgabe zugetraut, als er vor den Augen der Israeliten und der Philister den riesigen Kämpfer Goliath besiegte.

Josef war dreißig Jahre alt, als der Pharao ihn zu seinem Stellvertreter bestimmte.

Abraham war 75 Jahre alt, als er in ein unbekanntes Land aufbrach.

Sara war über 90 Jahre alt, als sie ein Kind zur Welt brachte.

Mose muss etwa 80 Jahre alt gewesen sein, als er den Auftrag bekam, das Volk aus Ägypten zu führen. Viele dieser biblischen Figuren fühlten sich aufgrund ihres Alters oder anderer Eigenschaften Gottes Auftrag zunächst nicht gewachsen. Doch Gott wusste besser, was er ihnen zutrauen konnte und bewirkte Großes durch sie – egal, wie alt oder jung sie waren.

Als junge Frau dachte ich, wenn man ein gewisses Alter überschritten hat, würde man aus dem reifen Schatz der Erfahrung schöpfen können und dann voller Weisheit besonnen und gelassen allen Anforderungen des Lebens begegnen.

Sicher bin ich etwas gelassener als mit Mitte zwanzig, so richtig weise fühle ich mich allerdings noch lange nicht. Es sind Dinge passiert, die ich mir niemals hätte ausdenken können. Gott hat mir Türen geöffnet, an die ich früher nicht einmal geklopft hätte. Mit Ende vierzig habe ich eine neue Aufgabe bekommen, die ich sehr liebe. Gott hat aber auch Türen geschlossen und auf manche Erfahrung, Enttäuschung und manchen Verlust und Schmerz hätte ich gern verzichtet.

Aber das alles hat dazu beigetragen, dass ich an dem Platz bin, wo ich heute bin – an dem Platz, an den Gott mich geführt hat. Ich lerne, eine Schwiegermutter, eine Oma und eine ältere Kollegin zu sein, die die Jüngeren ermutigt und coacht.

Ich lerne, mit Pastoren, Ärzten und Lehrern umzugehen, die „auf einmal" jünger sind als ich. Das ist erst einmal merkwürdig, aber ich lerne, damit umzugehen. Es ist ein wertvoller Prozess, in dem ich schon viele Erfahrungen machen konnte, die ich nicht missen möchte.

Natürlich, manches kann man nicht schönreden, da braucht man hilfreiche Strategien. Ich habe mir zum Beispiel angewöhnt, morgens nicht in den Vergrößerungsspiegel im Bad zu schauen, der macht mich sowieso nicht glücklich. Ich sehe anders aus als mit dreißig; das wurde mir erst kürzlich beim Anschauen alter Fotoalben bewusst. *So habe ich mal ausgesehen? Ich dachte, ich hätte mich kaum verändert …* Nun ja. Das innere Lebensgefühl hat sich nicht verändert, der äußere Mensch dann eben doch. Dabei ist unser Veränderungsprozess ganz normal. Je mehr Menschen zu ihrem Alter und allem, was es mit sich bringt, stehen, anstatt sich dem „Jugendwahn" hinzugeben, desto einfacher wird es für uns alle.

In jedem Fall sieht mein Gesicht besser aus, wenn ich fröhlich durch den Tag gehe, als wenn ich mich mit heruntergezogenen Mundwinkeln und Sorgenfalten präsentiere.

Meine alten Vorurteile und alle konkreten Erwartungen, wie es „im Alter" einmal sein wird, habe ich inzwischen über Bord geworfen und lasse mich stattdessen von dem überraschen, was Gott noch mit mir vorhat.

Die Geschichten der Frauen und Männer in diesem Buch haben mir Mut gemacht, fröhlich und erwartungsvoll vorwärtszugehen. Ich wünsche Ihnen, dass es Ihnen ebenso geht, denn Träume kennen kein Alter!

Vom Glück, nicht mehr 30 zu sein

Beate Nordstrand

Gemütlich sitze ich am Frühstückstisch und lese die Zeitung. Zwar brauche ich mit Mitte fünfzig eine Lesebrille, aber dafür habe ich Zeit, ein bisschen länger sitzen zu bleiben. Seit einigen Jahren hat sich unser Familienleben verändert. Drei unserer fünf Kinder haben das Haus aufgrund ihres Studienplatzes oder des Dienstes bei der Bundeswehr verlassen. Auch die beiden Jüngsten, die noch zu Hause wohnen, sind inzwischen schon recht selbstständig. Mein Arbeitspensum für Familie und Haushalt hat sich deshalb deutlich reduziert.

Ich gehe auf die sechzig zu und merke: Ein neuer Lebensabschnitt beginnt. Ich nutze die Ruhe und überlege, ob ich allen Ernstes lieber noch einmal jünger sein wollen würde und komme zu dem Schluss: *Nein, danke!* Zwischen 25 und 35 erlebte ich die anstrengendste Zeit meines bisherigen Lebens. Heute versichere ich jeder jungen Mutter mit mehreren kleinen Kindern: „Nie mehr im Leben wird es so aufreibend sein wie jetzt!" Ja, ich bin froh, nicht mehr dreißig zu sein!

Aber möchte ich noch einmal vierzig sein? Mit Anfang vierzig kehrte ich nach fast zwanzigjähriger Familienpause ins Berufsleben zurück, musste noch einmal viel lernen und mich in eine neue Firma einarbeiten. Ich erlebte die Doppelbelastung von der Führung eines Mehrpersonenhaushalts und meiner Berufstätigkeit und kam dabei mehr als einmal an meine Grenzen.

Gern würde ich mit meinem Wissen von heute manche Dinge anders und unkluge Entscheidungen rückgängig machen.

Aber die Zeit lässt sich nun einmal nicht zurückdrehen. Daraus lerne ich, dass jedes einzelne Jahr, jeder Monat, jeder Tag entscheidend ist.

Heute, mit 56, weiß ich, dass Erfolge und Misserfolge dazugehören und dass ich mich einfach weiter Gottes Lebensgeschichte für mich anvertrauen möchte. Ich spüre, dass sich ein neues Zeitfenster auftut. Es fühlt sich an wie eine Zeitkapsel – die sich entweder sanft öffnet, vielleicht aber auch explodiert. Eine neue Phase von Interessen, Fähigkeiten und Möglichkeiten beginnt.

Ich hole mir Stift und Papier, schreibe „Mein neues Leben" auf die Mitte des Blattes und zähle dann all die positiven Veränderungen auf, die dieser neue Lebensabschnitt mit sich bringt: Ich habe viel mehr Zeit zur freien Verfügung. Endlich genug Freiräume, um Beziehungen und Freundschaften zu pflegen, da ich mein Arbeitspensum flexibel bestimmen kann.

Ich habe Zeit fürs Gebet. Oft bete ich auf meiner morgendlichen Nordic-Walking-Tour oder im Wohnzimmer. Ohne Großfamilie ist unser Zuhause nämlich fast immer sauber und ordentlich. Weder ein Staubsaugermarathon noch eine morgendliche Chaosbeseitigungsmaßnahme sind mehr nötig, bevor ich hier zur Ruhe kommen kann.

Ich habe Zeit, meinen Körper zu pflegen: durch Bewegung, gesundes Essen, Kosmetik und Ruhezeiten.

Ich habe Zeit, meinen Hobbys nachzugehen. Neulich habe ich über dem Bearbeiten meiner Webseite das Kochen vergessen und es gab keinen Aufstand seitens hungriger Familienmitglieder.

Ich habe mehr Selbstvertrauen. Nie war ich mir meiner Stärken so bewusst wie heute. Meine Selbstzweifel und mein mangelndes Selbstbewusstsein sind gewichen. Ich bin dankbar für die Begabungen, die Gott in mich hineingelegt hat. Warum sollte ich mich mit anderen vergleichen? Gott hat mir ein abwechslungsreiches Leben zugedacht und ich traue mir mehr zu als früher. Ich finde mich sogar schöner als mit 25 – und das sehen selbst meine Kinder so. Die Dauerwelle von damals und die riesige rote Brille waren nun wirklich eine Lachnummer.

Außerdem habe ich heute mehr Geld. Vorbei sind die Jahre, in denen wir „kleine Brötchen backen" mussten und uns keine Sonderausgaben leisten konnten. Nie hätte ich gedacht, dass meine Berufstätigkeit eine so große emotionale Erleichterung für mich bedeuten würde. Fast zwanzig Jahre hatte ich in die Erziehung unserer Kinder und in karitative Dienste in der Gemeinde investiert. Heute genieße ich das gute Gefühl, selbst verdientes Geld auf dem Konto zu haben. Dadurch haben wir als Familie mehr Entscheidungsfreiräume und können auch andere Menschen finanziell unterstützen.

Ich traue Gott mehr zu. Wie oft habe ich erlebt, dass Gott seine schützende Hand über mich gehalten hat? Sogar dann, wenn ich falsche Entscheidungen getroffen habe oder ganz offensichtlich im Unrecht war. Gott zog seinen Schutz nicht zurück. Ich durfte neu ansetzen und bekam eine zweite Chance. Viele alte Menschen bereuen am Ende ihres Lebens, nicht mehr Risiken eingegangen zu sein. Ich lerne aus ihrem Bedauern und nehme mir vor, mutig zu sein und mit Gottes Hilfe einige meiner noch nicht ausgelebten Träume zu verwirklichen.

Meine Skizze mit der Aufzählung meiner Segnungen wird immer umfangreicher. Beim Nachdenken fallen mir viele weitere Gründe ein, zuversichtlich in die Zukunft zu schauen.

Statt in den nächsten zehn Jahren mit Alterserscheinungen, Schlafstörungen und Depressionen zu rechnen, gehe ich davon aus, dass der vor mir liegende Lebensabschnitt ungeahnte neue Möglichkeiten mit sich bringen wird.

Jede Idee, die Gott in mich hineinlegt, kommt mir vor wie eine weitere Schwangerschaft: Sie will heranreifen, ausgebrütet und schließlich ins wahre Leben hineingeboren werden. So erlebte ich beispielsweise die Arbeit an meiner neuen Internetseite für Frauenarbeit wie eine sechste Schwangerschaft. Etwas Wundervolles ist daraus entstanden! Diese Seite bescherte mir unzählige wertvolle Freundschaften und Kontakte zu Frauen in aller Welt. Als die Webseite zum ersten Mal online war, verschickte ich deshalb sogar Geburtsanzeigen! Schmunzelnd nahm ich später einige Glückwünsche von Menschen entgegen, die dachten, wir hätten tatsächlich ein weiteres Kind bekommen.

Meine Zeit der körperlichen Fruchtbarkeit ist zu Ende, aber nun darf ich meine Kreativität, meine Begabungen und meine Lebenserfahrung in die Aufgaben stecken, die Gott mir in mein leer gewordenes „Nest“ legt.

Welche Eier hat er Ihnen zum Ausbrüten anvertraut? Gibt es Lebensträume, die sich bis jetzt nicht erfüllt haben? Vielleicht wollten Sie schon immer ein eigenes Geschäft haben, einen anderen Beruf ausüben, eine Reise nach Israel machen, eine neue Sprache erlernen? Es gibt Träume, die seit Jahren in uns schlummern – und meistens liegt in ihnen ein Wink Gottes verborgen, mit dem er uns auf unsere Berufung aufmerksam machen möchte.

Nehmen Sie sich Zeit. Erforschen Sie Ihre veränderten Möglichkeiten. Denken Sie über die Pläne Gottes für die vor Ihnen liegende Lebensphase nach. Wo etwas aufhört, ist gleichzeitig auch Platz für etwas Neues. Das war schon immer so. Vielleicht ist es gerade jetzt an der Zeit, sich Gott neu zur Verfügung zu stellen?

„Die Zeit der Supermodels ist vorbei", erklärte Claudia Schiffer in einem Lifestyle-Magazin. „Die Konkurrenz ist einfach zu groß." Ich halte dagegen: Wir brauchen neue Supermodels, super Vorbilder: Frauen, die mit ihrem Glauben und ihrer Lebenserfahrung anderen Frauen ein gutes Beispiel sein und sie ermutigen können. Das wird dringender benötigt als Stil-Ikonen und Laufstegschönheiten. Was ist mit Ihnen? Sie können heute ein Model für innere Schönheit werden! Die Konkurrenz müssen Sie nicht fürchten, denn unsere Gesellschaft braucht gute Vorbilder so dringend wie nie zuvor. Nennen Sie es Vorbild, geistliche Mutter, Glaubenszeugin oder wie auch immer – aber versuchen Sie etwas davon zu werden und andere durch Ihr Leben zu inspirieren und zu prägen.

Vielleicht erwidern Sie: „Aber ich fühle mich gar nicht wie ein Supermodel." Meine Freundin Birgit saß mir neulich gegenüber und klagte: „Ich fühle mich manchmal wie durch die Mangel gedreht – geistig, körperlich und seelisch. Abends bin ich oft so geplättet, dass ich kaum noch laufen kann." Auch ich bemerke Veränderungen bei mir. Das Gespräch mit Birgit tat mir gut. Ich habe gemerkt: Ich bin damit nicht allein. Wie eng ist bei uns

Frauen doch das körperliche und seelische Wohlbefinden miteinander verknüpft! Doch davon wollen wir uns nicht unterkriegen lassen und erst recht nicht unsere Chancen verbauen lassen! Gemeinsam beschlossen wir, uns auf die vor uns liegende Zeit zu freuen und die Gelegenheit zu ergreifen, uns wieder einmal zu verändern – „zu verbessern", wie Birgit mit einem Lächeln korrigierte. Denn auch wenn wir uns nicht immer gut fühlen, können wir trotzdem ein gutes Leben führen, das anderen zum Vorbild wird. Drei wesentliche Bausteine für ein gutes Leben im reifen Alter sind für mich Freundschaften, Sport und Gelassenheit.

Freundschaften: Ich will mein Beziehungsnetz stärken, denn Austausch und Mitgefühl tun immer gut. Vielleicht wird aus dem Treffen mit Birgit ein regelmäßiges Zusammenkommen? Mir fallen sofort ein paar Frauen ein, die sicher auch Interesse daran hätten.

Sport: Ich will meine müden Knochen immer wieder neu beleben. Während Birgit schon immer sportlich war, musste ich mich dafür bewusst entscheiden. Da wir zusammen an einem Nordic-Walking-Kurs teilgenommen haben, werden wir uns nun weiterhin zum Walken verabreden. *Wie nett*, denke ich insgeheim, denn mit Begleitung fällt es mir viel leichter. Bewegung macht nicht nur gute Laune, stärkt die Muskeln und erhöht den Kalorienverbrauch, sie regt auch den Knochenaufbau an, was gerade „in unserem Alter" wichtig ist, weil es vor Osteoporose schützt.

Gelassenheit: Birgit hat die vier Kilo vom vergangenen Sommerurlaub noch immer nicht wegbekommen. Auch ich merke, dass ich erheblich mehr Disziplin brauche, um mein Gewicht zu halten. Inzwischen habe ich einfach akzeptiert, dass ich ein paar Kilo mehr auf die Waage bringe als früher. Ich möchte lieber entspannt die biologischen Gegebenheiten hinnehmen, statt verbissen an einem Gewicht von früher festhalten zu wollen. Den Stress ist es mir nicht mehr wert. Außerdem haben Wissenschaftler festgestellt, dass unter- und idealgewichtige Frauen mehr unter Wechseljahresbeschwerden leiden als Frauen, die vier bis acht Kilo schwerer sind als vor Einsatz der Menopause.

Wenn ich mir das alles so überlege, dann bin ich wirklich froh, nicht mehr dreißig zu sein. Mit Lesebrille und einigen Kilo über dem Idealgewicht kann ich nun getrost die Eier ausbrüten, die Gott mir in mein „Nest" legt. Und ich möchte versuchen, ein Model für innere Schönheit zu sein – für Frauen, deren Nest noch mit anderen Aufgaben und Menschen gefüllt ist.

Halbzeit

Gerdi Stoll

Wenn ich an „Halbzeit" denke, fallen mir sofort die Fußballspiele unserer Nationalmannschaft ein, die ich mit großer Begeisterung anschaue. Die erste Runde ist geschafft. Nun gibt es eine Pause, um Bilanz zu ziehen und für die zweite Runde Kraft zu schöpfen.

Auch nach der ersten Hälfte unseres Lebens sind wir auf eine Pause angewiesen. Dabei wirkt unsere Lebensmitte oft vielmehr wie die „Rushhour" des Lebens. In dieser Phase kann es im

Beruf, in unseren Beziehungen und im gesundheitlichen Bereich ganz schön rundgehen. Es besteht die Gefahr, dass wir uns selbst verlieren, wenn wir uns keine Ruhepausen gönnen, um unser Leben zu reflektieren, bevor wir in die „zweite Halbzeit" aufbrechen.

In der Lebensmitte können – und sollten – wir Bilanz ziehen: Welche Hoffnungen sind erfüllt worden, welche nicht? Wo haben wir unsere Erwartungen zu hoch gesteckt und uns deshalb unweigerlich selbst enttäuscht? Worüber sind wir vielleicht schon bitter geworden? Gibt es versöhnte Beziehungen, die unser Herz eng machen? Welche Erfahrungen sind noch nicht verarbeitet und quälen uns noch immer? Unbewältigte, unbereinigte Lebensjahre sind eine Last, die uns das Älterwerden erschweren kann und uns lähmt. Und weil Leib und Seele zusammengehören, können beide davon in Mitleidenschaft gezogen werden.

In der Lebensmitte müssen wir uns ganz nüchtern eingestehen: Wir sind begrenzte, fehlbare Menschen. Wir können einander nicht alles geben. Wir können auch nicht alles voneinander erwarten – nicht einmal von uns selbst.

Wie können wir, obwohl wir das erkannt haben, trotzdem voller Zuversicht und Elan in die nächste Lebensphase starten? Ich glaube, der Schlüssel hierfür liegt in unserem Glauben an Gott.

Er, unser Schöpfer, spricht uns zu: „Denn ich allein weiß, was ich mit euch vorhabe: Ich, der HERR, habe Frieden für euch im Sinn und will euch aus dem Leid befreien. Ich gebe euch wieder Zukunft und Hoffnung. Mein Wort gilt!" (Jeremia 29,11).

Gott selbst schenkt uns die neue Erfüllung, nach der wir uns so sehnen. In seinem Frieden ist unendlich viel Liebe, die überwinden kann. In seinem Frieden ist eine große Freiheit, die

Ketten bedrückender Abhängigkeiten sprengen kann. In seinem Frieden wird uns das Geschenk der Versöhnung angeboten. Die Erlösung, die er uns mit Tod und Auferstehung seines Sohnes Jesus Christus geschenkt hat, dürfen wir annehmen und uns ganz neu von ihr überwältigen lassen. Dann stecken wir auch andere mit unserer Begeisterung an.

Sein Friede ist wie Balsam auf unseren Lebenswunden. Wir können Heilung für unsere Seele erfahren, auch wenn wir die Verletzungen schon lange mit uns herumtragen. Wo unsere Beziehung zu Gott neu auflebt, können auch die Weichen im menschlichen Miteinander neu gestellt werden.

Unsere Gedanken haben dabei eine große Macht: „Mehr als auf alles andere achte auf deine Gedanken, denn sie entscheiden über dein Leben“ (Sprüche 4,23; Gute Nachricht).

Der Friede Gottes kann unsere Gedanken durchdringen, wenn wir Gott in unser Herz einladen und uns von ihm verändern lassen. Wir können Schuld beim Namen nennen, sie voreinander bekennen und Vergebung aussprechen, damit wir Neues wagen und befreit und geheilt werden können. Ein Leben, das mit Gott ist, bewirkt, dass wir an altem Schmerz und alter Schuld nicht mehr krampfhaft festhalten müssen, sondern dankbar und vertrauensvoll loslassen können.

Versöhntes Leben ist wie ein offenes Tor zu neuen Wegen. So kann man in der Lebensmitte Freude darin finden, bisher verborgene Talente zu entdecken und Aufgaben mit neuer Energie, aber auch mit einer gesunden Gelassenheit anzugehen. Ich muss mich nicht ständig von den Erwartungen anderer bestimmen lassen. Ich darf selbst Entscheidungen treffen.

Wenn wir uns bewusst dazu entscheiden, den Frieden Gottes in unser Herz zu lassen, hilft uns das, auch in den unzähligen Anforderungen des Alltags das Wesentliche nicht aus dem Blick zu verlieren. Wir behalten den Überblick und erkennen, dass neben kreativen und aktiven Zeiten jetzt auch Zeiten des Rückzugs und der Besinnung tragende Säulen in unserer Lebensphase sein sollten.

Ein ausgewogenes Maß zwischen Anspannung und Entspannung, Aktivität und Ruhe ist für die Gesundheit von Leib und Seele unabdingbar. Beide, der innere und der äußere Mensch, müssen gepflegt werden, wenn wir ein harmonisches, ausgeglichenes Leben führen wollen. Zur Pflege des inneren Menschen gehören auch geistige Inspirationen und das Ausrichten auf Gott. Gerade wer schon einmal Dinge mit ihm erlebt hat oder tief von ihm berührt wurde, hat danach das Bedürfnis, im Glauben zu wachsen.

Geistiges Wachstum erfordert den Blick für das Heute. Es gilt, bewusst im Hier und Jetzt zu leben, mit den Kräften und Möglichkeiten, die uns heute zur Verfügung stehen.

Doch das Fahrwasser in dieser Lebensphase des Älterwerdens ist längst noch nicht so ruhig, dass wir uns jederzeit ungestört zur Besinnung zurückziehen könnten. Hohe Leistungen werden im Beruf gefordert. Unsere erwachsenen Kinder, unsere Enkelkinder oder die eigenen Eltern brauchen unsere Unterstützung. Mit Recht werden Menschen in der Lebensmitte als „Sandwich-Generation“ bezeichnet. Sie stehen und leben zwischen den Jungen und den Alten.

Die Folge ist, dass nicht selten persönliche Krisen und Grenzerfahrungen durchlitten werden. Wie hilfreich ist da die Entlastung, die wir bei Gott finden: „Bestimme du mich, Herr, dass ich mein Arbeitstempo, meine Hingabefähigkeit, aber auch meine Ruhezeiten von dir prägen lasse.“

Mit einer versöhnten Vergangenheit und einer bewusst gestalteten Gegenwart können wir mutig der Zukunft entgegenblicken. Wie geht es mit uns weiter? Wenn unsere Kraft nachlässt, wenn Falten und gesundheitliche Beschwerden zunehmen? Wir haben einen bedeutenden Abschnitt unserer persönlichen Lebensstrecke bereits geschafft, haben einen zum Teil mühseligen Aufstieg hinter uns. Der weitere Lebensweg muss kein Abstieg sein. Doch wissen wir, wo es weitergeht? Wer ist unser Wegbegleiter? Haben wir ein Ziel?

Wir können diese Fragen verdrängen, wir können ihnen ausweichen, indem wir uns auf Arbeit oder Zerstreuung konzentrieren. Aber selbst das reichhaltige Kosmetikangebot und ein jugendlicher Kleidungsstil können unseren Alterungsprozess nicht aufhalten.

Schließlich bleibt die Frage: Kann ich Ja dazu sagen, dass mein Leben mit dem Tod endet?

Doch da steht einer, der uns ein Leben angeboten hat, das bleibt: Jesus Christus. Er wartet auf uns, nicht erst am Ende unseres Lebens, sondern schon heute. Schon jetzt will er uns versöhntes und befreites Leben schenken. Die Tür zu seinem Haus ist geöffnet. Gott breitet seine Arme aus und will uns als ewiger Vater und ewiger Gastgeber herzlich willkommen heißen.

Jesus hält für uns ewiges Leben bereit, wenn wir ihn als unseren Herrn und Erlöser annehmen. Wenn dann unser Leben auf dieser Erde zu Ende geht, werden wir kein Leid mehr erfahren. Im Himmel wird es keine Tränen mehr geben. Da wird nur noch eine unbeschreibliche Freude sein! Im Angesicht Gottes werden alle unsere unbeantworteten Lebensfragen beantwortet – oder plötzlich unwichtig sein. Nach all unserem menschlichen Zweifeln und Ringen zu Lebzeiten, endlich tiefer, uneingeschränkter Friede.

Wer in dieser Hoffnung lebt und weiß, wer ihn nach dem Tod erwartet, kann sich getrost dem Älterwerden stellen und wird auch in schweren Zeiten nicht den Mut verlieren.

Dankbarkeit lässt uns die Verantwortung erkennen für jeden neuen Tag, den Gott uns schenkt. Das weckt selbst mit siebzig und achtzig Jahren noch eine intensive Lebensfreude, schenkt neue Lebensenergie für das Heute – und hilft uns, Gott getrost zu vertrauen, weil wir das Morgen nicht unter Kontrolle haben müssen.

Wir dürfen wissen: Wir sind nicht allein. Wir sind gehalten. Der jetzt mit uns geht, lässt uns auch an unserer Lebensgrenze nicht im Stich. Jesus hat sie schließlich für uns überwunden. In diesem Schutz, in dieser Geborgenheit älter zu werden, das wünsche ich uns allen.

Meine Schule des Lebens

Elisabeth Büchle

Ein neuer Wochenanfang ist da. Obwohl die einzelnen Tage „geplant" sind, liegen sie wie eine weiße, unberührte Fläche vor mir. Was werden sie für mich bereithalten?

Mir kommen die Erlebnisse der letzten Woche in den Sinn. Ich resümiere, entdecke Angefangenes, das ich nicht zu Ende gebracht habe, erinnere mich an unfreundliche Worte, die ich selbst ausgeteilt habe oder einstecken musste. Ich konfrontiere mich mit gemachten Fehlern, von denen ich angenommen hatte, ich würde sie nicht noch einmal begehen. Wieder ist eine Woche vergangen, die viel Schönes mit sich brachte, aber auch Ängste, Kummer und Momente, in denen ich versagt habe. Was wird diese neue Woche mit sich bringen?

Ich setze mich an meine aktuelle Arbeit, die Überarbeitung eines alten Manuskripts für einen historischen Roman. Ich stelle fest, dass auch die Frauenfiguren aus dieser vergangenen Zeit mit Ängsten auf die vor ihnen liegenden Tage geschaut haben. Auch sie waren geprägt durch die Verluste, Gefahren und Schmerzen der vorangegangenen Wochen. Eines ändert sich wohl nie: Wir Frauen sorgen uns um unsere Familie und unsere Freunde. Wir wollen das Beste für die Menschen, die wir lieben, und setzen alles daran – und doch haben wir nicht in der Hand, was uns das Leben bringt.

Mit der Zeit gelingt es mir, meine Aufmerksamkeit auf Erzählstil und Satzbau, Überflüssiges und Wiederholungen zu richten. Ich realisiere, dass ich die Geschichte heute völlig anders aufziehen würde. Ich habe mich als Autorin entwickelt, neue Prioritäten gesetzt, mich von literarischen Vorbildern gelöst und meinen eigenen Stil gefunden. Manches von dem, was ich schreibe, ist grammatisch nicht ganz richtig. So benutzen wir Schwaben angeblich keine Artikel und verschlucken vieles gern. Aber für all das, was fehlt oder korrigiert werden muss, gibt es ja Lektoren, die dem Roman den letzten Schliff verpassen.

Woher kommt die Weiterentwicklung? Von Erfahrungen, die ich im Laufe meiner Autorentätigkeit gesammelt habe. Ich habe dazugelernt, wurde konstruktiv kritisiert – und das prägte mein Schreiben.

In meinem Privatleben ist das genauso. Ich verändere mich ständig, lerne Neues dazu. Ich lerne aus meinen Fehlern, aus den tiefen Tälern, die ich durchwandere, aus den Angriffen auf mich und meine Familie, aus den Herausforderungen, denen ich mich stellen muss. Wie dankbar bin ich für „Lebenslektoren" an meiner Seite, die mich freundlich auf meine Fehler hinweisen und mir Vorschläge unterbreiten, wie ich es besser machen kann!

Während ich über all das nachdenke, sehe ich die letzte Woche plötzlich in einem anderen Licht. Sie ist nicht mehr nur Zeuge meines Versagens, meines Leides, meiner Fehler, sie ist vielmehr eine weitere Lehrwoche in der Schule des Lebens. Wenn ich bereit bin, mich verändern und prägen zu lassen und Positives aus den Erlebnissen der vergangenen Woche zu ziehen, dann darf ich wöchentlich wachsen und reifen und mich gestärkt den Schwierigkeiten der kommenden Tage stellen. Im Rückblick bin ich Gott für so manches Hindernis dankbar, das er mir wie einen gewaltigen Felsbrocken in den Weg gelegt hat. Denn es hat meinen Blick auf die Zukunft geschärft, hat mich nicht härter, sondern weicher gemacht, weil es mich mit mehr Verständnis für meine Mitmenschen ausgerüstet hat, denen es ähnlich geht wie mir.

Mit diesem Wissen wage ich mich mutiger in die neue Woche – vor allem weil ich weiß, dass bei allen Höhen und Tiefen, die kommen werden, Gott niemals meine Hand loslässt.

Kapitel 2

Träume kennen kein Alter

Vergrößere dein Zelt! Spann die Zeltdecken weiter aus!
Spare nicht! Verlängere die Seile und schlag die Pflöcke fest ein!
Jesaja 54,2

Studentin mit fünfzig

Erdmuthe Knauß

Zu meinem fünfzigsten Geburtstag bekam ich Post vom städtischen Seniorenheim. *Was können die von mir wollen?*, überlegte ich und öffnete den Brief. Da wurde ich doch tatsächlich eingeladen, mir das neu eröffnete Haus anzuschauen und mir dort schon einmal eine Wohnung zu reservieren! Als unsere Kinder das mitbekamen, gab es großes Gelächter. Ich war nämlich gerade dabei, ein Studium zu beginnen …

In den Jahren zuvor hatte ich eine Ausbildung zur biblisch-therapeutischen Seelsorgerin gemacht. Bei einer Supervision sprach mich eine Teilnehmerin an: „Könntest du dir vorstellen, berufsbegleitend Kunsttherapie zu studieren? Es ist so wichtig, dass es auch in diesem Bereich Christen gibt. Ich hätte selbst große Lust dazu, aber mein Psychologiestudium fordert mich so sehr, dass ich mich darauf konzentrieren muss. Denk doch mal darüber nach!"

Wenige Tage später gab es ein Einführungsseminar von diesem Studienkurs in meiner Heimatstadt und ich war sehr gespannt. Es hörte sich wirklich interessant an. In meinem Beruf als Apothekerin vermisste ich die Möglichkeit, kreativ zu sein. Die Vorstellung, künstlerisch zu arbeiten, reizte mich. Das Studium sollte vier Jahre dauern und mit einer Magisterprüfung abschließen. Eine echte Herausforderung!

Nun begann sich bei mir das „Entscheidungskarussell" zu drehen: War der Beginn eines Studiums meinen Kindern und vor allem meinem Mann zuzumuten? Woher sollte ich das Geld für die Studiengebühren nehmen? War es überhaupt zeitlich vereinbar mit meinen Aktivitäten in der Gemeinde und meinem Amt als Seelsorgerin? Mein Mann riet mir zu, obwohl er als engagierter Pfarrer einer großen Gemeinde sehr eingebunden war und er genauso wenig wie ich abschätzen konnte, wie sehr meine vermehrte Abwesenheit die Familie belasten würde. Er erkannte, dass mir eine Neuorientierung guttun würde. Auch die Kinder waren einverstanden.

Die Einzige, die Bedenken hatte, war ich selbst – vor allem in Bezug auf das Thema „Essen". An den Wochenenden war dieses Thema aufgrund des Dienstes meines Mannes ohnehin schon anstrengend. Ohne Vorkochen würde es nicht mehr gehen. Immerhin war ich das durch frühere Krankheitszeiten schon gewohnt. Mein Spruch war dann immer: „Ihr könnt euch von links nach rechts aus der Kühltruhe durchessen. Wenn ihr es abends rechtzeitig auftaut, ist es in wenigen Minuten in der Mikrowelle warm."

Doch auch die Finanzen machten mir Sorgen. Ich fragte mich, ob ich das nötige Geld fürs Studium durch meine Teilzeitarbeit in der Apotheke vielleicht selbst aufbringen könnte? Doch dann erlebten wir Gottes Versorgung auf überraschende Weise: Mein Mann hatte die geringen Beträge, die ich als biblisch-therapeutische Seelsorgerin verdient hatte, alle beim Finanzamt angegeben. Nun stellte sich heraus, dass das kunsttherapeutische Studium als Weiterbildung anerkannt wurde. Auf diese Weise beteiligte sich das Finanzamt an meinem Studium.

Bei der Entscheidung für das Studium der Kunsttherapie war uns die zugrundeliegende Weltanschauung noch sehr wichtig.

Ich wusste, dass gerade in diesem Bereich sehr viel in die esoterische Richtung geht. Als ich den Professor danach fragte, meinte er, er sei weltanschaulich neutral. So ganz sicher war ich mir zwar nicht, aber ich beruhigte mich damit, dass ich ja nicht alles mitmachen, geschweige denn gedanklich teilen müsste. Tatsächlich kam ich in den darauffolgenden vier Jahren meines Studiums mehrfach in die Situation, dass meine Unterscheidungsfähigkeit gefragt war. Doch das hat mir nicht geschadet – im Gegenteil! Die meisten meiner Mitstudierenden waren keine entschiedenen Christen. Wir lernten uns mit der Zeit sehr gut kennen und so ergaben sich immer wieder intensive Gespräche, bei denen ich ihnen von meinem Glauben erzählen konnte.

Die Ausbildung wurde für mich in vielerlei Hinsicht zu einer großen Bereicherung. Meine ganze Familie nahm regen Anteil an dem, was ich in den Kursen lernte. Als ich einmal gefragt wurde, warum ich all die Mühe auf mich nehmen würde, antwortete ich spontan: „Ich fühle mich am Ziel meiner Träume!"

Dabei gab es natürlich auch sehr herausfordernde Zeiten, etwa als ich nach einem Skiunfall fast sechs Monate im Rollstuhl saß, mein Studium pausieren und später alles nachholen musste. Heute bin ich überzeugt, dass ich dieses Studium nur geschafft habe, weil meine Familie die Entscheidung von Anfang an mitgetragen hat und fest hinter mir stand. Viele meiner Kommilitonen hatten diesen guten Rückhalt nicht und brachen das Studium ab.

In meiner Magisterarbeit spezialisierte ich mich auf das kunsttherapeutische Vorgehen bei Menschen mit Schädigungen vor der verbalen Zeit. Heute, zwanzig Jahre später, arbeite ich ausschließlich mit solchen Patienten. Das ist für mich besonders erfüllend, denn mir ist klar geworden, dass diesen Menschen mit anderen Therapien nur sehr bedingt geholfen werden könnte. Im Augenblick überlege ich, ob ich noch eine kunsttherapeutische Schmerzgruppe beginne, da eine solche in unserer Stadt bisher nicht angeboten wird.

Ich habe mir übrigens immer noch keine Wohnung im Seniorenheim reserviert und bin dankbar, dass ich auch noch jetzt – im Rentenalter – in diesem erfüllenden Beruf arbeiten kann.

Mein Herz ist in Afrika

Maria Prean

In einem Alter, in dem sich andere auf ihre Rente vorbereiten, erlebte ich erste Mutterfreuden – und musste dafür nicht einmal schwanger werden. Als ich in Afrika eine Schule besuchte, fiel mir ein Junge auf, der eine Gruppe aus Sängern, Tänzern und Trommlern leitete – und das mit solch einer Autorität und einem Feuer, dass ich anschließend den Schulleiter fragen musste: „Wer ist dieses schlanke Kerlchen?" Sein Name war Richard und ich erfuhr, dass er aus einer sehr armen Familie kam und dringend Unterstützung brauchte. Spontan entschloss ich mich, ihm finanziell zu helfen, doch ich hatte eine Bedingung. Ich sagte zu ihm: „Solange du deine Talente für das Reich Gottes einsetzt, werde ich jeden Tag für dich sorgen." Daraufhin umarmten wir uns herzlich. Für den 14-jährigen Jungen war das die Bestätigung: Ich möchte seine Mutter sein.

Mit vierzig Jahren hatte Gott mich beim Bibellesen auf eine Stelle im Buch Jesaja aufmerksam gemacht. Darin gibt es einen

Vers, der heißt: „Hebe deine Augen auf und sieh umher: Diese alle versammelt, kommen zu dir. Deine Söhne werden von ferne kommen und deine Töchter auf dem Arm hergetragen werden" (Jesaja 60,4; Luther). Damals konnte ich mir noch nicht vorstellen, was das bedeuten sollte.

23 Jahre später, mit 63 Jahren, wurde ich die Adoptivmutter von Richard. Einige Zeit später rief mich eine Freundin an. Sie bat mich, ein Baby in meinem Waisenhaus in Uganda unterzubringen. Das Problem war: Vom geplanten Waisenhaus standen bis dato nur die Fundamente. Dennoch machte ich mich auf den Weg und fand ein neun Monate altes Mädchen vor, dünn und in alte Kleider gewickelt. Es schaute mich aus großen Augen an. Da ich aktuell jedoch noch nichts für das Kind tun konnte, fuhr ich wieder nach Hause. Doch in der Nacht konnte ich nicht schlafen, ich sah immer wieder diese großen Augen vor mir. Fürs Wochenende wollte ich die Kleine zu mir holen. Als ich am Waisenhaus ankam, wurde mir das Mädchen mit den Worten „Maria, das ist deine Tochter!" entgegengestreckt. Plötzlich stand mir wieder die Bibelstelle vor Augen: „… und deine Töchter auf dem Arm hergetragen werden." Da wusste ich: Sie ist das Kind der Verheißung. Nach diesem Wochenende brachte ich Angel – so hieß das Mädchen – nicht mehr zurück. Vier Jahre später adoptierte ich schließlich noch Patrick, den Zwillingsbruder von Richard.

Meine Angel hat als kleines Kind einmal völlig selbstbewusst gesagt: „Ja, ich bin noch klein, aber in mir wohnt ein großer

Gott.“ Dieser Gott ist im Leben meiner Kleinen genauso wichtig wie in meinem eigenen. Ich unterrichte Angel zu Hause. Einmal haben wir über die Perle geredet, die ja ihre Schönheit nur durch eine Irritation von außen erhält. „Was ist denn deine Irritation, Angel?“, habe ich sie gefragt. „Dass du weiß bist und ich schwarz“, hat meine Zwölfjährige traurig geantwortet. „Und was kann Gott Schönes daraus machen?“ „Dass wir zwei Zuhause haben – eins in Österreich und eins in Uganda!“ Angel integriert sich ganz in die Kultur, in der sie gerade ist – und hat inzwischen perfekt Deutsch und natürlich auch Skifahren gelernt.

Mein Sohn Patrick ist inzwischen verheiratet und setzt sich gemeinsam mit seiner Frau Damaris in Afrika für Gott ein. Mein lieber Sohn Richard ist am 15. Juni 2016 – drei Tage nach seinem 30. Geburtstag – bei einem schweren Autounfall in Uganda gestorben und in die Ewigkeit heimgegangen. Dieser schmerzhafte Verlust hat uns als Familie noch enger zusammenrücken lassen. In großer Liebe haben wir uns gegenseitig getragen. Wir haben neu verstanden, dass jeder Tag der letzte auf dieser Erde sein könnte. Wir sind mehr denn je entschieden, den Marathon im Reich Gottes mit Jesus zu Ende zu laufen.

Ich bin immer mehr davon überzeugt, dass Gott keine Fehler macht und wir in allem, was er zulässt, vertrauen dürfen, dass dahinter ein großer Segen verborgen liegt – auch wenn wir die Umstände noch nicht verstehen können. Ich freue mich schon auf die Ernte, die im Reich Gottes aufgehen wird, durch das Weizenkorn Richard, das in die Erde gefallen ist und reiche Frucht bringen wird.

Mein Haus in Tirol bietet einen wunderschönen Blick auf die schneebedeckten österreichischen Bergspitzen. Doch mein Herz habe ich schon lange in Afrika verloren. 2001 habe ich in Uganda das Werk „Vision for Africa“ aufgebaut, das inzwischen 11 000 Kindern eine Schulbildung ermöglicht hat und Kinder auf ihrem Weg vom Kindergarten bis zur Berufsausbildung begleitet. „Mama Maria“ werde ich dort genannt.

Ich habe Jesus einmal gefragt, warum er gerade mich für die große Aufgabe ausgewählt hat, in Uganda ein Missionswerk aufzubauen und drei afrikanischen Kindern eine Mutter zu sein. „Warum denn ein so schwaches Weibl wie mich?“ Seine Antwort kam prompt: „Weil du mir nicht im Weg stehst!“ Erst musste ich meine Vorstellungen aufgeben, um in meiner Hilflosigkeit zu Gott zu kommen. Er gebraucht die Schwachen, die dadurch mächtig werden, dass sie ihm vertrauen.

Unfähig fühle ich mich immer wieder. Wenn ich Pläne für neue Gebäude entwerfen soll. Wenn ich vor finanziellen Herausforderungen stehe. Oder als ich auf die Einladung eines Freundes hin zum ersten Mal afrikanischen Boden betrat. Nachts kam ich in Uganda an. Der Kulturschock war damals so groß, dass ich sofort wieder zurückfliegen wollte. „Das hier ist nichts für mich!“, habe ich zu Gott gesagt. Und dann habe ich die ganze Nacht gebetet. Als ich am nächsten Morgen aus meinem Zimmer kam, schenkte Gott mir eine solche Liebe für die Menschen, die seitdem immer stärker geworden ist.

Acht Monate im Jahr verbringe ich inzwischen in Uganda, ich habe 600 Mitarbeiter, baue Schulen und Krankenhäuser auf, trainiere Leiter, habe Kontakte bis in die Regierung hinein. Es gibt nichts Aufregenderes als ein hingegebenes Leben an Gott. Das ist Höhenflug pur!

Wenn ich könnte, wäre ich noch viel länger in Afrika. Aber solange ich hier in Europa noch Einladungen zu Vorträgen bekomme, komme ich zurück. Wenn ich gehe – sowohl hier in Österreich als auch in Uganda –, lasse ich alles los und gebe es an Gott ab. Ich weiß nicht, ob ich das alles wiedersehen werde. Dann bin ich frei, ganz im Heute zu leben.

Ich habe gelernt, den einzelnen Augenblick zu nutzen und immer im Bewusstsein der Gegenwart Gottes zu sein. Nur wenn ich vollkommen abhängig bin von Gott, der Quelle, habe ich die Kraft, das alles zu tun. Egal, ob ich koche oder am Computer sitze, ich tue es mit Jesus. In Johannes 15,5 heißt es: „Ich bin der Weinstock, ihr seid die Reben. Wer in mir bleibt und ich in ihm, der bringt viel Frucht; denn ohne mich könnt ihr nichts tun" (Luther). Nichts – das ist ziemlich wenig!

Diese Wahrheit habe ich in den schweren Zeiten meines Lebens gelernt. Ich habe jahrzehntelangen Zerbruch erlebt und erfahren, dass der Weg nach oben zuerst nach unten geht. Ich musste lernen, die Kontrolle abzugeben und diese schmerzhaften Prozesse zuzulassen. Es ist nicht die Religion, die uns näher zu Gott bringt, nicht die Leistung, nicht unsere Verdienste – es ist allein unser kindliches Vertrauen in ihn.

Besonders schwer ist mir dieses Vertrauen nach dem Tod meines geliebten Mannes gefallen, nach nur sechs Jahren Ehe. Damals kam ich gerade von einer Auslandsreise zurück, da hatte mein Mann mehrere Kilo verloren und war ganz schwach geworden. Als er von einem Arztbesuch nach Hause kam, überbrachte er mir die Diagnose: Krebs im Endstadium. Während er immer schwächer wurde, blickte ich voller Angst in die Zukunft. Doch er sagte immer wieder zu mir: „Du machst einfach weiter und schaust auf Jesus!" Und das habe ich seitdem getan – in den hellen Stunden genau wie in den dunklen. Und spüre, wie mir dieser Blick auf Jesus immer wieder neue Kraft gibt.

Obwohl ich regelmäßig zwischen Afrika und Europa hin und her fliege, viele Vorträge halte, Bücher schreibe und meine Tochter großziehe, bin ich kein bisschen müde und erschöpft. Ich fühle mich wie 33, so alt wie Jesus war. Der Rest ist Lebenserfahrung. Manchmal fühle ich mich sogar so jung, dass ich nicht weiß, ob ich mich überhaupt noch meinem Alter entsprechend benehme. Dann frage ich sicherheitshalber meine Kinder.

Ich fühle mich nicht nur jung, ich habe auch noch viele Ziele. Ich möchte noch mehr Bücher schreiben, neue Sprachen lernen und richtig gut Klavier spielen können. Doch mein größtes Herzensanliegen ist es, Menschen dabei zu helfen, ihre wahre Bestimmung zu finden. Meine Botschaft an sie lautet: „Lass dich wachküssen von Gott. Lass dich unverschämt und unverdient von ihm lieben. Und dann gib diese Liebe unverschämt und unverdient weiter – an deinen Ehepartner, deine Kinder, deine Arbeitskollegen und deine Geschwister in der Gemeinde."

Gott ist gut! Hinter diesem Satz stehe ich mit meinem ganzen Leben. Statt in die Vergangenheit zu schauen, richte ich meinen Blick nach vorn. Denn ich bin überzeugt: Das Beste liegt noch vor mir!

Mein spätes zweites Jawort

Christa Schellmann

Nachdem ich mit meinem ersten Mann fast 40 gesegnete Jahre erleben durfte, wurde er durch seinen plötzlichen Tod von dem einen auf den anderen Tag aus meinem Leben gerissen. Ich spürte eine tiefe innere Leere und kämpfte mit dem Alleinsein. Durch unseren gemeinsam ausgelebten Glauben an Jesus Christus spürte ich dennoch immer wieder Trost und Erquickung und erlebte seine Hilfe und sein Nähe. Trotz allem Leid vertraute ich auf seine Führung und seinen guten Plan mit mir.

Durch eine liebe Freundin, die auch an Jesus glaubt, lernte ich etwa eineinhalb Jahre später meinen jetzigen Mann kennen. Er ist ihr Cousin und wir trafen uns bei ihrer Geburtstagsfeier. Ich verstand mich sehr gut mit seiner Schwägerin, deshalb lud sie mich in ihre Heimat nach Oberfranken ein, um mich ein wenig zu erholen. Das Angebot nahm ich gern an. Mein jetziger Mann wohnte im selben Dorf und hatte seine Werkstatt in ihrem Haus. So kam es, dass wir öfter beim Mittagessen zusammensaßen. Seine Frau war bereits vor vielen Jahren gestorben. Wir verstanden uns sehr gut und ich fühlte mich sehr wohl in diesem Haus. Bei dieser netten Familie und in dieser schönen ländlichen Gegend konnte ich mich tatsächlich gut erholen. Auch die Gemeinde, in die die Familie eingebunden war, gefiel mir sehr gut. Von Anfang an wurde mir dort mit einer großen Herzlichkeit begegnet. Deshalb blieb es nicht bei diesem einen Besuch und ich kam noch öfter für ein paar Erholungstage nach Oberfranken.

Auch die Begegnungen mit meinem jetzigen Mann wurden immer herzlicher. Gemeinsam unternahmen wir einige schöne Wanderungen und lernten uns im Laufe der Zeit immer mehr kennen – und schließlich lieben. Aber es dauerte noch etwa drei Jahre, bis wir uns entschlossen zu heiraten. Diesen Schritt überlegte ich mir gut. Ich fragte mich, ob ich mein bisheriges Leben überhaupt verändern *wollte?* Das hieße nämlich, wegzuziehen von meiner Stadt im Vogtland, meiner Familie, meinen Freunden und meiner Gemeinde – weg von allem, was für mich über 40 Jahre lang Heimat bedeutete. Meine neue Heimat wäre ein Dorf. Ein abgeschiedenes Landhaus am Waldrand. Wollte ich das überhaupt? Einen kompletten Neuanfang mit 67 Jahren?

Als ich wieder einmal für ein paar Tage in Oberfranken zu Besuch war, spazierte ich allein entlang der Felder und setzte mich schließlich auf eine Bank. Und dort traf ich die alles verändernde Entscheidung. Ich fragte Gott im Gebet, ob ich das wirklich könnte, hier zu leben und ob es sein Plan für mein Leben war. Auf einmal hatte ich das Gefühl, als ob ich umarmt werden würde und ich vernahm wie eine innere Stimme, die mir liebevoll zuflüsterte: „Hier wird deine Heimat." In diesem Moment hatte sich mein Herz entschieden und ich habe diese Entscheidung bis heute nie bereut. Als er mich zum ersten Mal in seine Wohnung einlud, hatte ich tatsächlich vom ersten Tag an das Gefühl, dort zu Hause zu sein. Angekommen.

Inzwischen sind wir fast fünfzehn Jahre verheiratet und wir denken immer wieder gern an unsere Hochzeit zurück, die wir damals mit etwa 120 Gästen feierten. Sogar der Chor aus meiner ehemaligen Gemeinde im Vogtland war dabei und erfreute uns mit mehreren Liedern. Die Hochzeit brachte aber auch Entbehrungen mit sich. Denn mit der Trauung im Standesamt fielen automatisch die zwei Renten unserer ehemaligen Ehepartner weg. Nicht jeder konnte nachvollziehen, warum wir trotzdem heirateten. Aber wir wollten unser gemeinsames Leben mit dem Segen Gottes beginnen, den wir bis heute spüren dürfen.

Zwei fremde Freundinnen auf dem Pilgerweg

Heidi Schulte

Nach dem Tod meines Mannes Anton fühlte ich mich sehr allein. Als Ehepaar waren wir viel unterwegs gewesen und hatten ein bewegtes Leben. Zudem hatten wir in den letzten zehn Jahren in den Wintermonaten auf Lanzarote gelebt und nur die Sommermonate in Deutschland verbracht, um dort für Vorträge unterwegs zu sein. In der wenigen freien Zeit, die uns dann noch verblieb, widmeten wir uns unserer großen Familie. Tiefe Beziehungen zu anderen Menschen waren auf der Strecke geblieben. Ja, wir waren vielen Menschen begegnet, aber nur wenige davon waren zu wirklich guten Freunden geworden.

Ohne meinen Mann fühlte ich mich deshalb plötzlich sehr allein – vor allem, als ich wieder einmal reisen wollte und nicht wusste, wer mich begleiten könnte. So nahm ich im Frühjahr nach Antons Tod all meinen Mut zusammen und reiste allein nach Lanzarote, um dort unseren Hausstand aufzulösen. Im Herbst fuhr ich mit der Familie meiner Tochter in den Urlaub und nahm anschließend allein an einer Freizeit teil.

Mein Mann hatte viele Reisen nach Israel organisiert, und wir hatten das Land mehrfach gemeinsam bereist. Ich liebte es dort!

Eines Tages las ich einen Bericht vom „Jesus Trail", einem Wanderweg, der in Nazareth beginnt und am See Genezareth endet. Das war einmal etwas anderes: Pilgern auf den Spuren Jesu!

Doch gleich stellte ich mir wieder die Frage: *Wer geht mit mir mit? Oder sollte ich ihn etwa allein gehen?* Ich war es leid, die Dinge allein zu unternehmen. So gab ich mutig eine Anzeige in einer Zeitschrift auf und suchte nach einer (weiblichen) Reisebegleitung. Auf die Anzeige hin meldete sich eine Frau aus Süddeutschland. Sie erzählte mir, dass sie vor längerer Zeit ebenfalls eine Suchanzeige für genau diese Tour aufgegeben hatte. Bei dem Telefongespräch, das immer länger und ausführlicher wurde, erzählte sie mir auch, dass sie zehn Jahre älter war als ich, aber noch fit und gut zu Fuß. Wir vereinbarten ein Treffen zum Kennenlernen und ich besuchte sie auf der Schwäbischen Alb. Dort unternahmen wir unsere ersten gemeinsamen Wandertouren und entschieden uns, tatsächlich gemeinsam den „Jesus Trail" zu gehen.

So fingen wir mit der konkreten Planung an. Wir wollten an einer organisierten Gruppenreise teilnehmen. Nachdem wir alles geregelt hatten, wuchs bei mir die Freude – und die Aufregung. Zwei sehr unterschiedliche Frauen wollten sich gemeinsam auf dem Weg machen; zwei Menschen, die sich nicht besonders gut kannten – nur vom Telefon und zwei Begegnungen. Doch wir waren beide Witwen. Das war etwas, das uns verband.

Am Abreisetag schrieb ich in mein Tagebuch: „Gleich ist es so weit! Ich fahre los, um meine Mitpilgerin abzuholen und mit ihr nach Israel zu fliegen. Ich möchte Jesus noch einmal ganz neu begegnen, seine Aussagen, seine Wunder und Handlungen besser verstehen lernen. Ich werde in Nazareth sein, wo er aufgewachsen und zur Schule gegangen ist, wo er als Mensch mitten unter uns gelebt hat. Ich werde an dem Ort sein, an dem er sein erstes Wunder getan hat. Aber ich weiß auch, dass manches anders, ja vielleicht sogar enttäuschend sein wird und nicht meiner Vorstellung entspricht. Von meinen früheren Reisen weiß ich ja, dass die sogenannten ‚heiligen Orte' ganz anders aussehen als zu Jesu Zeiten."

Meine Reisegefährtin und ich kamen gut in Tel Aviv an. Am Flughafen wurden wir von einem Taxifahrer abgeholt. Inzwischen war es weit nach Mitternacht und unser Fahrer hatte einen rasanten Fahrstil. Um 4:45 Uhr kamen wir endlich in Nazareth an. Eine junge Frau empfing uns und wir ratterten mit unseren Koffern über etliche Stufen tiefer und tiefer in die Altstadt hinein bis zu unserem Quartier. Wir hatten ein Zimmer mit Doppelbett gebucht, aber dieses einzelne Bett, das wir jetzt vorfanden, war nicht sehr breit und hatte nur eine dünne Decke. Das fing ja gut an! Die Nacht war kurz, der Kampf um die dünne Bettdecke lang. Wir froren beide. Am nächsten Tag bekamen wir die Möglichkeit, das Zimmer zu tauschen. Jetzt konnten wir uns die nächsten Tage erst einmal erholen. Gut, dass wir früher angereist waren und so die Zeit hatten, uns zu akklimatisieren bevor die Pilgerreise losging.

Nach und nach trudelten auch die anderen Gäste in der Unterkunft ein, die sich für die Pilgergruppe angemeldet hatten. Es war interessant zu sehen, welche Menschen mitlaufen wollten: eine Familie mit Opa, ein Ehepaar aus Kanada, zwei Freundinnen, einige Einzelpersonen – wir waren eine bunt gemischte

Gruppe von etwa fünfzehn Personen. Bevor es losging bekamen wir Wanderkarten und viele hilfreiche Tipps. Unser Gepäck mussten wir nicht tragen, denn es wurde zur nächsten Unterkunft transportiert. Das war auch gut so, denn allein unser Wasservorrat für einen Tag sollte fünf Liter betragen. Trotzdem machte ich mir Gedanken: *Schaffe ich den Weg? Finde ich meinen eigenen Rhythmus und halte ich dem Druck stand, wenn so viele Menschen mitlaufen und vielleicht ein ganz anderes Tempo an den Tag legen? Und dann der Berg Arbel – schaffe ich den? Oder habe ich mir zu viel vorgenommen?* Doch für diese Fragen war es jetzt zu spät, denn am nächsten Tag sollte es losgehen.

Endlich war es so weit: Der Trail begann. Wir wanderten von Nazareth in Richtung Zippora, liefen über Maschad, wo wir eine Rast einlegten, weiter nach Kana, unserem ersten Tagesziel. Dort erkundeten wir den Ort, besichtigten die Kirche und bestaunten die vielen Läden, die alle Kana-Wein im Angebot hatten. *Das Wunder wirkt noch nach, der Wein geht dort nicht aus!*, dachte ich. Nach unserer ersten Nacht in einer Pilgerunterkunft ging es am nächsten Tag weiter. Der Weg war einfach, aber leider nicht immer eindeutig gekennzeichnet, sodass wir an diesem Tag ein paar Umwege liefen. Auch gingen die Meinungen der Pilger manchmal auseinander. Ich war etwas frustriert, weil ich mir mehr Ruhe und Besinnung beim Laufen erhofft hatte. Da war eine Familie, die ständig laut diskutierte; ein älteres Ehepaar, bei dem die Frau nicht so fit zu sein schien. Auch meine Begleiterin und ich liefen nicht immer im selben Tempo. Sie war mit ihren längeren Beinen viel schneller als ich. Das war für mich jedoch nicht schlimm, denn so musste ich mich nicht ständig unterhalten und konnte meinen eigenen Gedanken nachhängen. Aber wir blieben alle immer mehr oder weniger in Sichtweite. Manchmal kamen uns die vorderen Pilger auch wieder entgegen, wenn sie sich verlaufen hatten. So konnten wir Langsameren uns den Umweg sparen.

Unsere nächste Unterkunft war ein Kibbuzim. Dort entschieden meine Reisebegleiterin und ich, am nächsten Tag nicht mit den anderen zusammen zu laufen, sondern den Weg allein zu gehen. Nach einem leckeren israelischen Frühstück mit Hummus, Fisch, Früchten, Datteln und Süßem zogen wir ganz gemächlich los. Wir genossen es, dass die anderen schon vorweggegangen waren, denn so konnten wir unser eigenes Tempo wählen. Wir nahmen uns vor, die „Hörner des Hittim“ zu besteigen, einen niedrigen Berg nahe des Sees Genezareth. Als wir endlich oben waren, wurden wir mit einem grandiosen Ausblick auf die Ebene und den See belohnt.

Doch dann stellten wir fest, dass sich eine der Schuhsohlen meiner Begleiterin gelöst hatte, sodass sie nicht weiterlaufen konnte. Also riefen wir ein Taxi und fuhren bis zur nächsten Unterkunft. Das war eine gute Entscheidung, denn wir hatten beide schon Blasen an den Füßen. Im Hotel angekommen, genossen wir den Pool, die Ruhe und die Sonne, die uns wie jeden Tag vom blauen Himmel entgegenstrahlte.

Schließlich lag die letzte, schwerste und gefährlichste Etappe der Pilgerwanderung vor uns. Nach dem geruhsamen Nachmittag zogen wir gut erholt und gestärkt los. Von Moschab Arbel aus stiegen wir auf den Berg Arbel. Das letzte Mal hatte ich hier gemeinsam mit Anton gestanden und den herrlichen

Ausblick genossen. Jetzt stand ich allein da – zumindest zunächst, denn nach und nach gesellten sich die anderen Teilnehmer unserer Pilgergruppe dazu. Danach sollte die Kletterei beginnen. Wir verstauten die Wanderstöcke in unseren Rucksäcken, denn bald sollten wir unsere Hände für die Haltegriffe brauchen, die an den schwierigen Stellen des Trails in den Felsen gerammt waren. Dann ging es los. Die Männer aus der Gruppe mussten uns immer wieder über große Stufen helfen. Nach einiger Zeit ging es ungesichert steil bergab.

Wir machten eine kurze Rast, dann liefen wir noch über drei Stunden in der Sonne, bis wir unsere Unterkunft am See Genezareth erreichten. Es war geschafft – und *wir* waren geschafft! Nach fünf Tagen Pilgern waren wir angekommen! Mein Herz war voller Dankbarkeit für die Bewahrung, und ich war froh, dass wir uns hier an diesem schönen Ort noch ein paar Tage erholen konnten. Der See hat seine ganz eigene Faszination, denn hier wurden die Jünger berufen, Jesus zu folgen. Hier erlebten die Nachfolger und Zuhörer Jesu seine Wunder. Und jetzt standen wir hier. Auch wir hatten Jesu Nähe auf unserer Reise erlebt – mitten im Lärm der Stadt, in der Stille des Weges und in der Gemeinschaft mit unseren Mitpilgern. Dieses Gefühl, auf seinen Spuren zu wandeln, wird für uns alle unvergesslich bleiben.

Manchmal werde ich gefragt, ob ich so eine Reise noch einmal machen würde. „Ja und nein", antworte ich dann. Den Trail würde ich nicht unbedingt noch einmal gehen wollen, aber die einzelnen Orte würde ich gern noch einmal besuchen – vielleicht mit einer kleinen Gruppe von Frauen? So eine Gruppenreise ist auch eine Art Trainingslager. Man lernt, aufeinander zu achten, Rücksicht zu nehmen und den Einzelnen so zu akzeptieren, wie er ist. Im Idealfall schließt man neue Freundschaften. Und unser

Meister und Lehrer in Sachen Nächstenliebe – Jesus – ist immer dabei und steht im Mittelpunkt. Mit einer beinahe noch wildfremden Frau und einer unbekannten Gruppe unterwegs zu sein, war ein großes Abenteuer, aber kein Abenteuer ist so groß, wie mit diesem Jesus ein Leben unterwegs zu bleiben.

Gott hat seinen eigenen Zeitplan

Heidi Brandenberg

Ich lag am Strand in Spanien, als mir auf einmal ein Bibelvers in den Sinn kam: „Wen soll ich zu meinem Volk senden? Wer will unser Bote sein? Ich antwortete: Ich bin bereit, sende mich!" (Jesaja 6,8). Mir war, als wartete Gott wirklich auf eine Antwort von mir. Und zwar jetzt.

In den vergangenen zwei Jahren hatte ich oft darüber nachgedacht, ins Ausland zu gehen, um Menschen von Gott zu erzählen. Ich war seit 20 Jahren mit einem Pfarrer verheiratet, hatte vier Kinder, die ich liebte, war mit Leib und Seele Pfarrfrau, Referentin bei Frauenfrühstücken und Freizeiten sowie frischgebackene Studentin für christliche Psychologie.

Meine Antwort am Strand war spontan, aus dem Bauch heraus und von ganzem Herzen: „Mich, Herr, sende mich!"

„Bist du bereit, alles aufzugeben? Alles hinter dir zu lassen?", kam es zurück.

„Ja, Herr …" Ich konnte nicht ahnen, was ich alles würde aufgeben müssen, aber die Vorfreude auf das Unbekannte, das Gott offensichtlich für mich vorbereitete, überwog jedes Wenn und

Aber. Ich sehnte mich danach, seine Wunder hautnah miterleben zu dürfen – ja ein Teil davon zu sein.

Seit meinem 16. Lebensjahr wollte ich im Ausland arbeiten und Gottes Liebe zu Bedürftigen bringen – nicht nur mit Worten, sondern auch mit Taten. Menschen helfen. Die Liebe und Fürsorge Gottes vorleben. Das war mein Wunsch.

Und jetzt sollte es so weit sein? Gerade war ich 41 Jahre alt geworden und konnte mir nicht vorstellen, wie das zu diesem Zeitpunkt und mit vier minderjährigen Kindern gehen sollte. Doch Gott hat seinen eigenen, perfekten Zeitplan. Er sah bereits, was passieren würde, und bereitete mich darauf vor. So verließ mein Mann ein Jahr später unverhofft unsere Familie, und ich stand plötzlich auf der Straße. Die Dienstwohnung war an den Beruf meines Mannes gebunden. Von heute auf morgen brauchte ich eine Arbeitsstelle und eine neue Wohnung und musste meine Kinder allein durchbringen. Besonders schwer war es für unsere jüngste Tochter. Sie war an Epilepsie erkrankt und keine Therapie schien anzuschlagen. In den nächsten vier Jahren wurde sie von Klinik zu Klinik gereicht. Von meinem Mann bekamen wir die ersten beiden Jahre keinen Unterhalt, aber Gott sorgte auf wunderbare Weise für uns. Menschen schenkten uns Geld, Freunde halfen bei der Betreuung meiner kranken Tochter oder waren für die anderen Kinder da, wenn ich mit ihr in die Klinik musste. Sie halfen auch bei der Wohnungssuche und beim Renovieren, nachdem wir eine gefunden hatten, und standen uns einfach immer mit Rat, Tat und Gebeten zur Seite.

Schließlich fand ich auch eine Arbeitsstelle, die mich forderte und erfüllte, obwohl zu dieser Zeit die Angebote für mein

Berufsprofil rar waren. Es war eine wunderbare Führung: Nachdem ich durch den plötzlichen Bruch mit meinem Mann gegen eine Depression kämpfte, suchte ich einen Neurologen auf. Bei einer Sitzung fragte er mich schließlich, was denn los sei, da ich besonders bedrückt wirkte. Auf meine Erklärung, dass ich dringend einen Arbeitsplatz suchte, fragte er spontan, ob ich nicht bei ihm anfangen wollen würde. Ich willigte ein und wurde tatsächlich eingestellt. Ich begann dort zu arbeiten und stieg sogar zur Praxismanagerin auf.

Inzwischen war ich 47 Jahre alt und fragte mich plötzlich: *Was war eigentlich aus Gottes Anfrage geworden? Hatte Gott neu geplant und jemand anderen an meiner Stelle ins Ausland geschickt?* Ich an seiner Stelle hätte jedenfalls nicht mehr mit mir gerechnet.

So saß ich Trübsal blasend in meiner Wohnung, als mich mein ältester Sohn auf einmal fragte: „Mama, hattest du nicht mal einen Traum?"

„Ja", antwortete ich traurig „aber wer nimmt schon eine 47-jährige Frau, geschieden und ohne Sprachkenntnisse, um sie als Missionarin auszusenden?"

Bis dahin dachte ich immer, dass durch die Scheidung von meinem Mann mein Leben so aus den Fugen geraten war, dass jegliche Berufung, Bestimmung und Missionspläne Gottes für mich unerreichbar geworden waren. Ich fühlte mich wie ein altes Sofa, das man auf den Sperrmüll getragen hatte: ausgedient, weggestellt, ersetzt. In diesem Moment wagte ich zum ersten Mal den Gedanken: *Könnte es sein, dass Gott anders dachte? Könnte er all das Schmerzhafte und Zerbrochene in meinem Leben einkalkuliert haben? Könnte es sein, dass meine Berufung nicht von meinem Scheitern abhängig ist? Könnte vielleicht sogar gerade das Schwere, das ich erlebt hatte, mich darauf vorbereiten, unter extremen Umständen im Ausland arbeiten zu können? Könnte es mich befähigen, Elend, Grausamkeiten, Gewalt und Not besser zu ertragen und lindern zu können?*

Ermutigt durch meinen Sohn kontaktierte ich einen Missionsverein, bei dem ich seit fast 20 Jahren Mitglied war. Ich erzählte meine Geschichte und wagte die Anfrage, ob sie mich gebrauchen könnten. Der Vorsitzende überlegte nicht lange und stimmte zu. Die erste Hürde war genommen. Zusammen mit meinen Kindern, damals 17, 19, 21 und 23 Jahre alt, überlegte ich einen Zeitpunkt, der uns allen geeignet erschien: Die Schule für den Jüngsten sollte abgeschlossen sein und alle Kinder sollten dann schon mit Ausbildung, Studium oder Zivildienst begonnen haben. Darauf konnten wir uns einigen.

Als die Zeit gekommen war, reiste ich zunächst nach Guatemala und eine anstrengende Zeit begann. Nun ging es ans Büffeln – sechs Stunden am Tag Sprachunterricht. Spanisch sei ja so leicht, hatte ich so oft gehört. Mag sein, aber nicht für eine 48-Jährige ohne Sprachgefühl. Was hatte sich Gott nur dabei gedacht? Wenn er wollte, könnte er mir doch einfach die Sprachkenntnisse im Schlaf schenken! Offensichtlich wollte er das jedoch leider nicht. Also büffelte ich weiter …

Nach fünf intensiven Monaten in Guatemala ging es nach einem kurzen Zwischenstopp in Deutschland – meine Tochter heiratete – weiter nach La Paz in Bolivien. Und alle Befürchtungen, dass ich nichts und niemanden verstehen würde und mich nicht ausdrücken könnte, bewahrheiteten sich. *Na toll!*, dachte ich mir.

Trotzdem war ich glücklich, denn endlich war ich dort, wohin ich mich als Jugendliche immer gesehnt hatte. 30 Jahre Umwege lagen hinter mir, die mir wie große Hindernisse vorkamen. Tatsächlich hatte Gott meinen ganzen Lebensweg im Blick und die Dinge so geleitet, dass ich nun endlich aus seiner großen Lebensschule in meinen großen Lebenstraum entlassen wurde.

Seit einigen Jahren arbeite ich nun in La Paz, der höchstgelegenen Verwaltungshauptstadt der Welt. Ich darf Straßenkindern medizinische Betreuung, ein Zuhause und die Möglichkeit einer Ausbildung geben. Ich darf süchtigen Männern Hoffnung auf ein Leben in Freiheit von ihrer Abhängigkeit geben und damit auch die Hoffnung auf eine Wiedereingliederung in die Gesellschaft und vielleicht sogar auf die Versöhnung mit ihren Familien. Ich darf Kindern, die in den Männer- und Frauengefängnissen mitinhaftiert sind, etwas von der unbeschwerten Kindheit zurückgeben, die sie vielleicht nie erlebt haben – indem ich mit ihnen Kinderlieder singe und spiele. Ich darf Obdachlosen eine warme Mahlzeit, Gottes tröstende Zusagen und Verheißungen weitergeben, damit sie ihren schwierigen Alltag besser meistern können.

Rückblickend sehe ich, wie Gott mich Stück für Stück an genau den Platz gebracht hat, an dem er mich haben wollte. Liebevoll, aber konsequent stupste er mich mitten hinein in diese leidvolle Welt. Mein Plan war es ursprünglich, in La Paz eine Frauenarbeit aufzubauen. Den jungen Frauen, Straßenmüttern und Drogenabhängigen musste in diesem männerdominierten Land schließlich geholfen werden. Ich wollte ihnen das geben, was sie so dringend brauchten: eine Lebensperspektive. Doch Gott hatte einen anderen Plan für mich: Er hat mich für die Arbeit unter Männern bestimmt. Und was für Männer! Männer, die ihre Frauen und Kinder verlassen haben, Männer, die Gewalt gegen ihre eigene Familie angewendet haben, Männer, die schwere Verbrechen wie Raub, Vergewaltigung, Mord und Menschenhandel begangen haben, um ihre Sucht zu finanzieren.

Ich arbeite mit Männern, die – meist durch eigenes Versagen und Schuld – obdachlos geworden und immer tiefer abgestürzt sind. Ich arbeite mit Männern, mit denen niemand mehr etwas zu tun haben möchte, weil sie niemandem mehr etwas bedeuten. In der aufsuchenden Straßenarbeit und im Rehabilitationszentrum begegnen mir keine Engel, sondern Verbrecher – Täter, die kein Mitleid mit ihren Opfern hatten, aber nun Barmherzigkeit erfahren. Das haut die hartgesottensten Männer um. Viele nehmen völlig überwältigt Jesu Angebot der Vergebung und Befreiung an, und so mancher schafft es tatsächlich, seinem alten Leben den Rücken zu kehren.

Inzwischen haben wir mehrere Mitarbeiter, die es geschafft haben, den Kreislauf der Sucht, der Gewalt und des Verbrechens zu durchbrechen. Für die Süchtigen sind sie wie Engel, die Gott geschickt hat. Was kann es Schöneres geben, als so etwas zu erleben? Ich würde mein Leben mit niemandem tauschen wollen. Und wenn ich auf das alles zurückblicke, kann ich Ihnen abschließend nur ans Herz legen: Lassen Sie sich von nichts und niemandem einreden, dass Sie zu alt sind, zu wenige Kenntnisse haben, zu wenige Talente und Gaben mitbringen oder schon zu oft versagt haben. Denn all das zählt bei Gott nicht! Wenn er Sie zu einer Aufgabe berufen hat, dann wird er alles dafür tun, dass diese Berufung Wirklichkeit wird. Schlagen Sie einfach ein in die Hand Gottes, der Ihre Berufung kennt. Die konkrete

Umsetzung, das Wie, Wo und Wann können Sie dann getrost Gott überlassen.

Ein Haus des Segens

Marion Klug

Hilfe, jetzt war es so weit: Meine Tochter wollte ausziehen! Endgültig. Mein Verstand schlug die Hände über dem Kopf zusammen: Wie sollte das alles nur werden? Ich bewohnte zu der Zeit ein uraltes Haus mit sieben Zimmern. Es war das Elternhaus meines verstorbenen Mannes, wunderschön gelegen am Stadtrand zwischen Park und Weinbergen inmitten historischer Villen. Wir hatten schon immer viel Platz gehabt, allerdings auch viel Zeug. Das war berechtigt, als wir als Familie zusammengewohnt hatten. Doch was sollte ich nun mit dem leer stehenden Zimmer machen? Und wo sollte ich das Geld hernehmen, um meiner Tochter einen Mietzuschuss an ihrem Studienort zu ermöglichen?

Die Kinder sahen das ganz pragmatisch: „Vermiete das Zimmer doch einfach über eine Internetplattform wie ‚airbnb'. Da kann man sich anmelden, um entweder Gast oder Gastgeber zu sein. Die Leute bieten dort Fremden für einen festgelegten Zeitraum eine Schlafgelegenheit, Küchen- und Badnutzung und womöglich noch Familienanschluss an." Ich sah mir die Seite im Internet an. Die Bilder der angebotenen Wohnungen sahen alle aus wie aus einer Wohnzeitschrift. Und ich sollte mich dort mit meinem alten Haus präsentieren? Einen Versuch war es wert. Von der Verzweiflung stürzte ich mich in den Tatendrang, richtete das Zimmer her, räumte persönliche Dinge weg, leerte alle Schränke aus, bezog das Bett mit einer hübschen Bettwäsche, stellte Blumen und eine Obstschale auf die leeren Flächen und fragte bei einem professionellen Fotografen nach einem Fotoshooting an. Er sagte zu und ich fing an, mir wieder Gedanken zu machen. Was, wenn er den Kopf schütteln und sagen würde: „Liebe Frau, hierher können Sie doch niemanden einladen!" Stattdessen war er sehr angetan und sagte: „Tolles Haus, tolle Lage, schöne Räume. Die Gäste werden sich darum reißen!"

Ich war ein bisschen beruhigt. Und als ich die fertigen Fotos sah, fand ich unser Haus selbst richtig charmant und einladend. Ich fing an, unsere Räume mit den Augen eines Fremden zu sehen, putzte, strich und dekorierte sie. Tatsächlich wurde es immer schöner bei uns. Bald bekamen wir den ersten Gast. Er war ein tschechischer Architekt und hatte einen neuen Arbeitsplatz in der Nachbarstadt gefunden. Ursprünglich wollte er nur wenige Tage bleiben, bis er eine neue Wohnung gefunden hatte. Aus den wenigen Tagen wurden einige Wochen. Abends kam er erschöpft von der Wohnungssuche nach Hause und wir redeten viele Stunden. Als er irgendwann völlig entmutigt war, fasste ich mir ein Herz und fragte ihn, ob ich mit ihm beten dürfe. Er war entweder zu verzweifelt oder zu höflich, um mir diese Bitte abzuschlagen. So segnete ich ihn und bat Gott um sein Eingreifen. Als wir die Augen wieder öffneten, hatte er Tränen in seinen. Was soll ich sagen: Am nächsten Tag bekam er die Zusage für ein kleines Appartement! In mir war großer Jubel und in ihm großes Staunen. *Ja, Gott, ich will ein Segen sein!*, dachte ich. *Die Menschen, die hier ein- und ausgehen, sollen die Kraft deines Namens und deiner Liebe kennenlernen. Und wer es hören will, dem will ich von dir erzählen.*

Das Besondere an der „airbnb" ist, dass jeder Gast und jeder Gastgeber etwas über sich erzählen kann und nach dem Aufenthalt bewertet werden muss. Was für berührende Rückmeldungen ich bekam! Tagelang war ich glücklich, weil es so schön war, was meine Gäste über das Haus und ihren Aufenthalt bei uns schrieben. Bald zog das nächste Kind aus und ein weiteres Zimmer wurde frei. Auch dieses richtete ich schön her, und es kamen viele Gäste. Ich begann mir Gedanken zu machen, wie ich noch weitere Räume zu Gästezimmern umfunktionieren könnte. Auf einer Feier lernte ich eine Innenarchitektin kennen. Ich nahm Kontakt zu ihr auf und bat sie um einen Termin. Ich wollte mein Mal- und Kleiderzimmer auflösen und einen begehbaren Kleiderschrank in meinem Schlafzimmer im Keller haben. Sie sah sich das ganze Haus an und fragte mich, ob ich bereit wäre, mich von Altem zu trennen, und wenn ja, von wie viel? Mutig sagte ich: „Siebzig Prozent." Einige Möbel verschenkte ich, manche verkaufte ich, einige kamen auf den Sperrmüll.

Dann überließ ich der Innenarchitektin die Regie und sie nahm mit meiner Hilfe das ganze Haus auseinander: verschob die Möbel, räumte sie von einem Stockwerk ins andere, arrangierte Dinge neu, sortierte aus… Ich war fix und fertig. Für alles fand sie einen Platz und strukturierte mein Haus komplett neu. An einem Tag räumten wir neun Stunden am Stück. Dann ging es in die dritte

Etage. Den großen Esstisch aus der Küche stellte sie ins Wohnzimmer, das Ecksofa an die Wand, die große Gründerzeitkommode mitten in die Küche. Die Kommode malte ich in derselben Nacht noch lila an, und die Wände im Wohnzimmer erstrahlten in feinem Lavendel. Alles war ganz anders, aber wunderschön!

Mittlerweile war aus unserer kleinen Villa ein Schloss geworden. Die Anfragen neuer Gäste versetzten mich jedes Mal in Aufregung und Vorfreude. Da war der Flugkapitän, der von seiner Frau vor die Tür gesetzt worden war, weil sie ihm einen Seitensprung unterstellte. Die hübsche Russin, die bei einem Schönheitschirurgen ihre Körbchengröße von G auf C verkleinern ließ und die Tage nach der OP zur Erholung bei uns verbringen wollte. Der belgische Jurist, der morgens im Bad gerne Arien sang und der Unternehmer, der sein Leben verändern wollte und sich drei Auszeitmonate nahm, weil er in einer Lebenskrise steckte. Er war sehr zurückhaltend und wirkte verletzlich. Unsere Gespräche dauerten anfangs nur fünf Minuten, dann zehn und irgendwann eine halbe Stunde. Er sagte oft, er wundere sich über meine Weisheit. Ich wunderte mich darüber, dass mir auf so vieles, was ihn bewegte, Bibelverse in den Sinn kamen und wie ich sie in die Unterhaltung einbrachte, ohne zu erwähnen, dass es Bibelverse waren. Eines Tages fragte er mich, ob ich mit Absicht die Bibel offen auf dem Tresen liegen gelassen hätte. Ich sagte ihm, ich hätte am Morgen in den Sprüchen gelesen, die Weisheit dieser Worte würde mich erfüllen und meinen Blick für die wichtigen Dinge im Leben schärfen. Und wenn er sich wunderte über die Weisheit in meinen Worten, dann wäre es in Wirklichkeit die Weisheit der Worte Gottes, die mein Herz und mein Denken präge. Die Gespräche wurden danach immer tiefer und er immer aufgeschlossener und positiver. Ich hatte ihm von unserer Gemeinde erzählt und ihn gefragt, ob er mitkommen wolle. Eines Tages sah ich ihn im Gottesdienst. Er war allein hingegangen. Zum Abschied, als es Zeit für ihn war, wieder auszuziehen, beteten wir miteinander und ich spürte die Gegenwart Gottes im Raum.

Ich habe es mir zum Vorsatz gemacht, die Menschen, die zu mir kommen, herzlich zu empfangen, sie fürstlich zu bewirten und liebevoll mit ihnen umzugehen. Und wenn sie wieder weiterziehen, sollen sie hier, in meinem Haus, etwas Besonderes erfahren haben und mitnehmen können. Sie sollen den Segen und die Kraft der Liebe Gottes spüren, auch ohne dass ich explizit über meinen Glauben spreche. Irgendwann kommt immer der Zeitpunkt, an dem sie Fragen stellen und wir über die tiefen Dinge des Lebens sprechen können.

Ich wünsche mir, dass die Fremden, die ich in mein Haus einlade, dort für diese Zeit ein Zuhause haben. Ich fühle mich in sie hinein und frage mich, was für sie wichtig ist und was sie brauchen, um sich wohlzufühlen. Ich bete für sie. Ich bin freundlich zu ihnen. Ich höre ihnen zu. Ich erzähle ihnen von mir, wenn es sie interessiert. Und wenn sie offen dafür sind, bete ich mit ihnen.

Ich lerne Menschen kennen, die ich sonst nie kennengelernt hätte. Wir begegnen uns im Schlafanzug in der Küche und reden miteinander. Ich höre Lebensgeschichten, die häufig Teil meines Lebens werden.

Oft werde ich im Bekanntenkreis um mein aufregendes Leben beneidet. Ich habe lauter nette Menschen zu Gast in meinem Haus, die als Fremde kommen und manchmal als Freunde wieder gehen. Wenn ich dann entgegne: „Macht das doch auch, ihr hättet doch Platz!", dann erklären sie, sie seien nicht bereit, ihre Privatsphäre dafür aufzugeben. Das ist natürlich ein Argument. Ich habe, was meine Privatsphäre angeht, deutliche Abstriche gemacht. Tatsächlich stören mich die Gäste aber nicht. Es macht mich glücklich, wenn ich sie glücklich machen kann. Ich koche gern, und ich freue mich, wenn meine Gäste sich über mein Essen freuen.

Wenn ich meine Ruhe haben will, gehe ich ins Büro oder ins Schlafzimmer. Dort kann ich mich aufhalten, ohne dass sonst jemand Zutritt hat. Mein Leben erinnert mich an die Zeit, als ich früher im Internat, in einer Mädchen-WG oder im Gemeindehaus wohnte. Immer war die Bude voll, die jungen Leute kamen und gingen, und das war genau die Art, wie ich gern leben wollte. Es ist ein Privileg für mich, dass ich heute wieder so leben darf.

Das Einzige, was ich vermisse, ist ein eigenes Bad. Wir haben zwar drei Bäder, aber alle werden von den Gästen mitbenutzt. Neulich schlich ich spät in der Nacht hinunter ins Bad, ganz leise, weil ich niemanden wecken wollte, und putzte mir die Zähne im Dunkeln. *Merkwürdig,* dachte ich, *ich schmecke gar nichts Frisches, keine Minze, so wie sonst.* Da hatte ich mir die Zähne mit der Bartcreme des amerikanischen Opernsängers geputzt, den ich jetzt laut schnarchen hörte.

Manchmal mache ich auch Urlaub im eigenen Haus und schlafe in einem der Gästezimmer. Überhaupt zieht es mich gerade wenig in die Welt, weil die Welt zu mir nach Hause kommt. Was mich wirklich von Herzen dankbar macht, ist, dass ich so leben darf, wie es mir entspricht, und dabei sogar noch das Haus finanziell halten kann. Meine Töchter leben auch in Wohngemeinschaften und so stört es sie nicht, wenn sie nach Hause kommen und ich ihnen Fremde als temporäre Mitbewohner vorstelle.

Mein Leben hat sich sehr verändert. Erst hatte ich Angst und große Bedenken. Heute bin ich glücklich und sehr dankbar für alles, was sich verändert hat. Die folgende Bibelstelle ist mir sehr wichtig geworden: „Freut euch im Herrn. Ich betone es noch einmal: Freut euch! Lasst alle sehen, dass ihr herzlich und freundlich seid. Denkt daran, dass der Herr bald kommt. Sorgt euch um nichts, sondern betet um alles. Sagt Gott, was ihr braucht, und dankt ihm. Ihr werdet Gottes Frieden erfahren, der größer ist, als unser menschlicher Verstand es je begreifen kann. Sein Friede wird eure Herzen und Gedanken im Glauben an Jesus Christus bewahren" (Philipper 4,4–7).

Die Löffelliste

Ellen Nieswiodek-Martin

In dem Film „Das Beste kommt zum Schluss" erstellen die beiden krebskranken Helden eine Liste der Dinge, die sie in ihrem Leben noch tun wollen, bevor sie den „Löffel abgeben" –

„die Löffelliste". Diese Liste wollen sie nun gemeinsam abarbeiten.

Ich finde jedoch, man muss nicht warten, bis man krank wird: Eine solche Liste kann man auch in der Lebensmitte erstellen, um den Träumen und Sehnsüchten, die Gott in uns hineingelegt hat, noch einmal auf die Spur zu kommen. Manches ist lange verschüttet, anderes haben wir vielleicht vor Jahren als „unrealistisch" abgetan, wieder anderes ist mir vielleicht noch gar nicht bewusst.

Nehmen Sie sich eine oder mehrere Stunden Zeit und überlegen Sie:

Was würde ich gern in meinem Leben noch tun? Wovon habe ich geträumt, als ich jung war?

Was würde ich gern lernen und womit ganz neu anfangen? Was möchte ich ausbauen?

Manchmal tut es auch gut, die Blickrichtung zu ändern und sich zu fragen: Was für ein Vermächtnis möchte ich hinterlassen? Woran sollen sich Menschen bei meiner Beerdigung erinnern?

Welche Punkte davon möchten Sie im nächsten Monat/im nächsten Jahr umsetzen? Bitten Sie Gott darum, Ihnen Klarheit darüber zu schenken.

Kapitel 3

Loslassen und Grenzen akzeptieren

Loslassen ist die Kunst, Vergangenes zur Ruhe zu betten und der Zukunft freien Raum zur Gestaltung zu lassen.
Helga Schäferling

Nein zu Erwartungen, ja zu mir

Saskia Barthelmeß

Ich kann nicht basteln, stricken oder zeichnen. In meinen vier Wänden sieht es nicht so aus wie bei „Schöner Wohnen". Ich jogge nicht, ich spiele nur mittelmäßig Flöte und jede zweite Pflanze geht bei mir ein.

Dieses Jahr werde ich dreiundvierzig. Ich sage nur: Antifaltencreme und Haare färben. Aber was ich wirklich an dieser Etappe meines Lebens schätze, ist das Wissen darüber, was ich kann und was ich nicht kann. Wenn vor einigen Jahren ein Anruf kam mit der Anfrage, ob ich nicht einen kurzen Vortrag halten könnte, dann fühlte ich mich geschmeichelt und sagte ohne zu überlegen Ja. Inzwischen sage ich Nein, denn ich weiß, das können andere viel besser als ich. Auch einen Bastelabend mit Freundinnen lehne ich ab, genauso wie das Angebot, im Musikteam der Gemeinde mitzuspielen.

Denn ich weiß: Ich kann gut rückwärts einparken. Es gibt zwei oder drei Kuchen, die gelingen mir super. Ich bin eine gute Zuhörerin. Es fällt mir leicht, ehrlich über meine Kämpfe zu schreiben, und beim Korrigieren finde ich jeden Rechtschreibfehler. So bin ich gemacht. Diese Gaben hat Gott mir geschenkt, in diesen Bereichen durfte ich während meines Lebens reifen und mich entwickeln. Früher hat es sich wie ein Verlust angefühlt, innerhalb meiner Grenzen zu leben. Heute merke ich, dass es mir auch eine neue Freiheit schenkt, mich auf das zu konzentrieren, was ich wirklich gut kann, und das zu veredeln.

Vor einer Weile erzählte mir meine Tochter, dass die Mutter ihrer Schulfreundin alle ihre Kleider selbst näht. Mit erwartungsvollem Blick sah sie mich an und fragte: „Kannst du das auch, Mama?" „Nein", habe ich geantwortet, „ich kann nicht alles können. Ich kann dafür andere Sachen." Was soll ich sagen: Sie war nicht glücklich über eine Mutter, die gut schreibt. Und die Wahrheit ist, dass ich es in diesem Moment verpasst habe, ihr eine wichtige Lektion mitzugeben. Gott will uns nicht als Kopien, sondern als Originale. Wie genial, dass er jeden von uns „herrlich und ausgezeichnet" geschaffen hat, wie es in Psalm 139,14 heißt. Eine der kostbarsten Aufgaben im Leben ist es, diese Wertschätzung, die Gott uns zuspricht, zu entdecken und zu entfalten.

Wir sind wunderbar geschaffen, und doch sind wir auch zerbrochen, unvollkommen, nicht perfekt. Und das macht es uns manchmal schwer, ein Ja zu uns selbst und anderen zu finden. Ich gebe zu, wenn ich ein schön eingerichtetes Wohnzimmer oder einen blühenden Garten sehe, dann will der Neid in mir hochkriechen und mir ins Ohr flüstern: „Warum kannst du das nicht?" Manchmal versinke ich dann in Selbstmitleid und fange an zu glauben, dass mein Leben viel besser wäre, wenn ich dieses oder jenes auch könnte. Doch es gibt auch Momente, in denen ich höre, wie Jesus zu meinem Herzen spricht: *„So habe ich dich gemacht. Schließe Frieden damit. Du bist mir so viel wert, dass ich* *für dich gestorben bin. Du darfst das ausleben, was in dir steckt!*" Diese Wahrheit befreit mich, von Herzen Nein zu sagen und zu wissen: Da gibt es andere, die besser nähen, gärtnern, musizieren und basteln können. Und denen es auch viel mehr Freude macht als mir. Ich bin eingeladen, mich mit ihnen zu freuen und sie in ihren Projekten zu unterstützen. Und ich darf Ja sagen zu den Aufgaben, die Gott mir anvertraut hat, die er mir vor die Füße legt und bei denen ich spüre: Hier bin ich so, wie ich bin, genau am richtigen Platz!

Füllstand erreicht!

Ilona Barthel

Ich muss zugeben, meine Computerkenntnisse halten sich in Grenzen. Es fällt mir nicht leicht, Zusammenhänge zu durchschauen, beispielsweise wie ich kopieren oder einfügen oder Fotos verschicken kann. Doch unsere Kinder ermutigten mich, ihre 66-jährige Mutter, nicht aufzugeben. So bereitet es mir inzwischen immer mehr Freude, den Laptop in mein Leben einzubeziehen. Am Computer zu arbeiten und Kontakte zu Freunden und Familie zu pflegen gehört nun zu meinem Tagesablauf. Doch neulich erlebte ich eine Überraschung, die mich zum Nachdenken brachte.

Der Tag war wieder lang gewesen. Ich fühlte mich müde. Meine Beine waren schwer und mein Kopf schien leer. Zu viel musste bewältigt werden. Meine Arbeit kostete mich viel Kraft. Zu Hause kamen einige Anrufe dazu, die mich berührten und mich mit Problemen konfrontierten, für die ich keine Lösungen fand. Nebenbei musste der Haushalt gemacht, der Garten gepflegt, die Woche geplant, Geburtstage vorbereitet werden und, und, und.

In mir kam das Gefühl von Erschöpfung hoch, das ich nur zu gut kannte. Ich war überfordert. Ich hatte den Eindruck, jeder wollte etwas von mir und es gab kein Entkommen. Leise schloss ich die Tür des Arbeitszimmers hinter mir, setzte mich auf einen Stuhl am Fenster und genoss das Alleinsein. Tiefes Durchatmen tat mir gut. Unser Garten war in ein sanftes Abendlicht getaucht und letzte Sonnenstrahlen ließen Blumen und Bäume golden erscheinen. In mir stiegen Tränen auf. Tränen der Erschöpfung.

„Herr, warum ist mir so erbärmlich zumute?“, fragte ich Gott. „Diese Erschöpfung, diese Kraftlosigkeit. Was läuft falsch?“ Bevor ich den Computer anschaltete, holte ich mir aus der Küche eine Tasse heißen Tee. Als ich das Passwort eingab, um ins E-Mail-Programm zu kommen, öffnete sich ein Infofenster: „Ihr Füllstand ist zu 75 Prozent erreicht!“ *Wie bitte?* Um weiterhin E-Mails empfangen und arbeiten zu können, sollte ich alte Daten löschen. Ich war sprachlos. *Ihr Füllstand ist erreicht,* kreiste es in meinem Kopf. So schnell hatte ich keine Antwort auf mein Dilemma erwartet!

„Mein Füllstand ist erreicht“, sagte ich laut vor mich hin und schaltete den Computer aus. Stille umgab mich. Reglos blieb ich sitzen. Vollgestopft bis über beide Ohren mit Dingen, die ich mir ausgesucht hatte, die ich festhielt, mit Problemen, die ich selbst lösen wollte, die mir Zeit und Kraft raubten. „Jesus“, sagte ich leise und öffnete meine Hände, „du wartest nur darauf, dass ich stillhalte, dass ich dich anschaue, dass mein Herz dich sucht. Du wartest darauf, dass ich nicht mein Leben bis ins kleinste Detail plane, sondern dir Raum gebe. Ich darf alte Lasten loslassen, ich darf dir unsere erwachsenen Kinder anbefehlen und all die Menschen, die mir wichtig sind. Ich darf Vergebung aussprechen, wo mich Schmerz belastet und blockiert. Jesus, ich will mein Leben neu ordnen. Ich sehne mich nach einem überfließenden Leben. Ich will kein abgestandenes Wasser, sondern überfließendes Lebenswasser von dir."

Es war für mich wie ein Befreiungsschlag. Ein Aufräumen begann. Ein Entrümpeln. Platz wurde geschaffen, damit Jesu Friede mich wieder beleben konnte. Mir fiel ein Bibelvers ein: „Du stellst meine Füße auf weiten Raum" (Psalm 31,9; Luther). Das wollte ich! Mich hinsetzen dürfen, Gottes Wort auf mich wirken lassen, singen und ihn loben, mein Herz ausschütten bei Gott, all meinen Ballast zu seinen Füßen abwerfen.

Ich schrieb mit dicken Buchstaben auf einen Zettel „Füllstand erreicht?" und legte ihn gut sichtbar zu meinem Terminkalender. Er ist für mich wie ein Achtung-Zeichen geworden. Denn ich achte jetzt mehr auf mich und meinen „Füllstand". Ich brauche kein schlechtes Gewissen zu bekommen, wenn ich Termine nicht annehme. Es gibt auch noch andere Menschen, die Aufgaben übernehmen können. Ich darf Prioritäten setzen und im Gebet mit Gott entscheiden, was ich mache und was nicht.

Loslassen und gewinnen

Kerstin Wendel

Noch drei Monate, dann geht er. Mein Sohn ist volljährig. Damit endet meine Erziehungsarbeit. Unglaublich! Nach 21 Jahren gemeinsamen Lebens mit meinen zwei Kindern verlässt nun der Jüngste das Haus. Ja, mir ist mulmig zumute. Das darf auch so sein. Wenn man 21 Jahre lang als Busfahrerin oder Dozentin gearbeitet hätte, wäre es ein Riesenschritt, diese Arbeit zu beenden oder deutlich zu reduzieren. Wie viel mehr, wenn es um den aktiven Mutterstand geht! Denn zwischen Kindern und Eltern besteht eine tiefe Verbindung. Das ist ganz natürlich. Wir Mütter waren neun Monate schwanger, haben eine leichte bis lebensbedrohliche Geburt hinter uns gebracht und danach fing die eigentliche „Arbeit" an. Wir haben Wunderschönes miteinander erlebt und viel „gemacht und getan". Diese Erfahrungen legt man nicht einfach zur Seite. Loslassen ist also unmöglich? Nein, denn das Loslassen fängt ja nicht erst an, wenn der Jüngste geht …

Loslassen kann man trainieren – und zwar von Anfang an. Zum Beispiel wenn die Oma das Kind einmal für zwei Stunden nimmt oder wenn es später von der Erzieherin betreut wird. Ein erstes Loslassen für eine überschaubare Zeit. Und siehe da: Das Kind lebt noch! Es geht ihm sogar gut. Das Loslassen hat also geklappt. Es gibt mutige Kinder, die schon von Anfang an ihre Freiheit genießen. Und es gibt andere, die wesentlich ängstlicher in diese ersten Erfahrungen hineingehen. Als Mütter haben wir die Aufgabe, jedes Kind nach und nach loszulassen – egal, wie es von Natur aus „gestrickt“ ist.

Mit jedem weiteren Lebensjahr wird das Loslassen mehr trainiert: Das Kind lernt Fahrradfahren, übersteht die erste Klassenfahrt, geht Freundschaften ein und beendet sie, verwaltet das erste eigene Bankkonto, verbringt den ersten Urlaub ohne Eltern und erwirbt einen Schulabschluss – alles Schritte in die Selbstständigkeit! Mütter können mitwachsen und das Loslassen üben. Das gehört zum Erziehungsalltag dazu. Immer wieder werden wir daran erinnert: Mach sie nicht zu abhängig von dir, sondern lass sie machen. Gib sie frei – für ihr eigenes Leben.

Dennoch klappt das nicht immer so gut. Für mich gibt es beim Loslassen zwei Ebenen. Da ist die ganz praktische: dass ich mein Kind irgendwo anmelde, hinbringe, etwas erkläre, üben lasse. Die tiefere Ebene aber ist die wichtigere: dass ich in meinem Denken, Fühlen und Wollen das Loslassen im Sinn habe. Wir sollen und können unseren Kindern innere und äußere Freiheit anbieten, Eigenständigkeit zugestehen, Entwicklung ermöglichen. Wenn wir das tief im Herzen verankert haben, dann wird es auch mit Gottes Hilfe gelingen.

Vielleicht sind unsere Fähigkeiten loszulassen auf einer Ebene noch nicht ganz so gut entwickelt? Mütter sollen ja beides können: Halt geben und Flügel wachsen lassen. Liebe in Form von Beistand, Rat, Wärme, Nähe, Zuwendung und Ermutigung zu geben, fällt einigen von uns jedoch wesentlich leichter, als loszulassen. Ich selbst erkannte vor vielen Jahren, dass ich meinem Sohn gegenüber das Loslassen stärker in den Fokus nehmen sollte. Halt zu geben fiel mir leichter. Als mir das klar wurde, habe ich mir angewöhnt, alle paar Monate genau hinzuschauen: Wie sieht es mit meiner Fähigkeit loszulassen aus? Gibt es aktuell Lebensbereiche, die ich ganz meinem Sohn überlassen sollte oder in die sich – wenn überhaupt – sein Vater einmischen sollte und nicht ich?

Natürlich machte ich auch mal Fehler oder geriet sanft mit meinem Sohn aneinander. Doch wir konnten über alles offen sprechen und einander vergeben. Loslassen ist ein Prozess, den wir gemeinsam durchschreiten. Mir fiel auf, dass sich dieser Prozess von Kind zu Kind mitunter ganz unterschiedlich gestalten kann. Bei dem einen Kind fällt es uns schwerer loszulassen und wir müssen ganz bewusst dafür sorgen, dass ihm auch „Flügel wachsen"; dem anderen, das schon von sich aus auf Selbstständigkeit pocht, müssen wir vielleicht mehr Zuwendung zeigen und Halt bieten. Unterschiedliche Kinder haben unterschiedliche Bedürfnisse. So ist der Prozess des Loslassens immer auch ein individueller.

Wir sollten uns deshalb als Eltern immer einmal wieder fragen: Wie verhalte ich mich diesem einen Kind gegenüber? Welche Seite von mir sollte ich stärker ausleben, damit mein Kind gut heranwachsen und „flügge" werden kann?

Wer sich auf diesen Prozess des Loslassens wirklich einlässt, wird sich selbst tiefer begegnen, die eigenen Schwachpunkte erkennen und mit Gottes Hilfe an ihnen arbeiten können.

Bis mein Sohn geht, habe ich mir noch einiges vorgenommen, um auch ihn aufs Loslassen vorzubereiten. Dazu gehört, dass er einmal pro Woche kocht. Er soll schließlich gut allein zurechtkommen und nicht nur vitaminfreie Dosen öffnen können. Er soll merken, dass es nicht nur bei Mama gut schmeckt, sondern auch bei ihm selbst.

Beim Loslassen geht es aber nicht nur um das, was mein Sohn braucht. Es geht auch um mich. Ich muss mich auf die Zeit vorbereiten, wenn das Nest einmal leer ist. Damit habe ich schon frühzeitig angefangen, indem ich mich nicht nur in meine Kinder investiert habe, sondern auch in drei andere, wesentliche Lebensbereiche: meine Ehe, meinen Beruf/Ehrenamt und meine Beziehungen.

Die Ehe war mir dabei eindeutig der wichtigste Lebensbereich.

Ich gehöre zu der Generation, die nach der Eheschließung nicht sofort mit dem Kinderkriegen angefangen hat. Dadurch konnten wir beide, mein Mann und ich, erst einmal zusammenwachsen. Aber auch das ist keine Garantie für ein gelingendes Loslassen der Kinder im Erwachsenenalter. Entscheidend ist, wie es heute um uns steht. In unserer Ehe ist in den letzten Jahren viel passiert. Wir haben die Bereiche aufgespürt, in denen wir Wachstum nötig hatten. Und wir haben diese Arbeit nicht verschoben auf „später, wenn die Kinder aus dem Haus sind". Nein, wir sind sie angegangen, genau dann, als wir über die Steine im Ehealltag stolperten. Das hat den Kindern viel gebracht, denn sie spüren, welche Verbindung Mama und Papa zueinander haben. Ist da über die Jahre etwas Gutes gewachsen oder liegt zwischen den beiden viel auf Eis? Gibt es ständige Machtkämpfe oder wird vielleicht nicht einmal mehr gekämpft und nur noch nebeneinanderher gelebt?

Als wir die Stolpersteine aus dem Weg geräumt hatten, haben wir uns darum gekümmert, das Gute zu pflegen. Den wöchentlichen Ehe-Abend, das Highlight ab und zu, aber auch die gemeinsamen Aufgaben für Gott. All das schweißt uns zusammen und lässt uns eine Einheit sein. Dadurch können wiederum unsere Kinder leichter loslassen, weil sie spüren: Die Eltern haben es gut miteinander. Kinder, die merken, dass die Ehe ihrer Eltern nicht (mehr) heil ist, können schwerer oder gar nicht loslassen. Denn sie denken oft unbewusst, dass sie daheim noch etwas kitten oder retten müssten. So halten sie eine belastende Form von Bindung aufrecht, die keinem etwas nützt. Viele Seelsorger und Therapeuten wissen um diese traurigen Zusammenhänge.

Da ich schon vorher viel in unsere Ehe investiert habe, bin ich jetzt vorbereitet auf die Zweisamkeit, die bald wieder stärker in den Fokus rückt.

Auch die anderen Bereiche hatte ich rechtzeitig im Blick. Für mich ist es gut, in geringem Umfang einer Berufstätigkeit nachzugehen, ehrenamtlich tätig zu sein und Freundschaften zu pflegen. All das füllt mein Leben aus. Je weniger mich die Kinder brauchten, desto mehr Freiraum entstand für meine eigene Berufung, meine Interessen und Aktivitäten.

Der Auszug der Kinder stürzt Eltern manchmal in eine Krise: Manche Mütter werden sogar krank und rutschen beispielsweise in eine Depression. Oder einzelne Elternteile stürzen sich bis zur völligen Überarbeitung in ihren Job, weil sie die gewonnenen Freiräume nicht aushalten können. Wer aber Fürsorge für das eigene Leben übernommen hat, steht später nicht plötzlich ohne Perspektive da. Wenn mein Sohn auszieht, wird mein Leben ähnlich weitergehen wie bisher: Ich werde schreibend und referierend tätig sein, mein Ehrenamt in der Gemeinde ausfüllen und wunderbare stärkende Zeiten mit meinen Freunden verbringen. Ich habe wirklich ein gutes, ausgefülltes Leben!

Dennoch wird es schmerzen, wenn unser Sohn das Nest verlässt. Das weiß ich. Irgendwann wird es unsere letzte gemeinsame Woche sein, der letzte Abend… Und dann geht etwas unwiederbringlich zu Ende: die Hausgemeinschaft. Natürlich wird er wiederkommen (und ich freue mich jetzt schon darauf), aber es wird anders sein. Er wird auf Besuch da sein, vorübergehend, selbst wenn es einige Wochen in den Semesterferien sind.

Und schwupps, da kommen sie, die „Hilfe-wo-ist-die-Zeit-geblieben"-Gefühle. Sie lassen mich ein wenig erschöpft und melancholisch zurück. *Wie wird das werden? Wenn ich keine große Verantwortung mehr übernehmen muss? Keine anstrengenden Geburtstage mehr gestalte? Keine Erziehungsarbeit mehr leisten muss? Keinen Film mehr zusammen mit ihm gucke oder nur noch sehr selten? Keinen Streit um schmutziges Geschirr ausfechte? Keine Musik aus seinem Zimmer höre? Und heißt das, ich bin jetzt alt? Schluck!*

Nein, zum Glück nicht. Aber ich darf trauern, loslassen und mich anschließend wieder neu sortieren. Wie gut, dass Gott da ist und mir dabei hilf! Unser Vater im Himmel – wenn sich einer mit dem Loslassen auskennt, dann er! Ich ahne nur im Entferntesten, was er fühlen muss, wenn seine Kinder sich von ihm zurückziehen. Er lässt los, hält aus, wartet. Bereitwillig, liebevoll, zugewandt. Tag und Nacht. Dieser Gott, der so mitfühlend ist, kennt auch mein Mutterherz. Er ist der beste Trost, den ich mir vorstellen kann. „Ich selbst werde euch trösten, wie eine Mutter ihr Kind tröstet" (Jesaja 66,13). Darauf warte und hoffe ich. Und ich weiß: Ich werde nicht enttäuscht!

Auch nach dem Auszug der Kinder bleibe ich ihre Mutter. Aber es ist ein anderes Muttersein. Die engmaschige Verantwortung darf ich abgeben. Jetzt besteht meine Aufgabe darin zu beten, zu segnen, zu hören und in das hineinzuwachsen, was meine Kinder von mir möchten. Jedes von ihnen nimmt mich an die Hand und zeigt mir, wie viel Nähe und wie viel Freiheit es braucht. Vielleicht ist es beim einen gut, höchstens zwei Tage miteinander zu verbringen, weil wir sonst zu sehr aneinandergeraten? Vielleicht ist es beim anderen okay, auch längere Zeiten gemeinsam zu erleben? Vielleicht möchte eines gar nicht telefonieren? Und das andere redet mir das Ohr ab? Immer wieder heißt es, neu zu spüren, was dran ist.

Wenn es gut läuft, werde ich ihr Vertrauen nie verlieren. Das wäre ein Geschenk. Vielleicht werden wir schöne Zeiten miteinander genießen und uns gegenseitig guttun. Das wäre fantastisch. Wie sich unsere Beziehungen entwickeln, wird nicht allein in meiner Hand liegen, sondern auf jeden von uns ankommen.

Ich brauche Gottes Segen, um eine gute Zukunft für mich, meine Kinder und die vielleicht wachsende Familie zu haben. Darum bitte ich ihn. Denn ich weiß, dass die besten Vorsätze und Bemühungen scheitern können. Beziehungen sind so zerbrechlich. Es gibt keine Gewähr dafür, dass unsere Investition in unsere Familie mit Glück belohnt wird. „Aber Segen soll über den kommen, der seine ganze Hoffnung auf den Herrn setzt und ihm vollkommen vertraut“ (Jeremia 17,7). Dafür will ich beten – jeden Tag.

Arbeitslos – doch nicht hoffnungslos

Ingrid Witte

Wenn mir jemand vor zehn Jahren gesagt hätte, dass ich einmal mit so wenig Geld auskommen müsste, hätte ich es kaum geglaubt. Mein Mann ist gelernter Elektromeister und hatte viele Jahre lang eine gute Position als technischer Berater im Einkauf und Verkauf eines Elektro-Großhandels. Ich selbst arbeitete 17 Jahre in Teilzeitbeschäftigung als Texterfasserin in einem Zeitungsverlag. Wir verdienten beide gut. Doch dann wurde ich krank und kündigte daraufhin meine Stelle. Von dem Gehalt meines Mannes konnten wir ja gut leben.

Vier Jahre später kam die große Ernüchterung: Mein Mann wurde entlassen. Nach dem Verkauf der Firma müsse gespart werden, hieß es. „Mit 55 Jahren sind Sie für uns nicht mehr relevant", hörten wir bei der Arbeitsagentur. Mein Mann schrieb zahlreiche Bewerbungen und erhielt eine Absage nach der anderen. Was nun? Die Aussicht auf Hartz IV war schlimm für mich.

Seit unserer Hochzeit hatten wir als Nebenerwerb ein eigenes Elektrogewerbe angemeldet. Wir sahen keinen anderen Weg, als darauf aufzubauen und ganz in die Selbstständigkeit zu gehen. Alle unsere Ersparnisse verwandten wir für den Aufbau des Geschäfts. Doch leider lief es nicht so gut, wie wir es uns erhofft hatten.

Die finanziellen Schwierigkeiten wurden immer größer. „Was will uns Gott damit sagen?", fragten wir uns. Ab und zu mal ein

Lichtblick, dann wieder Enttäuschungen und Widerstände. Und es sollte noch schlimmer kommen. Im folgenden Jahr erkrankte mein Mann schwer. Er hatte einen Schlaganfall und musste mit dem Notdienst in die Klinik gebracht werden. Wir waren und sind Gott dankbar, dass es ihm nach einem zweiwöchigen Krankenhausaufenthalt wieder einigermaßen gut ging. Nach zwei Monaten war er wieder arbeitsfähig.

Doch diese unfreiwillige Auszeit war finanziell ein heftiger Schlag für uns. In der Krankheitszeit meines Mannes hatten wir keine Verdienste, aber immer noch die laufenden Kosten: Strom, Wasser, Heizung, Grundsteuer für das Haus, Bausparkredit, Sprit, Reparaturen, Versicherungen, Lebensmittel und vieles mehr.

Um für diese Dinge aufkommen zu können, mussten wir auf Rücklagen für die Umsatzsteuer zurückgreifen, die für das Finanzamt bestimmt war. Später sahen wir uns gezwungen, einen Kredit aufzunehmen, um das Geld an das Finanzamt zu zahlen. Dieser Kredit war eine weitere finanzielle Belastung.

Inzwischen hat mein Mann eine Stelle als Leiharbeiter bei zwei verschiedenen Firmen. Wie dankbar sind wir dafür! Trotzdem müssen wir finanziell den Gürtel sehr eng schnallen – nicht zuletzt aufgrund des Kredits. Es ist nicht übertrieben, wenn ich sage, dass es Zeiten gibt, in denen ich mit 80 bis 100 Euro Haushaltsgeld für zwei Wochen auskommen muss. Vieles, was für uns früher selbstverständlich war, gehört momentan der Vergangenheit an: zwei Wochen Urlaub im Jahr; sich mal etwas Schönes kaufen, ohne auf den Preis schauen zu müssen; Konzertbesuche oder größere Feste mit Freunden und Verwandten.

Aber ich denke, dass wir auch diese Situation mit Gottes Hilfe meistern werden. Manchmal bin ich ganz niedergeschlagen und spüre nicht, dass sich irgendetwas tut. Trotzdem haben wir bei allen Engpässen immer wieder erlebt, dass Gott uns durchträgt und hilft – selbst dann, wenn mein Glaube angefochten wird. Ich hatte Zeiten, in denen ich nicht mal mehr beten konnte. Doch immer wieder gewinne ich Kraft und Mut durch Gottes Wort. Ich halte mich an seinen Verheißungen fest, denn ich weiß: Ich darf Gott beim Wort nehmen! Oft bete ich: „Gott, du hast diese Situation zugelassen, du wirst uns auch durch sie hindurchtragen."

Er hat alle Dinge in der Hand – auch unser ganz alltägliches Leben. So nahm ich auch unsere aktuelle finanzielle Situation aus seiner Hand an.

Anfang des Jahres hatte sich dann einmal mehr bestätigt: Gott lässt uns nicht im Stich und sorgt für uns. Ich las in der Zeitung eine Anzeige „Bürokraft in Teilzeit gesucht". Da ich Bürokauffrau gelernt habe, bewarb ich mich – mit wenig Hoffnung, da ich ja schon 55 war. Doch ich bekam die Stelle! Nun arbeite ich drei Tage in der Woche in einem kleinen Büro. Es gefällt mir sehr gut. Ich bin so dankbar dafür und sehe darin eine Führung Gottes: Er sorgt für seine Kinder. Er hat uns versprochen: „Hab keine Angst, denn ich bin bei dir! Ich will dich segnen" (1. Mose 26,24).

Vom Eigenheim ins Mehrgenerationenhaus

Doris und Volker Bednarz

Seit über 25 Jahren lebten wir, beide Mitte fünfzig, in unserer kleinen Doppelhaushälfte, die wir uns über die Jahre liebevoll ausgebaut und eingerichtet hatten. Jetzt wollte unser Sohn das Elternhaus verlassen, um seine eigenen Wege zu gehen. Für uns warf das die Frage auf, wie und wo wir im Alter leben wollten.

Aus unseren Überlegungen wuchs der Wunsch, das Haus mit dem großen Grundstück aufzugeben und uns nach einer altersgerechten Eigentumswohnung umzuschauen. Denn die viele Arbeit in Haus und Garten war nicht unbedingt das, was wir uns auf längere Sicht für unser Alter vorstellen konnten. Sicher, das Haus war uns an Herz gewachsen, unser Sohn war dort groß geworden und wir verbanden viele schöne Erinnerungen damit. Aber wir merkten auch, dass daraus eine Last werden könnte, der wir auf Dauer nicht mehr gewachsen wären.

Der Hinweis einer Arbeitskollegin, die einen Fernsehbericht über ein „Mehrgenerationen-Wohnprojekt" gesehen hatte, ließ uns aufhorchen – war das vielleicht etwas, was wir uns für unsere zweite Lebenshälfte vorstellen könnten? Ein Haus, in dem Jung und Alt zusammen unter einem Dach leben, aufeinander achten, sich gegenseitig unterstützen, sich aber auch – durch jeweils eigene Wohnungen – Freiraum für persönliche Bedürfnisse lassen? Eine interessante Idee, an der wir zunehmend Gefallen fanden.

Wir sammelten mehr Informationen zu diesem Thema und erzählten in unserem Freundeskreis davon. Dabei sind wir überall auf offene Ohren gestoßen. Immer wieder bekamen wir die Rückmeldung: „Das wäre auch etwas für uns!"

Irgendwann holten wir alle Interessenten an diesem ungewöhnlichen Wohnprojekt an einen Tisch und sprachen ausführlich darüber, welche Vorstellungen und Wünsche jeder Einzelne hatte. Schnell merkten wir, dass wir ihre unterschiedlichen Vorstellungen unmöglich alle unter einen Hut bringen könnten. So kristallisierten sich zwei Gruppen heraus: die „jungen Wilden", die viele Aktionen mit dem gemeinsamen Wohnen verbinden wollten, und die „Gesetzteren", die in erster Linie das Wohnprojekt sahen und es nicht mit ambitionierten Zielen überfrachten wollten.

Freundschaftlich trennten wir uns nach diesem Gespräch und machten uns dann mit der kleinen, „gesetzten" Gruppe auf den Weg. Wir besuchten bereits bestehende Projekte, nahmen Kontakte zu Vertretern der Stadt und der Politik auf und schauten uns nach vorhandenen Immobilien und möglichen Bauplätzen um. Es war eine spannende Zeit. Wir hatten eine Idee, von der wir überzeugt waren, aber wir hatten keine Ahnung, wohin die Reise gehen würde.

Von den bestehenden Projekten haben wir viel gelernt, beispielsweise dass wir für unser Vorhaben eine Rechtsform brauchten, damit wir ein kompetenter Ansprechpartner für Stadt, Politik und Wohnungswirtschaft sein konnten. Uns erschien die Gründung eines eingetragenen Vereins am sinnvollsten. So gründeten wir Ende 2008 mit den in Deutschland nötigen sieben Mitgliedern den Verein „WeiterRaum e. V.". Der Vereinsname war vom 31. Psalm inspiriert, in dem es in Vers 9 heißt: „Du, Gott, stellst meine Füße auf weiten Raum."

Mit diesem Namen wollten wir ausdrücken, dass wir Gründungsmitglieder allesamt als Christen unterwegs waren. Zudem wollten wir deutlich machen, was wir mit unserem Projekt verbanden: einen weiten Raum – weniger im Sinn von viel Platz, als vielmehr im Sinn von innerer Weite und einem neuen Raum, um die gemeinsame Zukunft zu gestalten.

Immer mehr Interessierte gesellten sich zu uns: Die alleinstehende Kollegin, die schlechte Erfahrungen mit ihren Nachbarn gemacht hatte und sich nach einem friedlichen Miteinander sehnte; das Ehepaar, das sich nach dem Tod der Eltern fragte, wie es im Alter leben wollte; die Frau, deren Ehe zerbrochen war und die nach einem neuen Zuhause suchte; die Lehrerin, die nicht allein alt werden wollte… Wir alle wollten unsere Zukunft in die Hand nehmen und sie bewusst gestalten. Und wir wollten – solange wir es noch konnten – dafür sorgen, dass wir auch im Alter am gemeinschaftlichen Leben teilnehmen konnten. Mit allen Altersstufen Leben teilen, ganz so, wie es früher in den Großfamilien üblich war.

Wenige Wochen nach der Vereinsgründung geschah das wohl größte Wunder auf unserem Weg in Richtung gemeinsamer Zukunft: Der neue Chef einer örtlichen Wohnungsgesellschaft hatte von uns gehört und nahm Kontakt zu uns auf. Seine Gesellschaft wolle sich für neue Wohnformen öffnen und habe Interesse, ein Mehrgenerationen-Wohnprojekt zu realisieren. Dafür seien sie auf der Suche nach einem Partner, der sich um die inhaltlichen Belange eines solchen Projekts kümmern könne, erzählte er uns bei einer ersten Begegnung. Was für eine Fügung!

Wir hatten bereits von einigen Leuten von den bestehenden Wohnprojekten gehört, dass sie lange und mühsam nach einem Investor und einem Bauträger für ihre Idee gesucht hatten und reichlich Überzeugungsarbeit leisten mussten. Bei uns kam der Bauträger auf uns zu! Er selbst war von der Idee des Mehrgenerationenwohnens überzeugt und suchte nur noch die passenden Menschen für sein Vorhaben – was konnte uns Besseres passieren?

Gleich bei den ersten persönlichen Kontakten sprang der Funke über. Wir harmonierten sehr gut und unsere Vorstellungen von dem geplanten Projekt stimmten erstaunlich gut überein. Hinzu kam, dass die Wohnungsgesellschaft ein hervorragendes Grundstück hatte, das ideal für solch ein Projekt war: am Stadtrand gelegen, mit kurzen Wegen zu Einkaufsmöglichkeiten, Kindergärten, Schulen, Ärzten und dem angrenzenden Naherholungsgebiet. Es war ruhig und trotzdem zentral.

Es dauerte nicht lange und wir nahmen die ersten konkreten Planungen für „unser Haus“ auf. Der Entwurf des Architekten kam unseren Wünschen sehr nahe, und es zeigte sich, dass das zukünftige Haus ziemlich genau die Größenordnung haben würde, die wir uns vorgestellt hatten. Wir hatten uns einen Wohnraum für 20 bis 30 Personen bei 10 bis 20 Wohneinheiten gewünscht. So wäre das Wohnprojekt nicht zu klein und damit abhängig von Einzelnen, aber auch nicht zu groß, dass die Gefahr einer Anonymität bestehen würde. Der erste konkrete Plan sah 19 Wohneinheiten unterschiedlicher Größe vor und hatte genau den gewünschten Platz für 20 bis 30 Bewohner. Dazu waren ein großzügiger Gemeinschaftsraum mit Küche und ein kleines Gästeapartment angedacht.

Der einzige Knackpunkt war, dass die Wohnungsgesellschaft ein reines Mietshaus bauen wollte. Wir hatten uns jedoch ein Mischobjekt gewünscht, in dem es sowohl Eigentums- als auch Mietwohnungen geben sollte. Denn es gab einige unter uns, die ihr bestehendes Wohneigentum als Altersvorsorge in das Projekt einbringen wollten. Da es vonseiten der Wohnungsgesellschaft allerdings gute Gründe gegen ein Mischobjekt gab, ließen wir uns schließlich auf ein reines Mietobjekt ein. Für manche von uns war es eine sehr schwere Entscheidung, doch bereut hat sie bis heute niemand.

In der Detailplanung konnten wir Wünsche einbringen. So war es uns als Ehepaar wichtig, dass wir zunächst zwei Wohnungen gemeinsam nutzen könnten. Irgendwann, so dachten wir, würde einer von uns allein übrig bleiben und dann keine große Wohnung mehr brauchen. Diesen Gedanken griff der Architekt auf und kombinierte eine kleine Zweizimmerwohnung mit einem Apartment. Zusammen ergab es eine schöne große Wohnung, die bei Bedarf problemlos geteilt werden kann. So würde der alleinstehende Partner weiterhin in der vertrauten Wohnung bleiben und das Apartment eventuell untervermieten können oder es gegebenenfalls einer Pflegekraft anbieten können.

Während der Planungs- und Bauphase kamen auch noch mehrere junge Leute dazu, sodass wir kurz vor dem geplanten Einzug alle Wohnungen vergeben und unser Ziel, alle Generationen in einem Haus zu vereinen, erreicht hatten. Im Sommer 2013 füllten 24 Erwachsene, 4 Kinder und eine Katze das neue Haus mit Leben.

Sicher, es brauchte eine Weile, bis wir uns mit der neuen Situation arrangiert hatten, bis alles diskutiert und organisiert war und jeder seinen Platz im Projekt gefunden hatte. Auch die Stärken und Eigenarten des anderen mussten erst einmal kennengelernt und respektiert werden, doch es fügte sich immer mehr zu einer großen Gemeinschaft.

Inzwischen leben wir seit fünf Jahren in dieser Gemeinschaft und wir haben es keinen Moment bereut, diesen Schritt getan zu haben. Nein, es ist nicht immer der Himmel auf Erden – wir sind alle nur Menschen und noch dazu teilweise sehr unterschiedlich. Da gibt es natürlich das eine oder andere Problem. Aber es gibt eben auch das großartige Miteinander und das möchten wir nicht mehr missen.

Dieses Miteinander lebt nicht unbedingt von großen gemeinsamen Unternehmungen und Aktionen; es sind vielmehr die kleinen, alltäglichen Dinge, die so hilfreich sind und das gemeinsame Leben wertvoll machen. Da sorgt man sich um den erkrankten Mitbewohner oder kümmert sich um die Wohnung des Nachbarn während seiner Abwesenheit. Da übernimmt der rüstige Rentner ganz selbstverständlich das Rasenmähen, der junge Familienvater hilft der Rentnerin bei technischen Problemen und die alleinstehende Mitbewohnerin schaut nach den Kindern, wenn die Eltern außer Haus sind. Hof und Laubengänge sind beliebte Treffpunkte für einen Plausch, im Sommer hört und sieht man die Jüngsten im Sandkasten toben. Und wenn spontan jemand zum Reibekuchenessen in den Garten oder zum Brunch in den Gemeinschaftsraum einlädt, trifft man sich auch in größerer Runde und freut sich über all die bereichernden Begegnungen.

Heute wissen wir: Wir haben den für uns genau richtigen Schritt gewagt und unseren Platz gefunden. Wir sind dankbar, dass Gott uns auf diesem Weg begleitet hat. Die Aussicht, dass wir in diesem Wohnprojekt alt werden können, erfüllt uns mit Freude und Zuversicht.

Sorgen loslassen – mit meiner EDJE-Box

Maria Prean

Viele Frauen kämpfen mit Ängsten und Sorgen. Letztlich geht es immer um die Frage: Vertraue ich Gott oder nicht? Wage ich, das loszulassen und in seine Hand abzugeben, was mich bedrückt? Ich bin mir sicher, dass Jesus sich um jedes Detail meines Lebens kümmert, das hat er mir immer wieder gezeigt. Für die Zeiten, in denen ich von Sorgen geplagt werde, habe ich mir eine EDJE-Box ausgedacht. EDJE steht für: **E**twas, **d**as **J**esus **e**rledigt. Ich schreibe alle meine Sorgen auf Zettel und werfe sie in eine Box. In manchen Zeiten quillt diese Box fast über, doch es bereitet mir keine Sorgen – ich weiß, all diese Dinge sind in Gottes Hand. Dieser Text soll auch Sie dazu motivieren, Ihre Sorgen bei Jesus abzugeben.

Guten Morgen, ich bin es, Gott!
Heute werde ich mich um all deine Probleme kümmern.
Aber bitte vergiss nicht, ich brauche dazu deine Hilfe!
Sollte dich der Feind in eine Situation bringen,
mit der du nicht fertig wirst,
versuche erst gar nicht, das Problem selbst zu lösen.

Sei lieber so freundlich
und wirf das Problem gleich in die EDJE-Box.

Ich werde mich zur rechten Zeit darum kümmern –
zu meiner Zeit, nicht dann, wenn *du* meinst,
dass es richtig wäre.
Wenn du dein Problem einmal in die Box geworfen hast,
dann halte nicht länger daran fest
und versuche auch nicht,
es wieder herauszuholen.
Jedes Festhalten an dem Problem oder
jeder Versuch, es wieder herauszuholen,
wird die Lösung deines Problems nur verzögern.
Wenn du meinst, das Problem selbst bewältigen zu können,
komm bitte dennoch zuerst im Gebet zu mir,
damit du dir sicher sein kannst,
auch die richtige Lösung zu haben.
Da ich niemals schlafe und nicht einmal döse,
kannst du getrost schlafen und musst nicht vor Sorgen
nächtelang wach liegen.
Bleibe einfach ruhig, mein Kind!
Wenn du mich brauchst,
erreichst du mich jederzeit mit einem Gebet.

In Liebe,
dein himmlischer Vater.

Kapitel 4

Das Gute weitergeben

Der Sinn des Alters besteht darin, die vielen kostbaren Lebenserkenntnisse und Lebenserträge weiterzugeben.
Henning Scherf

Ein Tisch mit Vision

Daniela Greiner

„Was? Du hast keinen Tisch mit Vision gekauft?" Wenn sie dabei nicht gelächelt hätte, hätte ich fast gedacht, meine Freundin macht mir einen Vorwurf. Die anderen am Tisch mussten laut lachen, als sie meine Reaktion sahen. Mein Blick, als wenn ich auf frischer Tat ertappt worden wäre. Ich fühlte mich verunsichert – und zugleich herausgefordert. Denn sie hatte ja recht! Hier saßen wir an einem schönen großen Tisch, der zwölf Plätze bot, doch an eine Tischerweiterung hatte ich nicht gedacht. Dass jemals Zeiten kommen würden, in denen mehr als zwölf Jugendliche zum Essen kommen würden, war für mich unvorstellbar. Ich kann zwar kochen, doch für so eine große Horde – das kam mir nicht in den Sinn.

Ich schaute sie an. Vor mir saß eine junge Freundin, die ich als Mentorin über Jahre hinweg begleitet hatte. Auf keinen Fall wollte ich in ihren Augen ein Mensch sein, der von Vision spricht, doch selbst keine hat. Sparen hin oder her, die Tischerweiterung musste gemacht werden! Noch heute muss ich darüber schmunzeln. Denn die Holzplatte, die ich nun besitze, ist mehr als nur eine Tischerweiterung. Sie ist eine Vision, sie ist ein Glaubensschritt, und sie erinnert mich daran, dass Jugendliche Menschen lieben, die echt sind.

Vor sieben Jahren, mit 44, beschloss ich, in eine große Wohnung zu ziehen und gemeinsam mit einer Freundin eine Wohngemeinschaft für junge Leute zu gründen. Die zwei Bäder würden nützlich sein und das große Wohn- und Esszimmer ideal für den neuen Esstisch. Ganz so leicht war mir die Entscheidung zu einer solchen Lebensveränderung jedoch nicht gefallen. Über zwei Jahre lang hatte ich das Wort „Wohngemeinschaft“ in meinem Gebetsbuch als Anliegen stehen gehabt, und doch war es mir nie in den Sinn gekommen, einen konkreten Schritt in diese Richtung zu wagen.

Dann kam ein Wasserschaden und in kürzester Zeit musste ich meine alte Wohnung räumen. Irgendwie erinnerte mich diese Erfahrung an den Bibelvers aus Römer 8,28: „Wir wissen, dass Gott bei denen, die ihn lieben, alles zum Guten führt, bei denen, die nach seinem ewigen Plan berufen sind.“ Erstaunlich, wie Gott aus diesem Schreck, dass die komplette Wohnung unter Wasser stand, etwas unglaublich Schönes machen konnte. Denn seither muss ich nicht mehr allein frühstücken.

Sich zu verändern und neue Wege zu gehen ist nicht einfach. Das ist wohl der Grund, warum ich es liebe, junge Menschen zu ermutigen. Sie sind in einem Alter, in dem sie sehr viele Veränderungen durchleben: Ausbildung, Studium und Berufswahl, Wohnortwechsel, die erste Beziehung, ein verändertes Verhältnis zu den Eltern. Es fühlt sich so an, als wenn ich diesen Weg bereits vorausgelaufen wäre, um ihnen sagen zu können: „Komm, das schaffst du! Ich war da, ich habe es auch geschafft, es ist machbar.“

Auf meinem Schreibtisch liegt ein Steigbügel. Nein, ich reite nicht, und dennoch sagt dieser Steigbügel einiges über mein

Leben aus. Vor Jahren hörte ich, wie ein Pastor die folgenden Worte sagte: „Wir Leiter sind dazu berufen, ein Steigbügel für junge Menschen zu sein, damit sie leichter in den Sattel kommen." Das traf es auf den Punkt! Genau das ist es. Anstatt selbst zu reiten, geht es darum, für andere der Steigbügel zu sein. Wie oft höre ich von Leitern, die in ihrem eigenen Sattel scheinbar festkleben, anstatt anderen in ihren zu helfen. So wollte ich nicht sein. Doch um ein guter „Steigbügel" zu sein, musste ich andere Dinge loslassen und Dienste in der Gemeinde abgeben, die ich wirklich gern gemacht hatte. Das war keine leichte Entscheidung, doch ich traf sie – und habe sie nie bereut.

Inzwischen sind einige Mitbewohner gekommen und nach einer gemeinsamen Wegstrecke wieder gegangen. Mit jeder neuen Person erlebte ich die erstaunliche Vielfalt von uns Menschen. Der eine räumt seine Kleidungsstücke in den Schrank, der andere verstreut sie im ganzen Zimmer. Der eine liebt es, kreativ zu kochen, der andere ist glücklich, wenn es jeden Tag Nudeln mit Pesto gibt. Der eine mag es ruhig, der andere mag Partystimmung unter der Dusche. Ich lebe sehr gern mit diesen jungen Menschen zusammen, sie halten mich jung und fordern mich heraus, echt zu sein. Das Leben mit ihnen ist der Prüfstand, ob ich wirklich das lebe, was ich predige. Wird mein Glaube zu Hause sichtbar oder „aktiviere" ich ihn nur sonntags in der Gemeinde?

„Warum leben wir Christen immer in so einem Bubble?", fragte mich eine 17-Jährige. *Was für einen Bubble, was für eine Blase meint sie?*, dachte ich. *Wir leben doch nicht in einem hermetisch abgeriegelten Sicherheitstrakt! Wir sind doch offen, freundlich und wollen Menschen für Jesus erreichen!* Doch sehr schnell merkte ich, was sie meinte. Oft *glauben* wir Christen nur genau das zu sein, aber *leben* etwas anderes. Auf ihre Anregung hin planten wir in unserer Wohngemeinschaft einen offenen Abend, den wir „OpenHouse“ nennen wollten.

Wir würden unsere Wohnung bereitstellen und ich würde keine Andacht halten, keine Lieder singen und keine Veranstaltung daraus machen. Das „Programm“ wären die Personen, die an diesem Abend zu uns kämen. Ich wurde fast verrückt bei dem Gedanken. *Wie kann ich einen ganzen Abend lang nur reden, essen und chillen, ohne irgendeine Andacht oder einen geistlichen Impuls? Wie sinnlos! Wie werden die Leute von Jesus hören?* Beschämt musste ich nach einem halben Jahr „OpenHouse“-Abenden feststellen, dass ich mit meiner Einschätzung völlig falschgelegen hatte.

Wir begannen, Gottes Gegenwart zu erfahren – auch ganz ohne geistliches Programm. Ich hatte vergessen, dass der Heilige Geist trotzdem in uns Christen lebt und nicht nur dann da ist, wenn eine Andacht gehalten wird. Er lebt 24 Stunden am Tag und sieben Tage die Woche in uns. Als eine 19-Jährige hereinkam, tränenüberströmt wegen eines Todesfalls, spendeten wir Trost, Liebe und das für uns Natürlichste der Welt in so einer Situation: Gebet. Als ein 17-Jähriger erzählte, dass er seinen besten Freund durch einen Streit verloren habe, und solche Schwierigkeiten hatte, ihm zu vergeben, konnten wir ihm etwas über die Macht der Vergebung erzählen, die wir selbst erlebt hatten. Diese Gespräche mit Tiefgang entwickelten sich auf ganz natürliche Art und Weise.

Die Jugendlichen kamen, brachten Zutaten mit, lernten, wie man gemeinsam etwas Leckeres kocht, und erfuhren, wie es sich anfühlt, eine gute Tischgemeinschaft zu haben. Wie oft hörte ich:

„Bei uns zu Hause essen wir nie zusammen“ oder „Oh, ihr habt ja gar keinen Fernseher!“

Die Kids machen sich inzwischen einen Spaß daraus, weil ich immer sehr achtgebe auf den schönen Esstisch aus Holz. Auf ihm dulde ich keine Flecken! Jedes halbe Jahr wird er liebevoll von mir neu geölt. Wenn neue Gäste kommen, erklären meine jungen Mitbewohner ihnen deshalb, dass dieser Tisch „heilig“ sei. Heilig, ja, das ist er mir tatsächlich. Doch nicht wegen seiner Schönheit, sondern wegen des Werkes, das Gott durch ihn tut.

Ich erinnere mich gern zurück an einen Professor aus meiner Bibelschulzeit, der darüber predigte, wie oft Jesus bei Menschen zu Tisch saß. Das hat mich schon vor 25 Jahren bewegt. Heute darf ich selbst erleben, wie Tischgemeinschaften Menschen verändern.

Ich bin keine Sozialarbeiterin, noch bin ich eine mutige Evangelistin, die zu jedem gleich Vertrauen findet. Es gab immer wieder Situationen, in denen ich mich in der eigenen Wohnung unwohlfühlte, wenn gewisse Jugendliche da waren. *Kann ich ihnen vertrauen? Muss ich mein iPad verstecken?* Als an einem Abend fast zwanzig Kids das Wohnzimmer überfüllten und Hausschuhe durch den Raum flogen, musste ich die Reißleine ziehen. „So kann das nicht weitergehen!“, schimpfte ich in scharfem Ton. Zuerst hatte ich ein schlechtes Gewissen und befürchtete, mit dieser Aussage die jungen Leute vergrault zu haben. Doch im Rückblick stellte ich fest, dass Gottes Werk kein Ende genommen hat. Denn „OpenHouse“ ist für mich nicht nur ein Abend, sondern die Berufung eines offenen Lebensstils mit jungen Menschen.

Meine Tante hatte mir, als ich selbst noch jung war, einmal gesagt: „Dani, kommst du mal wieder?“ Ich war gerade spontan auf eine Tasse Kakao bei ihr vorbeigekommen und war zutiefst beeindruckt. Denn obwohl ich unangemeldet zu ihr gekommen war, hatte sie sich für mich Zeit genommen. Ich wusste, hierher durfte ich kommen, egal, ob es gerade passte oder nicht. Heute geht keiner aus unserer Wohnung, ohne diese Worte zu hören: „Kommst du mal wieder?“

In unserem Wohnzimmer hängt ein Schild mit den Worten „The best journey always takes you home!“ („Die beste Reise bringt dich immer nach Hause zurück.“) Über das Wort „home“ habe ich unseren Ortsnamen Rudersberg geklebt. Hinter diesem Spaß steckt mehr Tiefe, als auf den ersten Blick ersichtlich ist. Wie oft habe ich schon Referenzen ausgefüllt für junge Menschen, die sich für eine Jüngerschaftsschule oder Bibelschule bewarben. Als Freundin, als Mentorin, als Pastorin helfe ich ihnen gern, den passenden Platz zu finden. Und doch tut es jedes Mal weh, wenn sie gehen, denn ich muss sie loslassen. Wie sehr hätte ich mir gewünscht, dass sie hier im Ort bleiben, dass sie mit uns Gemeinde bauen und nicht in alle Welt ausfliegen. Aber mir ist klar, dass unsere kleine Missionsstation in Rudersberg ihnen nicht alles bieten kann. Auch aus beruflichen Gründen müssen viele wegziehen. Ich kann nur hoffen, dass sie eines Tages wiederkommen.

Erst neulich hat mich wieder der Frust gepackt: *Warum sind so wenige junge Erwachsene in unserer Gemeinde, wenn ich mich doch seit Jahren intensiv in Jugendliche investiere? Warum sollte ich es überhaupt noch weiterhin tun?* Am Ende gehen sie sowieso ihren eigenen Weg, und die wenigsten werden bleiben. Doch dann hörte ich Gottes Stimme und sie bewegte mich zutiefst. Ich liebe Jesus und habe ihm mein Leben anvertraut und wenn er meint: „Dani, es hat sich gelohnt!“, dann steigt ein großes Ja in mir auf. *Ja, Jesus, ich werde es wieder tun! Wenn du mir diese Berufung gegeben hast, dann nehme ich sie dankbar an.*

Meine Berufung nach dem Beruf

Michael Gudelius

An einem sonnigen Frühlingstag im Mai 2009 sitze ich im Foyer eines Frankfurter Krankenhauses und warte auf das Taxi, das mich wieder nach Hause bringen soll. Fünf Tage war ich wegen einer bösartigen Blasenerkrankung hier. Plötzlich geht eine Korridortür auf und drei hübsche junge Frauen, allem Anschein nach Drillinge, stürmen tränenüberströmt und laut schluchzend Richtung Ausgang. *Wen haben sie wohl verloren?*, schießt es mir durch den Kopf. *Den Vater? Die Mutter? Einen Bruder?* Durch diese indirekte Konfrontation mit dem Tod nehme ich meine eigene Situation auf einmal anders wahr. Ich werde dankbar und demütig, weil es mir vergleichsweise gut geht. Gleichzeitig beschäftigt mich der Gedanke, wer die drei Frauen nun trösten und wenigstens ein bisschen auffangen wird.

Dieses Erlebnis brannte sich tief in mir ein – gerade wegen der großen Diskrepanz zwischen dem strahlenden Frühlingstag und der dunklen Stunde dieser aufgelösten Frauen.

Ein gutes Jahr später, im November 2010, starb meine geliebte Mutter. Auch wenn sie nur einen Tag und eine Nacht im Krankenhaus verbrachte, fielen mir die schlechten Rahmenbedingungen dort auf. Das Pflegepersonal stand unter permanentem Stress. Es fehlte die menschliche Zuwendung.

Drei Monate darauf starb mein Schwiegervater, zu dem ich ein wunderbares Verhältnis hatte. Auch ihn begleitete ich auf seinem letzten Weg ins Krankenhaus und besuchte ihn täglich zusammen mit meiner Frau. Während der Besuchszeit ging ich zwischendurch öfter in die Krankenhauskapelle, um für ihn zu beten. Jedes Mal las ich dort mit Interesse und Anteilnahme die Gebetsanliegen und Fürbitten im ausgelegten Buch. Die Bitten um Heilung, die anklagenden Fragen nach dem Warum, aber auch die Dankbarkeitsbezeugungen nach gut überstandenen Operationen bewegten mich sehr.

Meistens war ich allein im Raum. Doch einmal traf ich auf ein älteres Ehepaar in der Kapelle. Beide weinten sehr und ihr Schluchzen ging mir nahe. Liebevoll nahm er sie, die offensichtlich die Patientin war, in den Arm. Bald darauf verließen sie die Kapelle. Wieder kamen mir ähnliche Gefühle und Gedanken wie bei meiner eigenen Krankenhausentlassung, als ich den Drillingen begegnete.

Bald darauf wurde meine Schwiegermutter sehr krank. Sie starb knapp zwei Jahre später als ihr Mann – jedoch nicht im Krankenhaus, sondern zu Hause in den Armen ihrer geliebten Familie. Das Erlebte im Krankenhaus, die Konfrontation mit der eigenen Verletzlichkeit und die Todesfälle in der Familie ließen mich nicht mehr los.

Im Sommer desselben Jahres traf ich beim Einkaufen einen Bekannten aus der Kirchengemeinde. Er erzählte mir freudestrahlend, dass er sich gerade für einen Lehrgang in der Krankenhausseelsorge angemeldet habe. Diese Begegnung war für mich kein Zufall, sondern ein Fingerzeig Gottes. Nachdem ich mich näher über die Bedingungen dieses ehrenamtlichen Dienstes informiert hatte, meldete auch ich mich für den Lehrgang an. Im Vorstellungsgespräch äußerten die Ausbilder zwar Bedenken hinsichtlich meiner gerade erst überstandenen seelischen Belastungen, aber ich wollte den Dienst dennoch antreten.

In der Tat waren die ersten Krankenbesuche nach meiner Ausbildung alles andere als leicht; zu viele schmerzhafte Erinnerungen meldeten sich aus meinem Unterbewusstsein. Eine Situation ging mir besonders nahe: Ich besuchte eine 80-jährige schwer kranke Patientin. Ihre Tochter erzählte mir, dass sie drei Wochen zuvor noch ein jugendliches Interesse an allem gehabt hatte. Auch meine Mutter hatte mit 93 Jahren noch diese wunderbar jugendliche Einstellung zum Leben. Als ich das Zimmer verließ, kamen mir die Tränen. Eine Schwester bemerkte das und sagte: „Wenn Ihnen das so nahegeht, können Sie diese Besuche nicht lange machen. So weit darf die Empathie mit den Patienten nicht gehen."

Ein anderes Mal besuchte ich eine ältere Dame, die geistig topfit, aber nach einem Schlaganfall halbseitig gelähmt war. Sie sagte zu mir: „Sie sind ein sehr lieber und einfühlsamer Mensch. Aber Sie können sagen, was Sie wollen, ich will so nicht mehr weiterleben." Es gelang mir nicht, ihr auch nur ein kleines bisschen Lebensmut zu geben. Traurig verließ ich das

Zimmer, weil mein Besuch offensichtlich keinerlei positive Wirkung auf sie hatte.

Doch diese Hilflosigkeit erlebte ich in all den Jahren nur selten. Fast alle Patienten freuten sich allein schon an der schönen Geste, dass da jemand ist, der sich um ihre Seele „sorgt". Und wenn sie hörten, dass ich die Besuche ehrenamtlich machte, fanden sie es erst recht rührend.

Im Laufe der Zeit lernte ich, die Erfahrungen im Krankenzimmer nicht mehr so nahe an mich heranzulassen. Die Wunden der persönlichen Verluste begannen zu heilen und wurden nicht mehr ganz so schnell aufgerissen. Vielleicht wäre es tatsächlich besser gewesen, wenn ich meiner Trauer vor dem Antritt dieses Dienstes noch etwas mehr Zeit gegeben hätte. Doch eine Sache half mir noch mehr als der zeitliche Abstand: die bewusste Entscheidung, nicht jeden Lebens- und Leidensweg mit dem eigenen in Verbindung zu bringen. Ich gewöhnte mir stattdessen an, die Menschen, denen ich begegnete, innerlich an Gott abzugeben. Selbst wenn ich ein Krankenzimmer noch einmal „unverrichteter Dinge" verlassen und das Gefühl haben sollte, nichts bewirkt zu haben, weiß ich dennoch, dass einer bleibt: Gott. Wann und wie er wirkt, liegt nicht in meiner Hand. Dieses Bewusstsein entlastet mich. Umso mehr bewegt es mich, wenn Gott mich gebraucht, um genau im richtigen Moment am richtigen Ort zu sein und wenn er mir dann die richtigen Worte in den Mund legt. Das sind die Momente, in denen ich erleben darf, dass sich plötzlich etwas im Blick eines Patienten verändert und ich merke: Hier hat Gott gerade ein Herz geöffnet und es in aller Dunkelheit etwas heller werden lassen. Das ist tiefste Erfüllung für mich.

Einmal las ich einer alten Dame das Gedicht „Spuren im Sand" vor. Ich hatte mir angewöhnt, immer mehrere Postkarten mit diesem ermutigenden Text zum Verschenken dabeizuhaben, denn ich liebe die Botschaft: Wenn wir rückblickend auf unser Leben schauen und Gottes Spuren im Leid nicht sehen können, dann dürfen wir wissen: Er hat uns nicht verlassen, sondern getragen.

Als ich den Text fertig gelesen hatte, sah ich, wie die alte Dame Tränen in den Augen hatte. Sie hatte zuvor gesagt, dass sie nicht gläubig sei. Doch dieses starke Bild eines Gottes, der sie trägt – auch jetzt – hat sie tief bewegt.

Nach solchen Erlebnissen muss ich oft an den Satz des ausbildenden Pfarrers denken: „Sie werden innerhalb Ihres Dienstes viele heilige Momente erleben, mit einer enormen Intensität und Nähe zu Ihren Mitmenschen. Und wenn durch Ihren Dienst ein bisschen mehr Liebe, Mitgefühl und Menschlichkeit durch die Krankenhausflure weht, dann haben Sie sehr viel erreicht!"

Seit mittlerweile sechs Jahren übe ich diesen Dienst einmal in der Woche für etwa drei Stunden aus. Die letzten beiden Jahre davon war ich bereits im Ruhestand. Seitdem ist es entspannter und ich kann mich mehr in die neue Aufgabe investieren. Nach einem langen Arbeitstag war der Seelsorgedienst am Abend manchmal doch recht anstrengend. Einen Nachmittag in der Woche freizuhalten ist mir als Rentner, die ja bekanntlich nie Zeit haben, eine Herzensangelegenheit. Von einem „Loch", in das viele Menschen nach dem Ende ihres Berufslebens fallen, habe ich vielleicht gerade durch diesen Dienst nichts gespürt. Im Gegenteil: Ich bin erfüllt – durch eine Tätigkeit, die mehr Berufung für mich ist, als es mein tatsächlicher Beruf je war.

In all den Jahren habe ich bei meiner Seelsorgetätigkeit viel Belastendes und Schweres erlebt, aber auch viel Dankbarkeit und Wertschätzung zurückbekommen. Beides bringe ich nach jedem Krankenbesuch vor Gott – als Fürbitte, Dank und Lob. In der kleinen Krankenhauskapelle gebe ich meine Erfahrungen an Gott ab und erinnere mich daran, dass er auch mir stärkend und liebend zur Seite steht.

Durch die regelmäßige Konfrontation mit dem Leid schätze ich meine eigene gesundheitliche Verfassung umso mehr. Auch wenn ich meine körperlichen „Baustellen" habe, wird mir immer wieder bewusst, dass es ein Segen und keine Selbstverständlichkeit ist, dass ich das Krankenhaus als Besucher betrete und wieder verlassen kann.

Ich weiß nicht, wie lange ich diesen Dienst noch machen kann, denn mit zunehmendem Alter wird die Belastungsgrenze wahrscheinlich sinken. Doch ich vertraue Gott, dass er mir noch möglichst lange die Kraft für mein Ehrenamt schenkt.

Zurzeit bin ich sehr glücklich, dass die „heiligen Momente" in meinem Dienst überwiegen und ich anderen helfen kann, das Schwere zu tragen. Und manchmal, ja, da merke ich tatsächlich, dass dadurch ein zartes Lüftchen von Gottes unfassbarer Liebe durch die Klinikflure weht.

Darf ich von dir lernen?

Anne Löwen

Viele Menschen sehnen sich nach Vorbildern. Junge Frauen wünschen sich oft eine ältere Frau, der sie sich anvertrauen und der sie Fragen stellen können. Allerdings äußern sie diesen Wunsch selten. Deshalb sind ältere Frauen häufig zunächst überrascht, wenn sie davon erfahren. Vielleicht hatten sie sogar selbst schon den Gedanken, eine junge Frau geistlich zu begleiten, hatten aber den Eindruck, dass so etwas gar nicht erwünscht sei. Da täuschen Sie sich! Der Bedarf ist da, aber wie können wir dieses Bedürfnis nach persönlicher Begleitung erfüllen? Eine Möglichkeit ist, eine Mentoring-Beziehung mit einer jungen Frau einzugehen.

Mentoring heißt, sich um jemanden zu kümmern, ihn zu unterstützen, zu ermutigen und ihm zu helfen, sein Potenzial zu entfalten. Es geht darum, das weiterzugeben, was man aus eigener Erfahrung gelernt hat.

Ich finde es interessant, dass Jesus sich zwölf Jünger aussuchte, um die er sich besonders kümmerte. Warum nur so wenige? Ich glaube, weil er wusste, dass es wesentlich effektiver ist, wenige Menschen intensiv zu begleiten als viele nur oberflächlich.

Wenn eine Frau einige wenige Menschen unterstützt, prägt sie mit der Zeit auch viele andere – weil die Menschen, die sie geprägt hat, wiederum andere prägen. Dieses Prinzip hat schon der Apostel Paulus seinem Schützling Timotheus erklärt: „Was du von mir gehört hast vor vielen Zeugen, das befiehl treuen Menschen an, die tüchtig sind, auch andere zu lehren" (2. Timotheus 2,2; Luther).

Gott kennt das Bedürfnis junger Frauen, eine ältere Frau zu haben, die ihnen in den Herausforderungen des Lebens zur Seite steht. In Titus 2,3–4 lesen wir: „Genauso sollst du die älteren Frauen lehren, ihr Leben so zu führen, wie es sich für jemanden gehört, der dem Herrn dient.… Stattdessen sollen sie anderen zeigen, was gut ist. Diese älteren Frauen sollen die jüngeren Frauen anleiten…" (Neues Leben).

Wir Frauen sind von Gott dazu beauftragt, jüngere Frauen anzuleiten, beziehungsweise uns von älteren anleiten zu lassen. Niemand kann sich so gut in eine junge Frau mit all ihren Herausforderungen hineinversetzen wie eine Frau, die sich selbst einmal in dieser Lage befand. Und niemand kann ihr eine bessere Orientierung in Bezug auf ihr Frausein geben als eine lebenserfahrene Frau, die fest im Leben steht und sich selbst gefunden hat.

Andere anzuleiten bedeutet zunächst einmal, selbst authentisch zu leben. Unser Handeln muss mit unseren Worten übereinstimmen. Paulus bestätigt das: „Denn ich möchte nicht anderen predigen und dann als einer dastehen, der sich selbst nicht an das hält, was er sagt" (1. Korinther 9,27; Neue Genfer Übersetzung). Dies ist einer der wichtigsten Grundsätze für geistliche Leiterschaft: Fordere niemanden zu etwas auf, zu dem du nicht selbst bereit wärst. Das heißt nicht, dass wir in diesen Bereichen perfekt sein müssen, aber es sollte unser Ziel sein, zu einem Vorbild in diesem Bereich zu werden.

Wenige Dinge sind so schädlich in der Nachfolge Jesu und im Mentoring wie Heuchelei. Jesus will Ehrlichkeit und Authentizität. Und das ist es auch, was andere Menschen von uns wollen – egal, ob sie Christen sind oder nicht. Sie merken schnell, ob das, was wir sagen, mit unserem Lebensstil übereinstimmt. Sie spüren, ob Jesus unser Herr ist und wir von Herzen so leben wollen, wie es ihm gefällt, oder ob wir nur so tun.

Meiner persönlichen Erfahrung nach kommen andere gut damit zurecht, wenn ich an meine Grenzen stoße, mit Problemen kämpfe oder auch einmal hinfalle. Es weiß sowieso jeder, dass ich nicht perfekt bin! Warum also sollte ich anderen vorspielen, ich wäre es?

Ein weiterer Aspekt ist, dass wir transparent sein sollen. Transparent zu sein meint, ich bin bereit, anderen Einblick in mein Leben zu geben. Wir prägen andere bei Weitem mehr durch das, was wir tun oder nicht tun, als durch unsere Worte. Transparent zu leben bedeutet allerdings nicht, dass ich alles über mich ausplaudern und mein Innerstes auf einem Silbertablett servieren muss. Es heißt, dass ich andere an meinen Glaubens- und Lebenserfahrungen, meinen persönlich durchlebten Höhen und Tiefen, teilhaben lasse und ihnen damit helfe, zu reifen.

Junge Menschen wünschen sich jemanden, der ihnen zuhört, der ihre Fragen ernst nimmt, der für sie und mit ihnen betet und der bei Bedarf Trost spendet. Sie sehnen sich nach geistlichen Vorbildern. Sie sehnen sich danach, Männer und Frauen nach dem Herzen Gottes zu werden und brauchen dafür gute geistliche Wegbegleiter.

Wie kann ich eine Mentoring-Beziehung beginnen? Die ersten Schritte sind eigentlich ganz einfach:

Beten. Wir können Gott sagen, dass wir bereit sind für den Auftrag, den er uns in der Bibel gegeben hat. Und wir können ihn bitten, uns mit einer Frau zusammenzuführen, die wir begleiten und unterstützen sollen.

Interesse zeigen. Häufig wird man nicht direkt gefragt, ob man eine Mentorin werden möchte. Es geht vielmehr darum, im Kontakt mit einer Frau „stumme Hilferufe" wahrzunehmen. Ich muss mich fragen: *Wer in meinem Umfeld könnte sich Beistand und Rat wünschen?* Dabei ist es wichtig, aufmerksam zu sein, auf junge Menschen zuzugehen und ihnen zu zeigen, dass man offen für Gespräche ist. Es könnte gut sein, dass junge Frauen annehmen, man sei zu beschäftigt, um sich um sie zu kümmern. Wer vermittelt, dass er gern mit anderen zusammen ist und ein offenes Ohr für sie hat, öffnet die Tür für eine potenzielle Mentoring-Beziehung.

Mentoring konkret anbieten. Schlussendlich wird man nicht darum herumkommen, die junge Frau direkt zu fragen, ob sie Interesse an einem Treffen hat. Mehr als ein Nein werden Sie nicht bekommen können. Doch wenn junge Frauen merken, dass wir uns aufrichtig für sie interessieren, ist die Wahrscheinlichkeit hoch, dass sie das Angebot annehmen – spätestens, wenn sie irgendwann einmal in einer Krise stecken oder mit neuen Herausforderungen konfrontiert werden sollten.

Mentoring-Beziehungen sind etwas sehr Wertvolles. Es kann so viel Gutes daraus entstehen! Ich wünsche mir, dass wir neu die Möglichkeiten darin entdecken und die Freude erleben, die wir in diesen besonderen Freundschaften finden. Und bevor Sie denken, dass Sie sich nicht als Mentor eignen, möchte ich Ihre Gründe direkt vorwegnehmen und entkräften:

„Ich bin kein Leiter!" Das Wort „Leiten" löst bei vielen schnell Unbehagen aus. „Ich? Leiten? Niemals! Ich bin überhaupt keine Anführerin." Allerdings heißt Leiten nicht unbedingt, vor einer Gruppe zu stehen und die Richtung anzugeben. Es heißt auch nicht, andere zu etwas zu überreden oder ihnen etwas aufzuzwingen. Leiten bedeutet, eine Richtung einzuschlagen und andere einzuladen, diesen Weg mitzugehen. Erfahrene Frauen sollen die unerfahrenen an die Hand nehmen. Indem eine Frau nach Gottes Geboten lebt, Gott liebt und andere Frauen ermutigt, dies ebenfalls zu tun, wird sie beinahe „automatisch" zur geistlichen Leiterin. Natürlich gehört zum Leiten auch dazu, Dinge erklären zu können, aber das ist zweitrangig. Zuerst leben wir bestimmte Werte und Verhaltensweisen vor, später können wir erklären, warum wir das tun.

„Ich bin zu unerfahren!" Manche fühlen sich vielleicht nicht erfahren genug. „Wie könnte jemand etwas von mir lernen? Ich habe doch nichts weiterzugeben." Der Apostel Paulus ermutigt den jungen Leiter Timotheus: „Niemand soll dich geringschätzen, nur weil du jung bist. Sei allen Gläubigen ein Vorbild in dem, was du lehrst, wie du lebst, in der Liebe, im Glauben und in der Reinheit" (1. Timotheus 4,12; Neues Leben). Wir sind nie zu jung! Es gibt immer Frauen, die jünger sind als wir. Wir brauchen keine Angst vor dieser Aufgabe zu haben.

„Keiner will von mir lernen!" Viele Frauen zögern, eine Mentoring-Beziehung anzubieten, weil sie befürchten, dass niemand daran interessiert sei, von ihnen zu lernen. Aber das stimmt nicht. Viele junge Frauen wünschen sich eine Mentoring-Beziehung mit einer älteren Frau – auch mit Ihnen!

„Ich bin nicht gut genug!“ Wer sich unwürdig fühlt, um von Gott gebraucht zu werden, sollte sich einmal die Menschen anschauen, durch die Gott in der Geschichte gewirkt hat. Die Bibel ist hier ziemlich realistisch und beschönigt nichts. Waren diese Menschen fehlerfrei? Waren sie perfekt im Umgang mit anderen? Mit Sicherheit nicht. Es waren ganz normale Menschen, aber sie stellten sich Gott zur Verfügung und erlaubten ihm, immer wieder an ihnen zu arbeiten.

Eine ungewöhnliche Freundschaft

Daniela Merkert

Wir sitzen am festlich gedeckten Tisch in einem hübschen Restaurant und lassen uns das Steak mit Pommes frites und Salat schmecken. Der Anlass für dieses Essen ist eine ganz ungewöhnliche einjährige Freundschaft. Amy ist ein 13-jähriger Teenager und ich bin ihre Mentorin. Zusammengebracht wurden wir über eine Mentoring-Organisation in Auckland/Neuseeland, die es sich zur Aufgabe gemacht hat, Mentoren für junge Menschen zu finden, die es im Leben nicht so leicht haben. Von der Schule, dem Sozialamt oder der Polizei werden diese Jugendlichen an die Mentoring-Organisation vermittelt.

Die ersten acht Monate unserer gemeinsamen Reise waren eine echte Herausforderung. Wir mussten uns erst einmal kennenlernen und eine Beziehung aufbauen. Da hieß es, Grenzen zu setzen, was mir nicht immer leichtfiel. Amy versuchte, so viele Vorteile wie möglich für sich herauszuschlagen. Ich fühlte mich bisweilen ausgenutzt und unsere Beziehung kam mir sehr einseitig vor. Auch war es eine Herausforderung für mich, mit ihren ungewöhnlichen Familienverhältnissen umzugehen. Oft war ich froh, wenn ich unser wöchentliches Treffen überstanden hatte. Ich fragte mich, warum Gott mich in diese Situation hineingestellt hatte und ob es sich lohnte durchzuhalten. Dann erinnerte ich mich daran, dass Gott niemals einen Menschen aufgibt und dass ihm Amy genauso am Herzen liegt wie ich. Gott möchte, dass wir als Christen bedingungslose Liebe praktizieren, die keine Grenzen kennt. Es war kein Zufall, dass Amy in mein Leben kam.

Wie durch ein Wunder veränderte sich unser Verhältnis. Mit der Zeit wuchs mir dieser Teenager richtig ans Herz! Amy fasste mehr Vertrauen zu mir und stellte mich nicht mehr ständig auf die Probe. Langsam entwickelte sich eine tiefe Freundschaft. Das Mädchen öffnete mir sein Herz und schilderte mir seine großen und kleinen Probleme zu Hause und in der Schule. Bald freute ich mich sogar auf unsere nächste Verabredung!

Feierlich überreiche ich Amy heute ein Fotoalbum von unseren gemeinsamen Erlebnissen. Wir lassen das letzte Jahr an uns vorbeiziehen. Da gibt es ein Foto von unserem ersten Treffen beim Bowling; dann gibt es Fotos von unzähligen Picknicken am Strand, bei denen wir auch schon einmal Delfinen begegnet sind; Fotos von einer Autofahrt ins Grüne und von unserer Lieblingsaktion: deutsche Pfannkuchen backen. Außerdem gibt es Bilder von unserer Nächstenliebe-Aktion, bei der wir Rosen an Passanten auf der Straße verschenkt haben.

Ich bin Gott dankbar dafür, dass ich das Abenteuer Mentoring eingegangen bin. Ich bin dankbar, dass ich nicht aufgegeben habe und miterleben durfte, wie aus unserer anfänglich holprigen Beziehung eine tiefe Freundschaft gewachsen ist. Ich möchte den quirligen Teenager in meinem Leben nicht mehr missen und bin gespannt, wie Gott mich die nächsten Jahre im Leben von Amy gebrauchen wird.

Von ganzem Herzen „Wunschgroßeltern“

Christina Bachmann

Oma, lass uns mal einen Termin ausmachen!“, bittet die zehnjährige Julia. Edeltraut Wick zückt ihren Kalender. Bald ist ein Tag gefunden, an dem Oma und Opa zum Kaffeetrinken bei Familie Goebel eingeladen sind. Es ist ein Geburtstagsgeschenk für die Oma – Julia und ihre zwei Jahre ältere Schwester Marie-Luise wollen selbst backen. „Torte, Blechkuchen oder Crêpes?“, fragt Julia. Die Oma entscheidet sich für Blechkuchen, damit ist auch der Opa einverstanden.

Edeltraut und Hans-Peter Wick sind die „Wunschgroßeltern“ von Marie-Luise und Julia, schon von Geburt an. Die leiblichen Großeltern der Mädchen lebten damals nicht mehr. Das Ehepaar Wick gehört zu derselben Berliner Methodistengemeinde wie die Eltern von Marie-Luise und Julia. Schmunzelnd erinnert sich Edeltraut an die ersten zarten Bande zwischen den Eltern, Edita und Markus: „Peter und ich trafen sie zufällig bei einem Spaziergang. Sie standen an einer Laterne auf einem Platz, aßen

Eis und hielten Händchen. Von da an haben wir angefangen, für das Paar zu beten!“

Der Tag, als die Sache mit den „Wunschgroßeltern“ beschlossen wurde, liegt inzwischen fast dreizehn Jahre zurück. Edita erzählt: „Ich war hochschwanger und saß bei einem Konzert in der Kirche zwischen den beiden. Da sagte Edeltraut: ‚Wenn das Baby kommt, hat es ja gar keine Oma und keinen Opa. Vielleicht sind wir einfach Oma und Opa!?‘ Das war der Startschuss.“ Für die damals 60-jährige Edeltraut war klar: „Alle Kinder brauchen Oma und Opa.“ Mit ihrem Mann hatte sie die Angelegenheit vorher nicht abgesprochen, doch er stand gleich voll dahinter. „Das ist bei uns öfter so“, bestätigt er. „Das kommt ganz natürlich: Der eine fädelt etwas ein und der andere macht mit.“

Hans-Peter arbeitete zu dem Zeitpunkt noch als Schriftsetzer, Edeltraut war gerade in Rente gegangen. Sich ehrenamtlich zu engagieren war für beide schon lange selbstverständlich. Edeltraut brachte sich viel in den Kindergruppen der Gemeinde ein, Hans-Peter kümmert sich noch heute um hausmeisterliche Gemeindebelange. Zu dem Zeitpunkt, wo sie „Wunschgroßeltern“ wurden, waren sie bereits leibliche Großeltern – ihre beiden Kinder hatten inzwischen jeweils zwei Kinder bekommen. Die eine der Familien lebte in der Nähe, die andere weit weg. Die Enkel in der Nähe waren im Grundschulalter, mit ihnen verbrachten Oma und Opa viel Zeit, hatten aber in ihrem Herz noch Kapazitäten für „Wunschenkelkinder“. Für die leiblichen Kinder und Enkel war das kein Problem. Sie und Familie Goebel haben sich bei verschiedenen

Gelegenheiten kennengelernt, ein engerer Kontakt hat sich nicht entwickelt.

Nachdem die Sache beschlossen war, erschienen Edeltraut und Hans-Peter – wie es sich für richtige Großeltern gehört – gleich nach der Geburt im Krankenhaus und durften Marie-Luise im Arm halten. Sie genossen das Zusammensein mit dem kleinen Mädchen. Sogar einen gemeinsamen Urlaub unternahmen die frischgebackenen Eltern und Großeltern mit der Kleinen. Papa Markus erinnert sich an die Anfangszeit: „Im Gottesdienst ist die Oma mit Marie-Luise auf dem Arm nach vorn gegangen und hat erzählt, wie sehr sie sich über das Großelterndasein freut." Zwei Jahre später wurde Julia geboren. Die Oma war in Rufbereitschaft, um auf die große Schwester aufzupassen, wenn Edita ins Krankenhaus ging.

„Als dann zwei Kinder da waren, waren die Großeltern wirklich eine große Hilfe", erzählt Edita. Musste sie mit einem der Mädchen zum Arzt, konnte die Oma auf die andere aufpassen. Bei Notfällen wie Platzwunden reichte ein Anruf, und Oma und Opa, die nur wenige Hundert Meter entfernt wohnten, eilten zu Hilfe. Als gelernte Kinderkrankenschwester hatte Edeltraut den einen oder anderen guten Ratschlag parat. So etwas wie feste „Oma-und-Opa-Tage" gab es nie. Vielmehr genießen es beide Seiten, das Miteinander nach Bedarf zu gestalten. Edeltraut war und ist immer für ein Brettspiel zu haben. „Bei mir haben die Mädchen das Verlierenkönnen gelernt!", lacht sie. Hans-Peter mag auch größere Unternehmungen und hat die Mädchen schon oft herumkutschiert. Beide halfen bei Kindergeburtstagen und waren bei den Einschulungen dabei. An gemeinsame Ausflüge erinnern sich alle gern.

Auch die Beziehung der Eltern untereinander war Edeltraut und Hans-Peter wichtig. „Ich habe immer gesagt: ‚Ihr müsst abends mal etwas ohne die Kinder unternehmen.' Dann bin ich gekommen und habe auf die Mädchen aufgepasst“, erinnert sich Edeltraut. „Ich hatte meine eigenen Einschlafrituale für die beiden und habe ihnen immer etwas vorgesungen.“ Überhaupt machen Großeltern vieles anders als die Eltern – und das ist auch gut so. Da sind sich beide Seiten einig. „Großeltern dürfen verwöhnen, Eltern müssen erziehen“, meint die Oma. Doch in manchen Punkten sind auch die Großeltern strenger. „Mit dem Thema Schlaf habe ich mich oft schwergetan“, gibt Edita zu. „Die Oma war da konsequenter, und bei ihr hat es auch besser geklappt. Trotzdem hat sie mir nicht reingeredet. Damals hätte ich das auch gar nicht annehmen können. Heute sehe ich: Ihr Weg hat gut funktioniert“, meint Edita.

Für Julia und Marie-Luise war immer klar: Edeltraut und Hans-Peter sind Oma und Opa. „Es fühlt sich ganz normal und echt an“, sagt die zehnjährige Julia. Edeltraut fällt ein, wie eins der Mädchen vor dem Gottesdienst mal „Oma?“-rufend auf sie zugerannt kam. „Ein Junge stand daneben und fragte ungläubig: ‚Ist das wirklich deine Oma? Und Marie entgegnete im Brustton der Überzeugung: ‚Natürlich!'“ Als Edeltraut und Markus in der Gemeinde auf der Empore zusammensaßen, stellte jemand anders die Frage: „Ist das dein Sohn?“ Auf das „Nein“ kam die Reaktion: „Aber ihr seht so aus, als ob ihr zusammengehört!“ Dass sie in dieselbe Gemeinde gehen, sehen alle als großen Vorteil – vor allem, weil man sich auf diese Weise regelmäßig trifft. Außerdem festigt der gemeinsame Glaube die Beziehung. „Wir konnten immer beten, auch wenn es Schwierigkeiten gab", meint Edeltraut. „Marie-Luise hat als Baby viel geweint. Das war für die Eltern sehr anstrengend. Da konnten wir Gott um Kraft für sie bitten."

Mit dem zunehmenden Alter der Mädchen hat sich die Beziehung zu ihren „Wunschgroßeltern" gewandelt. „Oma und Opa werden nicht mehr so dringend gebraucht", sagt die inzwischen 74-jährige Edeltraut. „Aber wenn sie uns brauchen, sind wir da!" Das kommt bei Julia zum Beispiel vor, wenn sie am Nachmittag allein zu Hause ist. „Dann rufe ich an und frage, ob ich vorbeikommen kann", erklärt sie. Bei Oma gibt es dann Nudeln mit Tomatensoße, Zeit für ein Spiel und immer ein offenes Ohr. „Es ist schön zu sehen, wie sie größer werden", sagt Edeltraut. Bei den Enkeln ist eine größere Gelassenheit da als bei den Kindern – umso größer ist sie vielleicht noch bei den „Wunschenkelkindern". „Ich kann, aber ich muss nicht", bringt es Hans-Peter auf den Punkt.

Dass die Wicks es nun schon seit vielen Jahren können *und* wollen, liegt sicher daran, dass die Chemie zwischen ihnen und der Familie Goebel einfach stimmt. „Wir kannten uns schon und hatten Vertrauen zueinander", so empfindet es Markus. „Vieles hat sich automatisch ergeben, was man bei einer fremden Person erst hätte abchecken müssen." Seine Frau stimmt dem zu: „Es ist das Gesamtpaket, das von Anfang an gestimmt hat, sonst wären die Wicks wahrscheinlich nur Babysitter geworden. Wer Wunschgroßeltern sucht und noch niemand Konkretes vor Augen hat, muss wahrscheinlich etwas länger suchen, bis er jemanden findet, bei dem es passt. Dann muss man schauen, was sich entwickelt." In diesem Fall war es ein Geschenk, da sind sich alle Beteiligten einig. „Als wir euch beide damals händchenhaltend gesehen haben, hätte ich nie gedacht, was sich daraus einmal entwickeln würde", sinniert Edeltraut. „Ich bin mir sicher, Gott hat es geführt, dass wir zusammenkamen!"

Die „Wunschgroßeltern" sehen sich selbst ebenfalls als Beschenkte. „Wir bleiben jünger, weil wir so nah dran an jungen Menschen sind", findet Hans-Peter. Inzwischen sind Edeltraut und er über ihre leiblichen Enkel sogar schon zweifache Urgroßeltern. So darf sich das nach Edeltraut gern fortsetzen: „Wenn Julia und Marie-Luise heiraten und Kinder kriegen, werden wir noch einmal Uroma und Uropa!"

Neue Kinder im leeren Nest

Eva Breunig

Meine Freundin war schon seit längerer Zeit krank, doch nicht einmal sie selbst ahnte, wie ernst es um sie stand. Eigentlich galt sie als geheilt. Doch dann kehrte die Krankheit unerwartet zurück und riss sie innerhalb einer Woche aus dem Leben. Ihr Mann, unser Freund Stefan, stand plötzlich allein mit zwei kleinen Kindern da. Lilli war vier, Tommi noch nicht einmal ein Jahr alt. Stefan stand voll im Berufsleben. Wie sollte es nun weitergehen?

Kurz entschlossen zog Stefans Mutter zu der verwaisten Familie, um die Kinder zu versorgen. Ich half ihr gelegentlich beim Babysitten aus. Aufgrund eines drohenden Burn-outs hatte ich in diesem Jahr eine Auszeit von meinem Beruf als Lehrerin genommen und war deshalb zeitlich flexibel.

Wenige Wochen später wurde auch bei Stefans Mutter eine schwere Krankheit festgestellt, und sie musste für längere Zeit ins Krankenhaus. Nun war die kleine Familie wieder auf sich allein gestellt. Zu diesem Zeitpunkt machte ich mir ernsthafte Sorgen: *Wie viel konnte diese Familie noch ertragen? Und wer sollte jetzt die Kinder betreuen?*

Doch Gott hatte offensichtlich alles im Blick und schon einen Plan: Genau an dem Tag, an dem Stefans Mutter die Diagnose erhielt, zogen unsere Töchter in ihre erste eigene Wohnung und bei uns wurde ein Zimmer frei. Also holten wir das Gitterbett und die Spielsachen aus dem Keller hoch und boten Stefan an, mit den Kindern für ein paar Tage bei uns zu bleiben – wenigstens so lange, bis er sich darüber klargeworden war, wie es mit seiner Familie jetzt weitergehen sollte. Ich wollte ihn in diesem Zustand nicht alleinlassen und war sehr erleichtert, als er zusagte.

Trotz all dem Schmerz, den diese Zeit mit sich brachte, spürte ich, wie Gott alles fügte und für alle Beteiligten erträglicher machte. Auch mir tat es gut, dass die junge Familie bei uns einzog. So hatte ich dem Tag, an dem meine jüngsten Kinder ausziehen würden, mit einem mulmigen Gefühl entgegengesehen. So viele Jahre hatten wir als Familie zusammengelebt; wie würde es sich anfühlen, plötzlich „nur“ noch ein Ehepaar zu sein – allein in einer großen, leeren Wohnung? Als wir an jenem Abend im Bett lagen – mit dem kleinen Tommi im Gitterbett neben uns, und Stefan und Lilli im Nebenzimmer –, fragte ich meinen Mann: „Jetzt mal ehrlich: Leiden wir sehr unter dem ‚Leeres-Nest-Syndrom‘?“ Und trotz der traurigen

Umstände, die zu dieser Situation geführt hatten, mussten wir schmunzeln.

Stefan, Lilli und Tommi blieben mehrere Monate bei uns. Was zunächst für ein paar Tage gedacht war, entwickelte sich zu einer Dauerlösung. Natürlich war es für uns alle eine große Umstellung. Ich war von einer Mutter, deren Kinder gerade flügge geworden und ausgezogen waren, über Nacht wieder zur Kleinkindmutter geworden – und hatte nun mit all den mühsamen Begleiterscheinungen des Mutterseins zu kämpfen, die ich schon längst vergessen hatte: die ständigen Erkältungen, die Lilli aus dem Kindergarten mitbrachte; die Nächte, in denen Tommi an durchbrechenden Zähnen litt und uns mit stundenlangem Geschrei wachhielt; das hohe Maß an Aufmerksamkeit und Fürsorge, das Kinder in diesem Alter brauchten. Hinzu kam, dass Lilli mit ihren vier Jahren den Tod ihrer Mutter mit erstaunlicher Klarheit begriffen hatte – und ich keine Ahnung hatte, wie man mit einem trauernden Kleinkind umgehen sollte. Außerdem hatte ich mir die Auszeit von meinem Job ja nicht zum Vergnügen genommen, sondern weil mich der anstrengende Lehrberuf über die Jahre in eine tiefe Erschöpfung getrieben hatte. Meine Kraftreserven waren aufgebraucht – eigentlich hätte ich dringend Erholung nötig gehabt. Doch dann kam alles anders und es war keine leichte, erholsame Zeit, aber dafür eine sehr intensive und enorm bereichernde.

Tommi war ein braves und pflegeleichtes Kind. Sein kurzes Leben war schon von Krankheit und Tod überschattet worden.

Er hatte früh gelernt, dass er funktionieren musste, weil niemand Kraft oder Zeit für irgendwelche Extrawünsche hatte. Darum war es für uns so leicht, ihn glücklich zu machen! Kleinigkeiten, wie Hoppe-Hoppe-Reiter mit ihm zu spielen, reichten aus, um ihn zum Lachen zu bringen. Ihn fröhlich zu sehen, ließ mir das Herz aufgehen.

Mit Lilli war es für mich deutlich schwieriger. Im Unterschied zu Tommi hatte sie die schrecklichen Ereignisse schließlich bewusst miterlebt. Aber sie hatte keinerlei Erfahrung damit, wie man Trauer bewältigt – und der Tod der eigenen Mutter stellt selbst für erwachsene Kinder noch ein einschneidendes Erlebnis dar. Gleichzeitig war sie trotzdem noch ein kleines Kind, das gern spielen und herumtollen wollte. Manchmal wusste ich wirklich nicht, wie ich mit ihren widersprüchlichen Gefühlen umgehen sollte.

Wenn sie wegen Kleinigkeiten in Tränen ausbrach, war mir klar, dass ihr Kummer in Wahrheit eine andere Ursache hatte; doch wie konnte ich ihr helfen? Ich nahm sie in den Arm, aber das war nur ein schwacher Trost. Oft ließ sie meine Umarmung in solchen Momenten auch überhaupt nicht zu. Am besten lief es, wenn sie so viel Ablenkung hatte, dass sie für kurze Zeit ihren Schmerz vergaß. Also lud ich ihre Freundinnen ein, wir spielten Verkleiden, gingen auf den Spielplatz oder ins Museum.

Als es auf den Sommer zuging, war klar, dass langfristig eine andere Lösung für die Familie gefunden werden musste. Denn nach den Sommerferien würde ich in die Schule zurückkehren und nicht mehr genug Zeit für die Betreuung der Kinder haben. Obwohl Tommi erst 14 Monate alt war – und damit meiner

Meinung nach zu jung für den Kindergarten –, begann ich schweren Herzens die Eingewöhnungszeit mit ihm. Die Erzieherinnen, die auch Lilli betreuten und die ganze Situation kannten, waren sehr lieb und verständnisvoll. Sie erlaubten mir, so lange in Tommis Nähe zu bleiben, bis er bereit war, für kurze Zeit allein im Kindergarten zu sein. Es klappte überraschend gut. Zur gleichen Zeit bekam Stefan Kontakt zu zwei Frauen, die in seiner Nähe wohnten und sich anboten, abwechselnd auf die Kinder aufzupassen.

Schließlich kam der Tag, an dem die Familie wieder in ihre eigene Wohnung zurückzog. Ich hatte dabei ein lachendes und ein weinendes Auge. Nun hatte ich wieder Zeit für mich, Ruhe, ungestörte Nächte und einen selbstbestimmten Tagesablauf! Aber die beiden Kleinen waren mir in den Monaten meiner „Leihmutterschaft" sehr ans Herz gewachsen. Um ehrlich zu sein, liebte ich sie so sehr, dass meine eigenen erwachsenen Kinder fast schon ein bisschen eifersüchtig waren, obwohl sie natürlich immer an erster Stelle stehen würden. Aber ich gebe zu, die Trennung von den Kleinen fiel mir schwer – obwohl wir uns weiterhin sehen würden.

Die beiden Kinder hatten innerhalb eines Jahres gleich zwei enge Bezugspersonen verloren: Erst war die geliebte Mama für immer aus ihrem Leben verschwunden, und dann auch noch die Oma für lange Zeit. Diese schlimme Verlusterfahrung wollten mein Mann und ich auf keinen Fall fortsetzen. Es war uns deshalb sehr wichtig, weiterhin viel Zeit mit ihnen zu verbringen. Solange ich noch frei hatte, versuchte ich sie mehrmals in der Woche vom Kindergarten abzuholen und etwas Alltag mit ihnen zu erleben. Ein gemeinsamer Urlaub im Sommer rundete diese Zeit ab.

Als ich wieder in meinen Beruf zurückkehrte – nicht ganz so erholt wie erhofft, dafür aber um viele wertvolle Erfahrungen reicher –, hörte ich auf, mich den Kindern gegenüber „mütterlich" zu verhalten, und begann eher die Rolle einer Tante oder Oma für sie einzunehmen.

Und ich kann sagen: Diese Rolle ist richtig toll! Wir können weiterhin all die schönen Dinge tun: spielen und basteln, ins Kindermuseum gehen, ins Spaßbad fahren, auf dem Abenteuerspielplatz toben, den Kindergottesdienst besuchen oder Zeichentrickfilme im Kino schauen. Letztes Jahr waren wir sogar gemeinsam zelten und im Legoland! Einige Jahre später war mein Mann Trauzeuge bei Stefans Hochzeit. Seine neue Frau versteht sich sehr gut mit Lilli und Tommi und ist ihnen eine liebevolle Mama.

Wir bemühen uns immer noch, den Kontakt aufrechtzuerhalten und uns im Strudel des Alltags nicht aus den Augen zu verlieren. Einmal in der Woche verbringt Tommi, der inzwischen ein Schulkind ist, den Nachmittag mit meinem Mann und mir – dafür nehmen wir uns Zeit.

Eine Freundin schrieb mir in der intensivsten Zeit, als die kleine Familie noch bei uns wohnte: *„‚Mache den Raum deines Zeltes weit und breite aus die Decken deiner Wohnstatt; spare nicht! Spann deine Seile lang und stecke deine Pflöcke fest!' (Jesaja 54,2). Du bist ja ordentlich aus deiner Komfortzone herausgegangen und hast den Raum deines Zeltes sehr weit gemacht! Ich bewundere dich – ich weiß nicht, ob ich das könnte, eine ganze Familie aufnehmen … Schlage deine Zeltpflöcke ganz fest in Jesu unendliche Liebe ein, damit du genug Kraft hast!"*

Im Nachhinein frage ich mich tatsächlich manchmal, wie ich das alles bloß geschafft habe. Aber ich bereue keinen Augenblick aus dieser Zeit. Was ich an Liebe und Freude geschenkt bekommen habe, hat die Kraft und Mühe, die ich investiert habe, mehr als nur wettgemacht.

Oma, Opa und 61 Enkel

Ellen Nieswiodek-Martin

Jeden Sommer organisieren Uwe und Christine Holmer in Serrahn am Krakower See eine Freizeit für ihre Enkelkinder. Und das hat Dimensionen, von denen eine deutsche Kleinfamilie nur träumen kann, denn die Holmers haben zusammen 61 Enkelkinder. „Großeltern haben eine besondere Verantwortung für die nächste Generation", sagt Uwe Holmer.

Die Sackgasse ist menschenleer und alles ist ruhig. Am Ende der Straße steht ein kleines Haus. Dahinter erstreckt sich eine Wiese bis zum Seeufer. Im weißen Zelt sitzen über 60 Menschen an einer langen Tafel: Erwachsene, Jugendliche und Kinder aller Altersstufen. Aus allen Ecken Deutschlands sind sie nach Serrahn zur traditionellen Enkelkinderfreizeit gekommen. Es geht lebhaft zu beim Abendessen.

Die Altersspanne zwischen den Enkeln ist groß: Der Älteste ist 35 Jahre alt, die Jüngste kam vor fünf Jahren zur Welt. Genau betrachtet, findet hier das Treffen einer großen Patchworkfamilie statt. Christine brachte fünf Kinder aus der Ehe mit ihrem früh verstorbenen ersten Mann mit. Pastor Uwe Holmer hat aus seiner ersten Ehe zehn Kinder. „Im Durchschnitt haben alle Holmers zwischen vier und acht Kinder“, erzählt Sohn Markus Holmer. Den anderen Teil der Gruppe bilden die „Lander-Kinder“, die Söhne und Töchter von Christine Holmer, ehemalige Lander. Und es geht weiter: 20 Urenkel sind bereits auf der Welt, weitere sind unterwegs.

Kann man bei so vielen Personen den Überblick behalten? „Ich kenne alle mit Namen“, sagt Oma Christine. „Wenn ich mal eines verwechsele, liegt das daran, dass manche weit weg wohnen und wir uns selten sehen.“ Rivalität oder Eifersucht zwischen den Familien habe es nicht gegeben, meint Dorothea, eine Tochter von Uwe Holmer.

Die Idee, eine Freizeit für die Enkelkinder anzubieten, hatte das Ehepaar vor 16 Jahren. „Im Laufe der Jahre wurde uns Großeltern die Mitverantwortung, die wir für die Enkel haben, immer stärker bewusst“, erinnert sich der 88-Jährige. „Ich evangelisierte überall, nur bei meinen Enkeln nicht. Das wollte ich ändern.“ Seine Mutter habe ihn stark geprägt. „Als ich etwa sechs Jahre alt war, sagte ich zu ihr: ‚Draußen liegt eine tote Katze.‘ ‚Ja‘, sagte meine Mutter, ‚alle Tiere bleiben tot.‘ ‚Und wir Menschen auch? Was ist mit mir? Mit dir?‘, fragte ich erschrocken. ‚Du brauchst keine Angst zu haben, wenn wir dem Herrn Jesus gehören, dann bringt er uns durch den Tod in den Himmel. Und da ist es viel schöner als hier‘, antwortete sie mir. Seitdem will ich in den Himmel kommen. Dieses Gespräch hatte mir als kleinem Jungen die schreckliche Angst vor dem Tod genommen. Und ich glaube, wenn eine Oma oder ein Opa so etwas erzählt, hat das viel größere Wirkung auf Kinder, als wenn sie das Evangelium aus dem Mund eines Pastors hören“, davon ist Uwe Holmer überzeugt.

Also erzählt er – von seinem Leben, von der Bibel und seinem Lieblingsthema, dem allmächtigen Gott, der einen guten Plan für die Menschen hat. Die Bibelarbeit am Vormittag und die Abendrunde am See sind neben den Mahlzeiten die festen Programmpunkte im Tagesablauf. Geschlafen wird in Zelten auf der Wiese am See.

Der Tag beginnt um halb neun mit dem Frühstück. Eine Stunde später formieren sich alle zu einem großen Kreis auf der Wiese und singen. Danklieder und Bewegungslieder aus dem Kindergottesdienst wechseln sich ab. „Ich bin nicht mehr im Kindergottesdienst, ihr müsst mir die Bewegungen vormachen", sagt der Opa lachend.

Fünf Tage dauert die Freizeit, sie endet am Sonntag mit dem Gottesdienst in der Kirche. Am Wochenende kommen noch weitere Enkel und die restlichen Eltern, die ihre Kinder abholen.

Die Enkelkinderfreizeit ist der einzige Anlass im Jahr, bei dem sich die Großfamilie trifft. Alle sind jedoch nie dabei: Durch Beruf und Studium fehlen immer einige. Die 29-jährige Maria findet es toll, die Cousins und Cousinen zu treffen. Die Kleineren haben bei der verzweigten Familie nicht immer den Überblick. „Ich kenne gar nicht alle", sagt Jette. Sie ist mit ihren Geschwistern Louise, Richard und Pauline ohne ihre Eltern hier. „Es finden sich immer große Cousins und Cousinen, die die Kleinen an die Hand nehmen und sich kümmern", erzählt Miriam Holmer. Ab dem fünften Geburtstag dürfen die Enkel allein kommen. „Wenn sie kleiner sind, sollten die Eltern dabei sein, das schaffen wir sonst nicht", erklärt der Opa. Bei der stetig wachsenden Enkelschar sind Uwe und Christine Holmer froh, dass in den letzten Jahren die Eltern immer mehr Aufgaben übernommen haben.

Nach dem Singen treffen sich die Erwachsenen und die Kinder ab acht Jahren im Zelt zur Bibelarbeit. Ein wenig gebeugt steht Opa Holmer da, als er über die Unterschiedlichkeit von Mann und Frau spricht. Er findet offene Worte zum Thema Sexualität: „Die Sehnsucht nach dem anderen Geschlecht hat Gott in uns hineingelegt.“ Und er warnt davor, Pornografie anzuschauen: „Die Bilder werdet ihr nie mehr los.“ Später erklärt er: „Man kann über diese Themen nicht zu früh reden. Sie lassen sich besser erzählen, solange Kinder noch nicht betroffen sind.“ Kinder sollen ihre Informationen über Sexualität nicht nur von der Straße und aus der Schule bekommen, das ist ihm wichtig.

Nach dem Mittagessen ist Freizeit angesagt. Einige spielen Fußball, am See beginnt eine wilde Wasserschlacht. Das Abendessen bereiten alle zusammen vor. Geschirr, Essen und Getränke müssen aus dem Haus nach draußen zum Zelt getragen werden. Ein langer Treck bildet sich durch den Garten – da helfen auch die Kinder mit.

Nach dem Abendessen, gegen 20 Uhr, füllt sich der Steg am See. Die Jüngsten sind schon im Bett, einige sitzen noch draußen bei den älteren Cousins und Cousinen. Jemand stimmt die Gitarre an, ein anderer beginnt, leise die Trommel zu schlagen. Die Töne klingen über den See, der an diesem Abend ruhig und glatt daliegt.

Opa Holmer sitzt auch auf dem Steg. Nach dem gemeinsamen Musizieren erzählt er Geschichten. Es sind Geschichten, die die Kinder schon verstehen können, aber deren Botschaft auch für die Größeren relevant ist. Im Anschluss ergänzt er sie durch eine Begebenheit aus seinem eigenen Leben. „Das einfache und ehrliche Zeugnis der Großeltern kann für Kinder ganz wichtig sein", erklärt er. Das treibt ihn an und gibt ihm die nötige Kraft, die für ihn sehr anstrengenden Tage zu gestalten. Während die Abendsonne Wasser und Himmel langsam rosa färbt, klingt der gemeinsame Teil des Abends mit einigen Liedern aus. Nur wenige gehen schon schlafen. Die Jugendlichen spielen noch, die Eltern sitzen zusammen und reden. Opa und Oma Holmer ziehen sich zurück. „Wir müssen Kraft tanken, schließlich sind wir nicht mehr die Jüngsten", lacht Uwe Holmer verschmitzt. „Aber wir sind dankbar, dass wir das noch so können." Und damit sind sie nicht allein.

Kapitel 5

Sich im eigenen Körper wohlfühlen

Deine Schönheit ist vollkommen, meine Freundin,
kein Makel ist an dir.
Hohelied 4,7

Schön alt werden

Anne Seidlitz

Sich selbst schön zu finden ist keine Selbstverständlichkeit, sondern eher die Ausnahme. Jede zweite Frau ist mit ihrem Aussehen unglücklich und fühlt sich unwohl in ihrem Körper. Klar, dass der Markt mit kosmetischen Angeboten und operativen Eingriffen bei Frauen boomt. Weltweit wurden 2016 rund 20 Millionen kosmetische und plastische Eingriffe vorgenommen. Die Unzufriedenheit mit dem eigenen Äußeren, ein mangelndes Selbstvertrauen sowie ein negatives Körperbild stehen in direktem Zusammenhang mit der zunehmenden Zahl an Essstörungen und Depressionen. Leider nimmt die Unzufriedenheit mit sich selbst internationalen Forschungsergebnissen[6] zufolge auch im Alter nicht wesentlich ab.

Das stimmt mich nachdenklich. Keine andere Lebensform auf diesem Planeten kennt dieses negative Denken über sich selbst, nur der Mensch. Manchmal glaube ich, wir sollten uns ein Beispiel an den Tieren nehmen. Die nehmen ihre Unvollkommenheit wesentlich gelassener hin, oder haben Sie jemals eine unglückliche Biene gesehen, weil sie gerne weniger Rundungen hätte? Oder einen bunten Schmetterling, der es bedauert, keine Punkte, sondern Streifen auf seinem Körperkleid zu tragen? Ist Ihnen jemals ein depressiver Delfin begegnet, weil er seine Nase zu lang findet? Kein Tier, auch wenn es noch so unförmig ist, hat offensichtlich Probleme mit seinem äußeren Erscheinungsbild und seinen natürlichen Grenzen – nur wir Menschen tun uns so schwer damit. Warum ist das so? Die Lösung ist einfach: Weil wir andere intellektuelle Möglichkeiten haben. Wir betrachten uns und reflektieren uns. Wir vergleichen uns, beurteilen uns sehr kritisch und schneiden dabei schlecht ab.

Wer schlecht über sich und sein Äußeres denkt, nimmt an, dass das andere auch tun – ein großer Irrtum! So reden wir zuerst schlecht über uns, dann tut es nicht so weh, wenn andere es auch tun. „Fat Talk" heißt das heute, wenn man sich negativ über den eigenen „fetten" Körper äußert. „In dieser Hose habe ich einen fetten Po." „Mit meinem Hüftgold sollte ich lieber kein Eis essen" oder „Darin schaue ich aus wie in einer dicken Wurstpelle".

Laut dem Körperwissenschaftler Thomas Cash denken Frauen, dass man solche Sprüche von ihnen erwartet und sie sogar lustig findet. In einem Experiment ließ er Probanden diverse Szenen lesen, in denen eine Person namens Jenny über sich selbst sprach – einmal positiv: „Ich bin zufrieden mit meinem Gewicht. Ich glaube nicht, dass ich abnehmen muss" und einmal negativ: „Ich bin unzufrieden mit meinem Gewicht, ich muss wirklich abnehmen." Eine erstaunliche Mehrheit der Frauen und Männer dachte, andere würden Jenny eher mögen, wenn sie sich negativ über ihre Figur äußerte. Laut Cash verspüren vor allem Frauen mit Übergewicht den Druck, ihr Aussehen vor anderen negativ zu beurteilen.

Fest steht, dass wir uns nicht anstecken lassen müssen vom gesellschaftlichen Trend, einem makellosen Idealbild hinterherzulaufen. Mit der Frage „Was finde ich schön?" können wir unsere

Suche nach unserer ganz individuellen Definition von der eigenen Schönheit starten. Ich habe mir damals, als ich auf dem Weg zu mir war, ein schönes Blankobuch gekauft und dann aus Katalogen Bilder ausgeschnitten von Kleidung, Landschaften, Formen, Dekorationen – alles, was mir gefiel, habe ich in dieses Buch geklebt, dazu Urlaubsbilder, Postkarten, Zitate und Verse. Dieses Bilderbuch habe ich „Das bin ich" genannt. Noch heute ist dieses Buch für mich ein wahrer Schatz. So können Frauen zu sich selbst finden – auch wenn sie keine Stilberatung machen können oder wollen.

1. Wenn Sie Ihre wahre Schönheit entdecken möchten, gibt es zehn Fragen, mit denen Sie sich beschäftigen sollten:
2. Können Sie Ihrem Körper danken für das, was Sie mit ihm tun können – wie schlafen, laufen, tanzen, schwimmen?
3. Können Sie Ihren Körper mit samt seinen weniger perfekten Stellen akzeptieren und einen Friedensvertrag mit ihm abschließen?
4. Können Sie Körperstellen, die Sie als „schön" empfinden, auch so benennen, ohne sich dabei schlecht zu fühlen oder den Drang zu haben, sich selbst wieder herunterzuspielen?
5. Können Sie eine breitere Definition des Begriffs „schön" zulassen?
6. Können Sie die perfekten Bilder aus den Medien mit kritischen Augen betrachten und sich darüber bewusst werden, dass höchstwahrscheinlich jedes Foto von Prominenten mit Photoshop bearbeitet wurde?
7. Können Sie anerkennen, dass die wichtigsten Menschen in Ihrem Leben Sie um Ihrer selbst willen lieben, schätzen und respektieren?

8. Ertragen Sie es, Menschen um sich herum zu haben, die ein positives Körperbild von sich selbst haben und sich als wertvoll empfinden, ohne dass Sie diese Menschen neidisch als eingebildet abstempeln?
9. Gehören Sie zu den Frauen, die gut für ihren Körper sorgen, indem sie ihn pflegen, ausreichend entspannen, Sport machen und gesund essen?
10. Können Sie sich selbst als Ihre beste Freundin ansehen und sich treu bleiben?
11. Merken andere Menschen, dass Sie gut mit sich selbst umgehen?

Ob jemand als attraktiv wahrgenommen wird, liegt bei Weitem nicht nur an äußeren Schönheitsmerkmalen. Untersuchungen haben ergeben, dass Menschen, die einen zufriedenen Gesichtsausdruck haben, als schöner empfunden werden als unzufriedene. Überhaupt ist das, was unser Gesicht ausstrahlt, wesentlich wichtiger als der übrige Körper. Menschen schauen als Erstes ins Gesicht und in die Augen. Das ist auch immer meine Botschaft an mollige Frauen: Entscheidend ist das Gesicht, nicht die Modellfigur. Auf einer Postkarte habe ich diesen wunderbaren Satz entdeckt: „Wenn Gott den Menschen misst, legt er das Maßband nicht um die Taille, sondern ums Herz."

Das äußere Erscheinungsbild und die Selbstannahme gehören eng zusammen und beeinflussen einander. Wenn ich äußerlich etwas verändere, bewirkt das auch etwas im Inneren. Wenn wir uns niedergeschlagen fühlen, kann es ein einfacher Schritt sein, dass wir aufstehen, uns pflegen und schön anziehen. Nicht für andere, sondern für uns selbst. In der Bibel heißt es oft: „Steh auf!“ Zum Beispiel sagt das der Engel zu Elia, als dieser gerade sehr niedergeschlagen ist. Wenn wir äußerlich aufstehen, kann uns das auch innerlich stärken.

„Sich selbst pflegen“ heißt dabei nicht, etwas Künstliches zu erschaffen, wie wenn wir uns durch eine OP komplett verändern oder jede Falte straffen wollen. Es geht vielmehr darum, das Schöne an uns zu betonen und sich selbst liebevoll zu behandeln – und das kann auch bedeuten, sich ein schönes Make-up aufzutragen. Doch letztlich kommt wahre Schönheit tatsächlich von innen.

Wenn Sie sich so annehmen können, wie Sie sind und geschaffen wurden und Gott dafür danken können, werden Sie mit etwas Kostbarem beschenkt: Zufriedenheit und Ausgeglichenheit. Das bedeutet es, ganz bei sich selbst angekommen zu sein.

Gott hat Sie nicht dazu geschaffen, irgendjemand anderes zu sein. Er hat Sie so wie Sie sind geschaffen, gewollt, erdacht, geplant, begabt, beauftragt und in diese Welt gesandt. Gott schuf Sie in Ihrer Einzigartigkeit und Andersartigkeit, mit Ihrem ganz eigenen Wert und Ihrer unantastbaren Würde. Ihr Fingerabdruck und Ihre DNA sind der nachgelieferte Beweis dazu.

„Schönheit beginnt in dem Moment, in dem du beschließt, du selbst zu sein“, hat Coco Chanel gesagt. In diesem Sinne werden Sie schön alt!

Wahre Schönheit

Saskia Barthelmeß

Schönes T-Shirt“, sage ich zu meiner Freundin und streiche bewundernd über die Pailletten. Mit ungläubigem Blick schaut sie mich an. Doch bevor sie ihren Mund aufmachen kann, schiebe ich nach: „Ja, ich weiß, du willst jetzt bestimmt sagen: ‚Das uralte Ding!‘ oder ‚Das ist doch schon total verwaschen!‘ Ich habe neulich gelesen, dass Frauen keine Komplimente annehmen können. Sie machen sich immer gleich schlecht, anstatt sich einfach zu freuen. Also nimm es an!“ Meine Freundin grinst. „Okay“, sagt sie schmunzelnd. „Danke!“ Und dann erzählt sie mir eine Geschichte.

Eine Frau um die fünfzig kam ins Fotostudio, um ihrem Mann zum Geburtstag ein besonderes Geschenk zu machen: eine Fotoserie nur von ihr. Als die Fotografin und die Frau später gemeinsam die Fotos am Computer ansahen, bat die Kundin, hier und dort eine Delle wegzuretuschieren und die eine oder andere Falte auszubessern. Schließlich war sie mit dem Ergebnis zufrieden.

Einige Tage später klingelte im Fotostudio das Telefon. Der Ehemann der Kundin wollte die Fotografin sprechen. „Vielen Dank für die schönen Fotos“, fing er an. Doch dann erklärte er: „Leider zeigen sie nicht das, was sie sollten, nämlich meine Frau. Wissen Sie, wenn Sie ihre Schwangerschaftsstreifen wegnehmen, dann nehmen Sie mir meine Kinder weg. Wenn Sie ihre Hüftpölsterchen verschwinden lassen, dann lassen Sie ihre Eigenschaft verschwinden, genießen zu können. Und wenn Sie ihre Falten glätten, dann glätten Sie ihr Leben und nehmen ihm all die Momente, in denen wir gemeinsam gelacht und geweint haben. Ich liebe meine Frau so, wie sie ist, denn alles an ihr erzählt unsere gemeinsame Geschichte."

Während meine Freundin erzählt, muss ich mit den Tränen kämpfen. Was für ein schöner Ausdruck wahrer Liebe! Ist es nicht das, wonach wir Frauen uns sehnen – genau so angenommen und geliebt zu sein, wie wir sind? Mit all unseren Macken und Fehlern?

„Deine Schönheit ist vollkommen, meine Freundin, kein Makel ist an dir", so spricht der Geliebte im Hohelied 4,7 über seine Geliebte. Und genauso spricht Gott über mich. Aus Liebe hat er mich erwählt, seine Tochter zu sein. Er hat mich von allem Makel, aller Schuld befreit, und nun stehe ich in strahlender Schönheit vor ihm. Glaube ich das? Lebe ich im Licht dieser Wahrheit? Wenn diese Liebe mich innerlich verändert, dann strahlt die Schönheit nicht nur in meinem Herzen, sondern bricht sich auch nach außen ihre Bahn. Dann bin ich innerlich und äußerlich schön.

Gott kennt meine Kleidergröße

Esther Lieberknecht

Es ist Frühling. Da ist bei mir die Lust auf neue Kleider besonders groß. Beschwingt gehe ich in mein Lieblingsgeschäft. Bald finde ich zwei Stücke, die mich ansprechen. Ich suche mir meine Größe heraus und nehme die Sachen mit in die Kabine zum Anprobieren. Das erste Stück ist zu klein. *Das ist bestimmt der Schnitt*, denke ich. Aber auch das zweite Kleidungsstück stellt sich als zu klein heraus. *Ich habe zugenommen!*, schießt es mir durch den Kopf. *Eine ganze Kleidergröße!*

Das trifft mich hart. Ich kann nicht länger so tun, als wäre es nur der Kleiderschnitt. Ich muss ehrlich werden zu mir selbst und mich der Situation stellen. Ich kann nicht wegschauen und so tun, als wäre es normal, dass ich meine Garderobe mal eben auf eine neue Kleidergröße umstellen muss. Nun muss ich mich entscheiden. Entweder ich stecke meinen Kopf in den Sand und versuche es zu ignorieren oder ich setze mich mit meinem Gewicht auseinander und ziehe meine Konsequenzen. Zu Hause wandert mein Blick zum Bücherregal, auf dem einige Diätratgeber stehen. Leider verliert man vom Lesen allein kein einziges Kilo.

Ich muss es wirklich durchziehen wollen. Denn ohne die bewusste Entscheidung bleibt das Ganze eine vage Angelegenheit mit wenigen Aussichten auf Erfolg. Schon ein paar Mal bin ich mit meinen halbherzigen Versuchen abzunehmen gescheitert. Ich rede mit Gott über meine Überlegungen und bitte ihn, mir zu helfen und meinen Entschluss in mir zu festigen. Gott wird mein Verbündeter in dieser Frage nach dem richtigen Gewicht für mich. Denn wenn er mein Schöpfer ist, weiß er am besten, welches mein persönliches Idealgewicht ist. Ich muss nicht resignieren und den Lügen und Ausreden glauben, ich sei zu alt zum Abnehmen oder könne sowieso nichts an meinen Genen ändern.

Mein Körper ist Gottes Geschenk an mich. Der Tempel, in dem er selbst wohnt. Mit diesem Geschenk möchte ich deshalb verantwortungsvoll umgehen – mit einer gesünderen Ernährung, ausreichender Bewegung und Ruhephasen. Gott möchte mich nicht mit einer Super-Model-Figur, sondern in einem für mich passenden gesunden Körper sehen. Denn ein gesunder Körper trägt dazu bei, dass ich mich fit fühle und aktiv die Aufgaben angehen kann, die er mir zeigt. Und damit es diesmal nicht nur bei einem guten Vorhaben bleibt, verbinde ich das tägliche Rendezvous mit meinem Körper mit einem Rendezvous mit Gott. Täglich suche ich seine Nähe und lasse mich von ihm ermutigen, dranzubleiben. Denn ich weiß: Geliebt von ihm, gelingt auch der liebevolle Umgang mit sich selbst und seinen Problemzonen.

Gute Essgewohnheiten trainieren

Beate Nordstrand

Das Leben ist nicht fair! Bei der Verteilung des Turbostoffwechsels bin ich wahrscheinlich übersehen worden. Auf jeden Fall konnte ich noch nie essen, was und so viel ich wollte, sondern musste immer auf mein Gewicht aufpassen. Ich achtete auf gesunde Mahlzeiten und viel Obst zwischendurch, denn das war mir als Diätassistentin wichtig. Aber der Nachschlag war für mich selbstverständlich. So kompensierte ich meinen Stress. Außerdem gab es bei uns oft Anlässe für besonderes Essen – Einladungen, Geburtstage, gemütliche Nachmittage mit Keksen. Alle diese Anlässe waren mit Essen verbunden. Mit jedem Kind landeten mehr Pfunde auf meinen Hüften und das Abnehmen fiel mir immer schwerer.

Irgendwann hatte ich genug vom ständigen Auf und Ab meines Gewichts. Ich beschloss, endlich abzunehmen und dann mein Gewicht halten zu lernen. Dazu erarbeitete ich mir meinen persönlichen Plan. Mein Ansatz: Alles essen, was mir schmeckt, aber nur noch zu den Mahlzeiten und nicht mehr als Snack zwischendurch. Und auch nicht mehr so viel, wie ich wollte, sondern einen Teller pro Mahlzeit. Ohne Nachschlag. Auf jedem Teller sollte ein Drittel Obst oder Gemüse liegen.

Diese einfachen Veränderungen ließen bei mir die Pfunde purzeln und schon wenige Monate später hatte ich mein Wunschgewicht erreicht. Seitdem halte ich mein Gewicht.

Die Umstellung, keinen Nachschlag zu nehmen, war am Anfang eine Herausforderung, doch nach wenigen Wochen hatte sich mein Magen an die kleineren Portionen gewöhnt. Heute fühle ich mich nach einem Teller angenehm satt. Die Umstellung, nichts zwischen den Mahlzeiten zu essen, war ebenfalls gewöhnungsbedürftig. Heute weiche ich nur selten davon ab, und es ist für mich zur Selbstverständlichkeit geworden.

Eine Grundsatzentscheidung war, nur noch zu besonderen Gelegenheiten Süßigkeiten zu kaufen. Ich wusste, dass es mir leichter fallen würde, auf das Naschen zu verzichten, wenn die Leckereien erst gar nicht im Haus waren. Inzwischen muss ich nicht mehr kämpfen, um beim Einkaufen an den Süßigkeiten vorbeizugehen. Mit der gleichen Selbstverständlichkeit, mit der ich die Spirituosen-Abteilung links liegen lasse, gehe ich auch an den Süßwaren vorbei.

Durch diese guten Gewohnheiten brauche ich manche Kämpfe heute gar nicht mehr zu kämpfen. Nur wenn zu Hause Kuchen übrig bleibt, wenn ich bei Freunden etwas Süßes angeboten bekomme oder bei Feierlichkeiten vor dem Kuchenbüfett stehe, muss ich diese Kämpfe noch ausfechten. Das reicht mir völlig!

Gute Gewohnheiten zu erlernen fällt am Anfang schwer. Später machen sie alles leichter. Versuchen Sie es doch einmal mit folgenden Tipps:

Bewegen Sie sich täglich. Reservieren Sie eine halbe Stunde am Tag für Bewegung – am besten an der frischen Luft. So tanken Sie gleichzeitig Sauerstoff und laden Ihren Vitamin-D-Speicher auf. Und verpassen Sie keine Gelegenheit, Extrawege zu nehmen – beispielsweise Treppen zu laufen, statt den Aufzug zu benutzen.

Essen Sie mehr Obst und Gemüse. Essen Sie mindestens fünf Hände voll Obst oder Gemüse täglich. Obst und Gemüse versorgen den Körper mit Vitaminen und Mineralien, enthalten Ballaststoffe und sorgen durch das Volumen für eine kalorienarme Sättigung. Wenn Sie Gewicht verlieren wollen, achten Sie beim Obst trotzdem auf das rechte Maß. Drei Hände voll am Tag genügen.

Bringen Sie Struktur in Ihr Essverhalten. Die klare Regel, sich auf drei Mahlzeiten am Tag zu begrenzen, bringt Ruhe in Ihr Essverhalten. Wenn Sie dem Magen zwischen den Mahlzeiten eine Pause gönnen, kann der Körper sich in der insulinfreien Zeit um den Fettabbau kümmern. Während der Esspausen sollte auch kein Obst gegessen werden. Die längste Pause liegt dabei zwischen Abendessen und Frühstück. Auch Ihrem Magen wird diese neue Gewohnheit guttun. Ich habe gemerkt, dass ich seitdem ein viel besseres Gefühl für Hunger und Sättigung entwickelt habe, seitdem mein Magen nicht mehr durcharbeiten muss. Außerdem behalte ich leichter den Überblick, was und wie viel ich esse.

Reduzieren Sie die süßen Extras. So wie nicht jeder Tag ein Sonntag ist, sollten Sie auch nicht jeden Tag Ausnahmen von der Drei-Mahlzeiten-Regel machen. Wilhelm Busch hat es einmal so ausgedrückt: „Wer jeden Tag nur Kuchen isst und Keks und Schokolade, der weiß ja nicht, wann Sonntag ist – und das ist wirklich schade." Zelebrieren Sie Ihre Ausnahmen. Genießen Sie Ihr kleines Extra, ein- oder zweimal in der Woche, aber nicht jeden Tag. Dann bleibt es etwas Besonderes.

Trinken Sie täglich zwei bis drei Liter Flüssigkeit. Genügend zu trinken ist eine gute Gewohnheit. Trinken Sie möglichst eineinhalb Liter Wasser am Tag. Reines Wasser ist eine Wohltat für Ihren Körper. Natürlich zählen auch Tee, Kaffee, Säfte und Schorlen zur täglichen Trinkmenge. Aber beachten Sie dabei den oft erheblichen Kaloriengehalt. Zwischen den Mahlzeiten sollten die Getränke kalorienfrei sein, damit sie den Insulinspiegel nicht beeinflussen und die Fettverbrennung nicht hemmen.

Lernen Sie Nein zu sagen. Gerade in Gesellschaft werden wir oft mit einem Überangebot an Leckerbissen konfrontiert. Planen Sie im Voraus, wie Sie mit den Erwartungen und Versuchungen umgehen möchten. Sie können sich natürlich Ihre Ausnahmen für diese Feiern aufheben. Sie können aber auch Nein sagen. Sie sind keine Spaßbremse, wenn Sie ein Essensangebot ablehnen.

Treffen Sie gute Entscheidungen. Natürlich können Sie nicht alles auf einmal verändern. Es sind viele kleine Schritte nötig, um eine langfristige Veränderung zu erreichen. Überlegen Sie, welche Gewohnheit Sie als Erstes in Angriff nehmen wollen. Und dann üben Sie – immer wieder. Auch wenn Rückschläge kommen. Auch wenn es am Anfang viel Disziplin kostet, am

Ende werden Sie dankbar sein. Freuen Sie sich jetzt schon auf Ihre Belohnung: mehr Gesundheit, Lebensqualität und Selbstbewusstsein und mehr Energie für die Dinge, die im Leben wirklich wichtig sind.

Oft reichen beim Abnehmen gute Vorsätze und ein guter Wille nicht aus. Manchmal braucht es einen ehrlichen Blick in unser Herz, bevor es gelingt, neue Gewohnheiten einzuüben. Folgende Fragen können Ihnen bei diesem Prozess eine Hilfe sein:

- Welche Bedeutung hat das Essen in meinem Leben? Versuche ich dadurch etwas zu überdecken (zum Beispiel Schmerz, Einsamkeit, Trauer, Langeweile)? Mit wem kann ich darüber reden?
- Wie wichtig ist mir mein Aussehen? Und warum?
- Wieso fällt es mir so schwer, bei bestimmten Gelegenheiten Nein zu sagen?
- Wen könnte ich mir als Unterstützerin suchen? (Es geht dabei nicht um Kontrolle, sondern um liebevolles Erinnern und Ermutigen.)
- Glaube ich, dass der Heilige Geist mir helfen kann, ein neues, gesundes Essverhalten einzuüben?
- Kann ich Gott ehrlich darum bitten, mir beim Abnehmen zu helfen?

Gott hat ein bedingungsloses Ja zu Ihnen. Egal, ob Sie es schaffen, abzunehmen oder nicht. Seine Liebe hängt nicht von Ihrem Körpergewicht ab. Das zu verstehen und immer mehr zu erfassen kann Ihnen helfen, in eine neue Freiheit hineinzukommen und sich selbst mit anderen Augen zu sehen.

Wechseljahre sind Chancenjahre

Birgit Fingerhut

Nie hätte ich gedacht, dass mich ein Lebensabschnitt noch einmal so stark durcheinanderbringen könnte, dass ich mich selbst nicht mehr verstehe. Doch genau das schafften meine Wechseljahre – oder vielmehr meine Hormone, die verrücktspielten. Wechseljahre sind von Umbrüchen gekennzeichnet und das gleich auf mehreren Ebenen. Der Beginn dieser Zeit rückt immer weiter nach vorn. Manche bekommen schon mit Mitte vierzig die ersten Anzeichen zu spüren. Bei mir begann es ziemlich spät. Immer hat es mit Abschiednehmen zu tun.

Abschiednehmen ist manchmal schmerzhaft, manchmal aber auch eine Erleichterung. Von meinem sehr anstrengenden Zyklus verabschiedete ich mich gern, denn diese Woche im Monat hatte mir bis ich 57 Jahre alt war, immer viel Kraft geraubt. Ich hatte den Tag, an dem meine Periode ausbleiben würde, lange herbeigesehnt und meiner Gynäkologin gesagt, wie sehr ich mich auf ihn freue. Sie lächelte und meinte: „Warten Sie erst einmal ab, was dann sonst noch kommt." Sie wusste wohl, wovon sie redete.

Es beginnt mit einigen offensichtlichen Veränderungen. Eines Morgens erkannte ich es urplötzlich beim Blick in den Spiegel: *Ich fange an zu schrumpeln!* Und das fühlte sich gar nicht gut an. Schlagartig wird mir klar: *Ich werde alt!* Die faltenfreie Zeit ist vorbei, ich muss Abschied nehmen von einer schönen glatten Haut. Auch die grauen Haare sind nicht mehr zu übersehen. Irgendwann stand ein junger Mann im Bus auf, um mir seinen Platz anzubieten. *Aha*, dachte ich, *ich werde als Seniorin eingestuft*. Anscheinend sahen nun auch andere, dass meine energiegeladene Lebenszeit vorüber war.

Was meinen Körper betrifft, habe ich inzwischen begriffen, dass er mehr Ruhe und mehr Regenerationsphasen braucht. *Wie gut, dass ich keine kleinen Kinder mehr habe und mir jetzt die Zeit dafür nehmen kann!*, denke ich. Aber ich musste es richtig einüben, meinem Körper diese Phasen zu gönnen.

Ich habe die Wahl, was diese Veränderungen mit meinem Inneren machen. Ich kenne Frauen, die sehr darunter leiden, dass ihr Äußeres sich stark verändert. Dazu trägt auch unsere Gesellschaft bei, denn sie geht nicht sehr wertschätzend mit dem Älterwerden um. Jung, hübsch und attraktiv zu sein ist das, wovon viele ihren Selbstwert abhängig machen.

Es hat mir sehr geholfen, die grundsätzliche Entscheidung zu treffen, mich daran zu freuen, jetzt im sogenannten „reifen Alter“ zu sein. Ich habe verstanden, dass mein Kopf darüber entscheiden wird, wie ich durch diese neue Lebensphase gehe.

Ich genieße es, dass mancher Druck von mir abfällt – schön zu sein, schlank zu sein, ständig für die Kinder verantwortlich zu sein, überall mitzuhalten, meine Berufung zu suchen … Das ist die schöne Seite, aber nicht alle Veränderungen kann ich so locker nehmen. Ich muss mich ernsthaft mit meiner neuen Lebenswirklichkeit auseinandersetzen.

Zu Beginn der Wechseljahre spielen die Hormone ab und zu verrückt. Genau wie es in der Pubertät zu heftigen Identitätskrisen kommen kann, kann es sein, dass man in dieser späteren Lebensphase erneut fragt, wer man eigentlich ist und was das Leben (noch) lebenswert macht.

Als Frauen müssen wir uns in dieser Zeit endgültig von dem Gedanken verabschieden, dass wir gebärfähig sind. Heute ist in Deutschland jede vierte Endvierzigerin kinderlos – mit dem Beginn der Wechseljahre kommen diese Frauen zu der erschütternden Erkenntnis, dass der Traum von einem Kind nun endgültig ausgeträumt ist. Für manche ist da echte Trauerarbeit angesagt.

In diesem Prozess dürfen wir uns dem Schmerz noch einmal ganz bewusst stellen, ihn ansehen und beklagen und dann die Traurigkeit über die Nichterfüllung eines Wunsches Gott im Gebet hinhalten und abgeben. Wir können ihn bitten, diese Verlusterfahrung zu heilen und uns den Schmerz zu nehmen. Manchmal ist es eine große Hilfe, dies zusammen mit einem Seelsorger zu tun oder wenn wir jemand anderen an der Seite haben, der uns zuhört und versteht.

Grundsätzlich ist es wichtig, ein neues Ja zum eigenen Körper zu finden. Das ist eine Herausforderung, denn ich finde es überhaupt nicht prickelnd, dass es plötzlich mit dem Gewicht aufwärtsgeht und alle Versuche, einige Pfund abzunehmen, unendlich schwer werden. Es sieht so aus, als wollten die Hüften kein Gramm mehr hergeben. Während es in früheren Jahren kein Problem für mich war, zwei oder drei Kilo in relativ kurzer Zeit „abzuspecken", dauert es jetzt deutlich länger.

Ich habe gelesen, dass sich im Alter von 55 bis 59 Jahren der Anteil der Übergewichtigen von 30 auf fast 60 Prozent erhöht. Der Grund hierfür liegt im verringerten Energieverbrauch in dieser Altersphase.

Hitzewellen und Schlafstörungen machen manchen Frauen außerdem schwer zu schaffen, und wenn wir morgens in den Spiegel schauen, fragen wir uns, wer diese Person denn ist, die wir dort sehen. Nachdem ich wochenlang nicht gut geschlafen hatte, habe ich eingeübt, meine Schlafstörung einfach als vorübergehendes Phänomen einzustufen und es einfach zu akzeptieren. Das hat mich beruhigt. Pflanzliche Mittel wie Baldrian waren mir dabei eine kleine Hilfe. Und tatsächlich, die schlaflose Zeit war nach einer Weile vorüber.

Auch meine plötzlichen Blutdruckschwankungen waren für mich eine echte Herausforderung. Mehrfach musste ich zum Arzt, weil ich die Werte selbst mit meinen Medikamenten nicht mehr senken konnte und völlig neben mir stand. Doch auch das konnte nach einigen Wochen gut eingestellt und wieder unter Kontrolle gebracht werden. Dadurch habe ich gelernt, dass Panik kein guter Berater ist und es sich lohnt, in allen Dingen Gelassenheit zu üben. Es wird vorübergehen.

Ich stelle fest, dass ich mit neuen Grenzen leben lernen muss. Die Vorstellung, dass das Leben immer einfacher, besser, schneller und erfolgreicher sein wird, kann ich getrost verabschieden. Ich lerne, Ja zu dem zu sagen, was noch geht, und auch zu dem, was nicht mehr geht. Dadurch fällt ein großer Druck ab. Womöglich ist es in dieser Lebensphase auch hilfreich, die eigene Arbeitszeit an die neuen Grenzen anzupassen.

Wenn manches nicht mehr so gut geht, suche ich nach Alternativen. Ich kann aufgrund meiner Arthrose keine intensiven Ballsportarten mehr machen, die ich früher sehr geliebt habe. Jetzt habe ich mir ein Faltfahrrad geleistet und genieße auf diese Weise Sport und Natur gleichzeitig. Regelmäßig schwimmen zu gehen tut meiner Gesamtverfassung ebenso gut. Sich zu bewegen ist grundsätzlich eine große Hilfe, wenn man Spannungen und Körpergewicht abbauen möchte.

Es ist sinnvoll, den Tag mit der Einstellung zu beginnen, dass man aus dem, was mir heute möglich ist, mit Gottes Hilfe das Beste machen möchte. Ich will nicht nach hinten schauen und jammern. Genauso wenig möchte ich ängstlich nach vorn schauen. Ich will das Hier und Heute mit Gott an meiner Seite zuversichtlich angehen. Es gilt, all die Ängste und Sorgen loszulassen und sich selbst neu zu finden.

Die Auswirkungen unserer inneren Haltung sind nicht zu unterschätzen. Die Gerontologin Ursula Lehr fand heraus, dass allein schon eine negative Erwartungshaltung die Wechseljahre zu einer schwierigen Zeit machen kann. Unsere Erwartungen beeinflussen unsere Erfahrungen. Es gibt jedoch auch Frauen, die diese Phase zwischen 50 und 59 als sehr motivierend und positiv empfinden. Sie lassen ihr Leben dankbar Revue passieren und schmieden zuversichtlich neue Zukunftspläne. Sie fühlen sich von einer neuen Freiheit beflügelt und arrangieren sich mit den körperlichen Veränderungen. Sie leiden nicht so sehr an den Verlusterfahrungen, sondern genießen den Gewinn in dieser

Lebensphase. Sie sind bei sich selbst angekommen So habe ich es ab einem bestimmten Punkt auch empfunden. Man kann aus seinem Erfahrungsschatz schöpfen und geht mit manchen Dingen besser um als früher.

Es hilft, sich auf das zu konzentrieren, was man durch die neue Lebensphase gewinnen kann. Wechseljahre sind Chancenjahre, die der Weiterentwicklung dienen können. Eine Freundin von mir hat in dieser Zeit begonnen, Französisch zu lernen, damit sie endlich auf ihren Reisen in französischsprachige Länder besser kommunizieren kann. Eine gute Bekannte hat begonnen, Klavier zu spielen. Sie nimmt Unterricht und singt inzwischen ihre Lieblingslieder mit eigener Begleitung. Eine Dritte, die keine Enkelkinder hat, hat sich einer ägyptischen Familie mit drei Schulkindern als Ersatzoma angeboten. Sie hilft bei den Hausaufgaben und macht kulturelle Ausflüge mit den Kindern. Für die Familie ist sie ein großes Geschenk. Ich selbst habe mir mit 60 Jahren noch einen Kindheitstraum erfüllt und mir eine Dartscheibe zum Geburtstag selbst geschenkt. Ich liebe es zu zielen und jetzt nutze ich dieses Spiel oft vor dem Einschlafen zum Entspannen und kann dabei total gut abschalten.

Es geht darum, das zu tun, was zu mir passt und mir Freude macht. Was begeistert mich, was möchte ich ausbauen oder neu ausprobieren? Was fällt mir leicht, was setzt Energie in mir frei, was tue ich am liebsten? Was inspiriert und motiviert mich? Andererseits überlege ich: Was möchte ich heute nicht mehr haben oder tun? Was ist nur noch Ballast geworden, von dem ich mich trennen kann? Was kostet mich mehr Energie, als dass es mir Freude schenkt?

Ich will mich mit meiner Vergangenheit versöhnen und mein Leben so annehmen, wie es bisher verlaufen ist – denn genau so hat Gott es mir zugemutet. Dazu will ich Ja sagen. Ich schaue dankbar auf das zurück, worüber ich mich freue, und bleibe innerlich nicht an dem hängen, was anders hätte laufen können. Ich kann getrost in die Zukunft schauen, weil ich weiß: Gott hat mich bis hierher getragen und er wird mich auch durch diese Zeit tragen. Er hat Gutes mit mir im Sinn.

Es liegt in unserer Hand, ob die Wechseljahre eine weitere wunderbare Reifungsphase in unserem Leben sein werden, oder ob wir diese Zeit als den Anfang vom Ende betrachten. Wertschätzend mit sich selbst, mit dem eigenen Körper und dem Leben an sich umzugehen, wird wesentlich dazu beitragen, dass aus dieser Lebenszeit eine Segenszeit werden kann.

Zu wissen, dass Gott lebensbejahend ist, Gutes für mich im Sinn hat, in allen Lebensphasen mein Anker sein möchte und mich zu seinem Ziel bringt, ist für mich die Grundlage für ein volles Ja zu meinem Leben, so, wie es jetzt ist. Das lässt mich zuversichtlich nach vorn schauen.

Als Christin weiß ich sicher: Das Beste liegt noch vor mir! In diesem Sinn ist die Lebensphase der Wechseljahre ein weiterer Schritt in Richtung Ewigkeit.

Die neue Lebensphase verstehen

Dr. med. Ute Buth

Die Wechseljahre sind eine herausfordernde Zeit: Der vertraute, doch oft ungeliebte Monatszyklus verabschiedet sich, die Fruchtbarkeit der Frau endet unwiederbringlich. Damit bricht eine neue Lebensphase an, die manche Veränderung mit sich bringt – für den Körper genauso wie für die Psyche der Frau.

Bei den meisten Frauen verabschiedet sich der Zyklus allmählich. Nur in seltenen Fällen stellen die Eierstöcke unvermittelt ihre Funktion ein, beispielsweise aufgrund eines medizinischen Eingriffs.

Die Zeit zwischen den fruchtbaren Jahren und dem näher rückenden, unfruchtbaren Alter erstreckt sich oft über viele Jahre. In den Eierstöcken kommt die Produktion der weiblichen Botenstoffe Progesteron und Östrogen nach und nach zum Erliegen. Der bislang regelmäßige Zyklus weist nun erste Unregelmäßigkeiten auf. Vielleicht bleiben die Blutungen einmal ganz aus und setzen erst nach einem gewissen Abstand wieder ein.

Der Begriff Wechseljahre, medizinisch „Klimakterium" genannt, bezeichnet eine physiologische (und damit normale) Phase im Leben von Frauen. Das griechische Wort „klimakter" bedeutet sowohl „Abstufung, Staffelung" als auch „Ausweitung, Eskalation". Alle diese Bedeutungen geben Hinweise auf das tatsächliche Geschehen: Die Wechseljahre sind ein stufenweiser

Veränderungsprozess, der in etwas Neues hineinführt. Dabei geht es nicht allein um körperliche Veränderungen. Der Mensch ist eine Einheit aus Körper, Geist und Seele. Veränderungen auf einer dieser Ebenen machen sich auch auf den anderen Ebenen bemerkbar.

So gehen die Reaktionen von Frauen auf das Ende ihrer Fruchtbarkeit oft über das körperliche Empfinden hinaus. Das Ende der Monatsblutungen kann dabei sehr ambivalent wahrgenommen werden: Einerseits merken wir, dass ein Lebensabschnitt unwiederbringlich zu Ende geht, und erkennen: Das Leben ist endlich! Andererseits eröffnen sich uns gerade in dieser Lebensphase oft neue Möglichkeiten, unser Leben zu gestalten.

Auf den genauen Anfangszeitpunkt der Wechseljahre wirken unterschiedliche Faktoren ein. Genetische Einflüsse spielen zu 40 bis 85 Prozent eine Rolle. Bei manchen Symptomen sind familiäre Veranlagungen bekannt. Die letzte spontane Regelblutung findet durchschnittlich im 51. oder 52. Lebensjahr statt. Sie wird „Menopause" genannt. Mit diesem Begriff wird also – anders, als es der Name impliziert – weder eine Zeitspanne noch eine Pause beschrieben. Ob es tatsächlich die letzte Monatsblutung war, lässt sich wegen des typischerweise unregelmäßig gewordenen Blutungsrhythmus' jedoch erst im Rückblick sagen. Es empfiehlt sich in dieser Lebensphase, die Blutungstage verlässlich zu notieren, um später sicher sagen zu können, wann die letzte Blutung stattgefunden hat. Denn aus frauenärztlicher Sicht ist es wichtig zu betonen, dass Blutungen, die Jahre nach der eindeutig letzten Regelblutung auftreten, nicht dem normalen Verlauf entsprechen und daher unbedingt der Abklärung bedürfen.

Die typischen Symptome der Wechseljahre, wie Hitzewellen, Schlafstörungen und Stimmungsschwankungen, stammen eher vom Östrogenmangel. Ein frühzeitiger, dauerhafter Östrogenmangel kann Einfluss auf andere Körperbereiche nehmen und Krankheiten auslösen. Auch hier bedarf es der medizinischen Abklärung.

Immer wieder wünschen sich Frauen, durch einen einfachen Test zu erfahren, ob die Wechseljahre bereits begonnen haben. Zwar gibt es Blutuntersuchungen, die anhand bestimmter Hormonwerte Auskunft darüber geben sollen, doch sind ihre Ergebnisse oft trügerisch und können in beide Richtungen eine falsche Sicherheit vermitteln: Das zu messende Hormon FSH („Follikel stimulierendes Hormon") kann, wie in den Wechseljahren typisch, erhöht sein und die Frau denkt, die Wechseljahre hätten begonnen. Doch dann werden im nächsten Zyklus wieder deutlich niedrigere Werte angezeigt.

Hormonmessungen sind immer Momentaufnahmen. Deshalb macht ein „Hormon-Schnappschuss" nicht unbedingt Sinn. Die ersten spürbaren Symptome sind deshalb meist ein verlässlicheres Indiz dafür, dass die Wechseljahre begonnen haben.

Die Wechseljahre werden von Frau zu Frau unterschiedlich erlebt. Manche Frauen bemerken fast keine Veränderungen und denken rückblickend: *Das waren wohl die Wechseljahre!* Andere spüren die körperlichen Veränderungen deutlich.

Kommt eine Frau mit den Beschwerden nicht klar, kann ein Gespräch mit der Frauenärztin helfen. Bei einer möglichen Therapie sollte die Sicht der Ärztin genauso eine Rolle spielen wie die Vorstellung der Ratsuchenden. So kann vermieden werden, dass der Patientin etwas verschrieben wird, was sie von vornherein nicht vorhat zu nehmen. Ob eine Frau in dieser Phase Hormone nehmen sollte, hängt nicht nur von den Symptomen ab. Es gilt, folgende Fragen zu klären: Welche Therapiemöglichkeiten wurden bisher mit welchem Ergebnis angewendet? Gibt es familiär bedingte Risikofaktoren für bestimme Erkrankungen oder bereits bestehende Erkrankungen, die gegen eine Hormontherapie sprechen? Wie ist der medizinische Gesamteindruck der Patientin?

Wer sich für eine Hormontherapie entscheidet, muss wissen, dass sie diverse Risiken mit sich bringen kann (nicht muss) – unter anderem in Bezug auf Krebs und Herz-Kreislauf-Erkrankungen. Allerdings kann eine Hormontherapie in anderen Fällen in Bezug auf dieselben Erkrankungen sogar einen schützenden Effekt haben! Auch deshalb ist heute die Entscheidung hinsichtlich einer Hormontherapie eine höchst individuelle. Derzeit wird aus medizinischer Sicht dazu geraten, die Dosis von Hormonen, wenn indiziert, so niedrig wie möglich zu halten und Hormone nur so lange einzusetzen, wie es im Einzelfall nötig ist.

Hitzewellen gepaart mit Schweißausbrüchen machen zwei von drei Frauen in den Wechseljahren das Leben schwer. Die Ursachen dafür sind noch nicht vollständig geklärt. Man geht davon aus, dass der Mechanismus, der im Gehirn die Temperatur regelt, in dieser Zeit gestört ist. Der Höhepunkt der Beschwerden erfolgt meist drei bis sechs Monate nach der Menopause, also der letzten Monatsblutung. Wie lange eine Frau unter Hitzewellen leidet, ist unterschiedlich. Als pflanzliches Präparat wird oft die Traubensilberkerze gegen diese Form der Wechseljahresbeschwerden eingesetzt.

Oft spielen Hitzewellen auch bei Schlafstörungen eine Rolle. Etwa jede zweite Frau ist in den Wechseljahren durch Schlafstörungen beeinträchtigt. Auch hier vermutet man eine Fehlregulation von Hormonen, die für einen tiefen, erholsamen Schlaf wichtig sind. Erste Schritte zu einem besseren Schlaf können Entspannungstechniken wie die progressive Muskelentspannung nach Jacobson, regelmäßige Schlaf- und Essenszeiten, eine ruhige und ansprechende Schlafumgebung sowie Einschlafrituale sein.

Viele Symptome werden mit den Wechseljahren in Verbindung gebracht, etliche davon können jedoch auch ganz andere Ursachen haben. Außerdem können die Beschwerden von Frau zu Frau höchst unterschiedlich ausfallen oder sogar überhaupt nicht auftreten.

Ein Symptom betrifft die Haut: Sie wird trockener und schlaffer, weil ihre Spannung nachlässt. Auch in der Scheide kann sich der Östrogenmangel bemerkbar machen. Die Milchsäurebakterien verschwinden, der pH-Wert steigt an. Infektionen kommen leichter vor, und zwar sowohl in der Scheide als auch an den Harnwegen. Manche Frauen klagen über den Verlust der sexuellen Lust. Die Trockenheit in der Scheide macht ihnen zu schaffen, der Geschlechtsverkehr ist schmerzhaft. Andere fühlen sich insgesamt weniger leistungsfähig, haben Konzentrationsprobleme, sind müde und abgespannt. Für wieder andere stehen Stimmungsschwankungen im Vordergrund. Ein unvorhersehbares Auf und Ab der Gefühle bringt ihren Alltag durcheinander. Sie weinen oft oder reagieren empfindlich auf Dinge, die sie früher problemlos weggesteckt haben.

Bei anderen Frauen stehen Gelenkbeschwerden im Vordergrund. Die Gelenkoberfläche verändert sich, vermutlich steht weniger Gleitflüssigkeit im Gelenk zur Verfügung, sodass es zu Bewegungsschmerzen kommt.

Solange die Frau noch ihre Periode hat, ist sie fruchtbar, also bis zur Menopause. Es gibt zwischen den einzelnen Frauen sehr große Unterschiede, sodass dies noch lange nicht bedeutet, dass Empfängnisregelung in den Wechseljahren kein Thema mehr wäre.

Das Ende der Fruchtbarkeit bedeutet für viele Frauen Erleichterung: „Endlich keine Verhütungsmittel mehr, endlich unbeschwert die Intimität miteinander genießen!" Das ist für viele Paare ein Gewinn. Für andere ist diese Zeit überschattet von Trauer und Frust: „Wozu noch miteinander schlafen, wenn wir kein Kind mehr ins Leben rufen können und uns der Spaß am Sex über die Jahre ohnehin abhandengekommen ist?" Bei manchen Frauen werden die Schleimhäute durch den Östrogenmangel dünner und damit empfindlicher. Dann kann die Scheide beim Geschlechtsverkehr schneller trocken und gereizt und der Sex unangenehm werden. Dagegen kann ein Gleitgel helfen, was man im Drogeriemarkt erwerben kann, mitunter hilft eine spezielle Verordnung der Frauenärztin.

Der Sex kann sich jedoch auch dadurch verändern, dass sich die Sexualität des Mannes verändert: Die Erektion seines Glieds ist nicht mehr so fest und es dauert länger, sie zu erreichen. Doch der Sex in den Wechseljahren ändert sich nicht unweigerlich zum Negativen. Manche Paare beschreiben ihn als erfüllender und reifer als je zuvor. Die Wechseljahre sind demnach in jeglicher Hinsicht eine Zeit der neuen Herausforderung, aber auch neuen Möglichkeiten und positiven Veränderungen.[7]

Kapitel 6

Wenn Träume platzen

Ihr dürft sicher sein: Ich bin immer bei euch,
bis das Ende dieser Welt gekommen ist!
Matthäus 28,20

Festes Vertrauen auf schwachen Beinen

Elisabeth Mast

An diesem Nachmittag saß ich auf der Bettkante in der Uniklinik Tübingen und wartete auf den Arzt zur Befundbesprechung. Schnell stellte sich heraus, dass sich meine jahrelangen Beschwerden in zwei Großbuchstaben zusammenfassen ließen: MS – Multiple Sklerose. Mancher unerklärbare Sturz, die allgemeine Kraftlosigkeit, das schlechte Gehen, die Überempfindlichkeit gegen Sonnenlicht fanden mit dieser Diagnose ihre Erklärung. Wie betäubt lag ich in meinem Bett und wusste, dass in diesem Moment ein neuer Lebensabschnitt beginnen würde.

Kurz vor meiner Einweisung in die Klinik waren mein Mann und ich mit unseren drei Töchtern aus Afrika zurückgekehrt. Dreizehn wunderschöne, segensreiche, unvergessliche Jahre Missionsarbeit lagen hinter uns. Durch das Zusammenleben auf der Missionsstation und unsere Hilfe für Kranke unter den Massai hatten wir tiefe Einblicke in die Kultur und das Leben der Einheimischen bekommen. Es war ein Segen für uns, diesen Menschen das Evangelium predigen zu können.

Gott hatte diesen Wunsch in mir schon als Teenager geweckt. Ich erlernte den Beruf der Krankenschwester und schloss eine Ausbildung an einer Bibelschule ab. Im Praktikumsjahr in Kenia lernte ich meinen zukünftigen Mann Bernhard kennen. Wir heirateten und bereiteten uns auf die Missionsarbeit vor. „Der Herr wird euren Einzug und Auszug ins fremde Land segnen", war der Zuspruch bei unserem feierlichen Aussendungsgottesdienst.

1984 reisten wir mit unserer elf Monate alten Tochter aus. Bestens ausgerüstet, mit einem festen Glauben und viel Enthusiasmus im Herzen, kamen wir in Maji Moto im Massai-Land an. Dort begann für die ganze Familie eine abenteuerliche, segensreiche Zeit.

Das Leben in Kenia war nicht immer einfach, und doch erfüllte es uns.

In Gedanken zog mein Leben nun im Zeitraffer an mir vorbei. Ich hörte noch einmal das Geschrei der Kinder bei den Impfungen, die eingängigen Rhythmen der afrikanischen Lieder, die Schläge der großen Trommeln und sah alles noch einmal vor mir – sogar die Gerüche Afrikas hatte ich wieder in der Nase. Und dann stand das Wort „Ende" vor mir. Deprimiert atmete ich aus. Nie wieder würde ich all das erleben, nie wieder meinen Fuß auf afrikanischen Boden setzen und dort als Krankenschwester leidenschaftlich gern arbeiten können. Meine Vision und Mission waren wie ein Ballon geplatzt. Konnte das Gottes Plan für mich sein?

Die Realität des Krankenhauses holte mich zurück. Plötzlich dachte ich an die Worte aus Römer 8,28: „… dass denen, die Gott lieben, alle Dinge zum Guten mitwirken, denen, die nach seinem Vorsatz berufen sind." Im ersten Moment erschienen sie mir wie Hohn, und doch spürte ich, wie der himmlische Vater mit diesem Vers meine Seele berührte. Meine Tränen trockneten. Die

Worte wurden mir zu einem Hoffnungs- und Freudenschimmer in meinem aufgelösten Zustand.

Es war an der Zeit, uns endgültig in Deutschland niederzulassen. Mein Mann nahm eine Pastorenstelle an und ich schlüpfte in die Rolle einer Pastorenfrau und zunehmend kranken Ehefrau und Mutter. Wir mussten uns ganz neuen Verantwortungen stellen. Es dauerte lange, bis wir uns wieder in Deutschland zu Hause fühlten. Ich musste lernen, das Vergangene loszulassen und die Zukunft zu gestalten – so weit es mir noch möglich war.

Oft litt ich unter meinem geschwächten Zustand, weil er mich dazu zwang, in vielen Situationen Abstriche zu machen. Ich konnte nicht die Mutter, Ehefrau und Pastorenfrau sein, die ich gern sein wollte. Meine Wünsche und die Realität gingen weiter und weiter auseinander. Dies belastete unsere Familie und Ehe immer wieder. Mein Glaube und mein Vertrauen in Gott blieben jedoch ungebrochen. Der himmlische Vater tröstete mich und war mein innerer Zufluchtsort.

Vier Tage vor Weihnachten 2005 saßen mein Mann und ich wieder in einem Wartezimmer der Uniklinik Tübingen und bekamen die nächste „Hiobsbotschaft“. Bei einer Vorsorgeuntersuchung hatte man unerwartet „Veränderungen“ festgestellt. Diesen Wortlaut der Ärzte kannte ich schon – er bedeutete Ungewissheit und meistens nichts Gutes. Man hatte Tumore in der Brust gefunden. Nun kam die Botschaft, dass das Zellgewebe bösartig war. Wieder ein Schuss vor den Bug. Wie sollte mein Körper das verkraften?

In dieser Zeit empfand ich die weltweite Gemeinde Jesu als einzigartiges Geschenk. Viele nahmen Anteil und beteten für uns. Das Weihnachtsfest durfte ich mit einem tiefen Frieden im Herzen erleben. Der Vers aus Römer 8,28 blieb mein Halt und wurde mir an diesem Weihnachtsfest wieder neu zum Geschenk. Die Operation, Chemotherapie und Bestrahlung verliefen gut, ich erholte mich vom Brustkrebs.

Leider spürte ich, wie meine Kräfte nachließen. Bald würde der Rollstuhl unumgänglich sein. Nach einigen Jahren des innerlichen Widerstandes musste ich annehmen, dass sich mein Lebensradius verkleinerte. Mein Mann und meine drei Töchter, die alle die Gabe des Dienens haben, wurden mir in dieser Situation zum Segen.

Bei einer Verlaufskontrolle im Jahr 2015 erhielt ich dann die nächste Botschaft, mit der niemand gerechnet hatte. Dieses Mal klärte mich der Oberarzt mit größter Vorsicht über meinen Zustand auf und brachte nur schwerlich das Wort „Knochenmetastasen“ über die Lippen. Nun wusste ich, wie es um meinen Körper stand – ich hatte Knochenkrebs.

Heute bin ich eine kranke Frau, sitze im Rollstuhl oder liege im Bett und bin auf die Hilfe anderer angewiesen, um mein Leben zu meistern. Ich blicke auf diese kranke Frau und frage mich: Bin das wirklich ich? Wenn man die Fakten betrachtet, ja – und doch fühle ich mich innerlich anders. Denn in mir gibt es noch einen Teil, der gesund ist. Es ist mein Innerstes, wo Gott wohnt. Meine Beziehung zu ihm ist gesund, und das strahlt in mein Leben aus. Sie gibt mir die Gewissheit, geliebt und zutiefst gewollt zu sein – unabhängig von jedem Leid. Ich habe gelernt, dass der Wert meines Lebens nicht von der Verfassung meines Körpers abhängt. Das, was wirklich zählt, ist, dass ich Gott in mir einen großen Raum gebe – gerade dann, wenn mein äußerer „Lebensraum“ immer mehr zusammenschrumpft.

Inzwischen habe ich meinen sechzigsten Geburtstag gefeiert. Noch einmal lasse ich mein Leben Revue passieren und frage mich, was die nächsten Jahre bringen werden. Dankbarkeit erfüllt mein Herz, wenn ich an die verschiedenen Rollen und Aufgaben denke, die ich übernehmen durfte. Gott nachzufolgen in und trotz meiner Krankheit ist nicht immer einfach und doch Teil meines Lebens hier auf Erden. Ich genieße die tollen Momente und Begegnungen mit meiner Familie und Freunden und versuche, dem Schwierigen einen kleineren Stellenwert zu geben. Zutiefst bin ich meinem Mann für seine Liebe, Treue und Fürsorge dankbar, die durch meinen gesundheitlichen Zustand eine ganz neue Dimension bekommen haben.

Für meine geschenkte Zeit, die mir noch bleibt, ist es mir zur persönlichen Mission geworden, den Vers aus Römer 8 zu leben, daran festzuhalten und dadurch eine Ermutigung für andere zu sein. Ein Leben in Ewigkeit ist mir gewiss, dies macht mich ruhig und ich kann im Hier und Jetzt leben.

Wenn Leid zur Berufung wird

Brigitte Hallenberg

Seit elf Jahren leite ich eine Schlaganfall-Selbsthilfegruppe. Ich habe damit begonnen, als mein Mann mit 51 Jahren einen Schlaganfall erlitt. Da stellte ich bei der „Stiftung Deutsche Schlaganfallhilfe“ einige Fragen und man ermutigte mich, eine Selbsthilfegruppe zu gründen. Ich fragte Jesus um Rat, ob das wirklich mein Weg sei, und bekam von ihm ein klares Ja.

Ich war erstaunt, als beim ersten Treffen über 30 Personen kamen. 16 davon waren Betroffene, die übrigen Teilnehmer waren Angehörige und andere Interessierte. Langsam wuchs ich in die Arbeit hinein. Es bildete sich ein fester Stamm von Teilnehmern, der regelmäßig einmal im Monat zum Treffen kam. Mein Mann fühlte sich in der Gruppe von Anfang an wohl und blühte in dieser Runde richtig auf. Bald entwickelten sich zwischen ihm und den anderen Gruppenteilnehmern echte Freundschaften.

Die Zeitung berichtete oft über unsere Gruppe und so kamen mit der Zeit neue Mitglieder dazu, andere gingen, einige starben. Ich wurde immer stärker gefordert und um Gespräche gebeten. Ich hatte mir angewöhnt, mir vor jedem Treffen Zeit zum Gebet zu nehmen, um mich innerlich vorzubereiten. Die Gruppe wurde größer und wuchs zu einer großen Familie zusammen. Es kamen viele Fragen auf. Ich bildete mich weiter, sodass ich Anlaufstellen für die unterschiedlichsten Probleme kannte und nennen konnte.

Von Anfang an wussten die Teilnehmer, dass ich an Jesus glaubte und auch für die Anliegen betete. In der Gruppe fragte kaum jemand nach, aber wenn mich jemand anrief, wurde ich oft um Gebet gebeten. Die Menschen merkten, dass ich gut zuhören konnte und nichts weitererzählte, so nutzten viele die Gelegenheit, um sich bei mir auszusprechen.

Vor sechs Jahren starb mein Mann. Danach musste ich nicht nur mit meiner Trauer fertigwerden, sondern mich auch mit der Frage konfrontieren, wie es mit der Gruppe nun weitergehen sollte. Die Mitglieder bestürmten mich, sie weiterhin zu leiten. Ich erbat mir jedoch zunächst eine Bedenkzeit. So ließ ich die Arbeit auf Sparflamme weiterlaufen und redete viel mit Gott. Ich wollte die Gruppe nur dann weiterleiten, wenn es wirklich seine Aufgabe für mich war. Auch wusste ich nicht, ob ich die nötige Kraft dazu hatte.

Ich wollte zuhören und mitfühlen können, ohne dass es mich zu sehr belastete und an meinen Mann erinnerte. Ein ganzes Jahr gab ich mir Zeit, um auf Gott zu hören und mich zu sammeln. In dieser Zeit schenkte Gott mir Klarheit, neue Kraft und alles andere, was ich brauchte, um weiterzumachen. Ich erkannte: Gott wollte mich genau in dieser Gruppe.

Meine Aufgaben sind zahlreicher und intensiver geworden. Seit fünf Jahren engagiere ich mich als Schlaganfallhelferin in der Einzelbegleitung von Betroffenen und Angehörigen. Ich begleite sie auf ihrem Weg, bis alles in geordnete Bahnen gelenkt ist, und die Betroffenen die Hilfe bekommen, die sie brauchen, um den Alltag meistern zu können.

Jedes Mal bin ich dazu herausgefordert, mich auf andere Menschen und deren individuelle Lebenssituation einzustellen. Aber nicht nur jeder Mensch, auch jeder Schlaganfall ist anders. Es können unterschiedliche Regionen im Kopf betroffen sein, die jeweils andere Ausfälle bedingen. Es ist eine intensive Arbeit, aber alles, was ich für sie brauche, bekomme ich von Jesus geschenkt – die Ausrüstung, die Kraft, die Geduld und die Liebe für jeden Einzelnen. Und die Fähigkeit, mich nicht ganz in dieser Aufgabe zu verlieren, denn ich bin auch für mich selbst verantwortlich. Nur wenn ich Erholungszeiten habe, bin ich in der Lage zu geben. So suche ich mir immer wieder Ruheinseln, wo ich ausspannen und zu Kräften kommen kann.

Voriges Jahr haben wir das zehnjährige Bestehen der Schlaganfallgruppe mit 120 geladenen Gästen gefeiert, die alle in irgendeiner Form mit der Gruppe verbunden sind. Ich habe die Veranstaltung, wie ich es immer mache, im Gebet vorbereitet. Als ich dann das Ergebnis sah, hatte ich Freudentränen in den Augen. So viel Dank und Lob ging an Gott! Sei es im Lied oder im gesprochenen Wort von der Bühne – die unterschiedlichsten Menschen gaben ihm die Ehre für diese Arbeit. Ich erzählte, dass Jesus mich dazu befähigte und mir die Kraft dafür gab. Ich hatte das alles nicht geplant – Jesus hatte es vorbereitet. Dafür bin ich ihm von Herzen dankbar.

Die Veranstaltung war der Auftakt für eine Schulung zum Schlaganfallhelfer. In dieser Schulung können sich Menschen ohne Vorkenntnisse dazu ausbilden lassen, Schlaganfallpatienten und deren Angehörigen wieder zurück ins alltägliche Leben zu helfen. Die Schulung basiert auf einem Konzept der „Stiftung Deutsche Schlaganfallhilfe".

Ich bete, dass sich die richtigen Menschen für diesen wichtigen Dienst rufen lassen. Auch ich persönlich wünsche mir, dass ich jemanden an meine Seite bekomme, der mich unterstützt. Dafür bete ich schon eine ganze Weile in der Gewissheit, dass zum richtigen Zeitpunkt der oder die Richtige kommen wird. Auch da ist schon Bewegung hineingekommen.

Ich habe in meiner ehrenamtlichen Arbeit immer wieder mit Menschen zu tun, die nicht an Jesus glauben. Ich möchte, dass sie erkennen: Ich habe etwas Besonderes in meinem Leben. Die Menschen, mit denen ich im Gespräch war, bringe ich immer wieder vor Gott und bete, dass auch sie den kennenlernen, der mein Leben besonders macht: Jesus. In der Bibel steht, es gibt ein Fest im Himmel, wenn sich ein Mensch für Jesus entscheidet. Wenn ich mit meiner Arbeit einen winzigen Teil dazu beitragen kann, freut mich das riesig. Ich bin Gott sehr dankbar, dass er mir dieses Ehrenamt aufs Herz gelegt hat und mich täglich mit allem ausrüstet, was ich dafür brauche. Einer meiner Lieblingsbibelverse ist: „Mit dir, mein Gott, kann ich über Mauern springen" (Psalm 18,30). Genau das tue ich.

Zerbrochene Herzen heilen … langsam

Roswitha Wurm

Als meine Freundin Liane um Mitternacht weinend vor der Tür stand, wusste ich, dass etwas Schreckliches passiert sein musste. Und so war es auch: Ihr Ehemann hatte ihr von heute auf morgen erklärt, er würde sie nicht mehr lieben und sie und die Kinder verlassen. Diese Nachricht traf sie – wie so viele

Frauen – aus heiterem Himmel. Auch wenn sie im Nachhinein manche Warnsignale erkennen konnte, fühlte sie sich, als würde „eine Tasse in tausend Stücke zersplittern".

Das Bild des Zerbruchs findet sich auch in der Bibel. Voller Trost ist die Aussage, dass Gott „heilt, die zerbrochenen Herzens sind, und verbindet ihre Wunden" (Psalm 147,3; Luther). Bald schon bemerkt eine betroffene Frau, dass die Wunde, die ein solches Verlassenwerden aufreißt, trotz Verbinden eine lange Zeit zum Heilen benötigt.

Zerbrochene Herzen heilen nicht so rasch wie ein aufgeschlagenes Knie. Das ungewollte Ende einer Beziehung wird teilweise sogar schlimmer als der Verlust eines Menschen empfunden. „Wenn er gestorben wäre, dann wäre es endgültig und ich hätte nicht das Gefühl, so ungeliebt zu sein!" Meine Freundin traute sich, auf den Punkt zu bringen und auszusprechen, was in ihrem Inneren vorging.

Nach Todesfällen geben wir Trauernden die Zeit, alle Phasen der Trauer zu durchleben. Erleidet jemand allerdings einen Beziehungsbruch, versuchen wir oft, die Freundin oder Schwester einfach abzulenken und vermitteln ihr: „Vergiss diesen untreuen oder hartherzigen Kerl doch einfach! Er hat so eine tolle Frau wie dich gar nicht verdient!" Aber so funktioniert Trauerarbeit um das Verlorene nicht. Denn auch bei dieser Art von Verlusterfahrung gibt es bestimmte Phasen der Heilung.

Der erste Schock: „Morgens, wenn ich aufwache, denke ich, alles sei nur ein böser Traum! Aber der Blick auf das leere Bett neben mir zeigt, dass es wahr ist." Claudia drückt aus, was viele Frauen in der ersten Phase nach dem Verlassenwerden empfinden. „Ich konnte es einfach nicht glauben, dass der Mann, der über zwanzig Jahre an meiner Seite war und von dem ich glaubte, ihn in- und auswendig zu kennen, in der Lage war, neben mir eine neue Beziehung aufzubauen und mich von heute auf morgen alleinzulassen!"

Die Phase des Schocks kann sehr lange dauern. Liane beschreibt die ersten Wochen als „Schockstarre, in der ich funktionierte, aber den bitteren Vertrauensbruch noch nicht in seinem ganzen Ausmaß realisiert hatte. Ich fühlte mich wie von einem dicken Wattepaket umhüllt. Es schützte mich, weil meine Seele noch nicht bereit war, die ganze Wahrheit zu ertragen."

Eine verletzte Frau benötigt eine gute Freundin, die sie in dieser Zeit auffängt und umarmt, die ihr stundenlang zuhört oder gemeinsam mit ihr schweigt, wenn die richtigen Worte fehlen. Dabei sollte man auf unangebrachte Kommentare verzichten wie „Ich finde, er war immer schon sehr eigenartig" oder „Ich habe das kommen sehen". Verletzte Frauen erleben häufig, dass sich Freundinnen zurückziehen, weil sie nicht wissen, wie sie sich verhalten sollen. Da ist es wichtig zu wissen: Man kann eigentlich nichts Wesentliches falsch machen im Umgang mit seiner verlassenen Freundin – außer, sie in dieser schlimmen Zeit alleinzulassen.

Allzu radikale Veränderungen sind in der Anfangsphase schwer zu ertragen. Es gibt ohnehin genügend unliebsame Neuerungen im Leben der verletzten Frau. Kleine Umstellungen können jedoch wahre Wunder in zerbrochenen Herzen bewirken. Eine Freundin trug ihr Keyboard ins Schlafzimmer und stellte es auf die leere Bettseite. Nachts, wenn sie nicht schlafen kann, spielt sie sich den Schmerz von der Seele. Liane versah die leere

Bettseite mit einer hübschen Tagesdecke, Kissen und ihrem Lieblingsteddy aus Kindheitstagen. „Anstatt jeden Abend und jeden Morgen den Verlust zu sehen, blicke ich jetzt in fröhliche Knopfaugen!"

Emotionen brechen auf: Diese Phase ist wohl die intensivste und heftigste. Es sind die Wochen und Monate, in denen wir charakterlich am meisten herausgefordert werden. „Am liebsten möchte ich ihn auch so sehr verletzen, damit er weiß, wie weh das tut!", „Wie konnte er uns das antun?" oder „Warum hat er mich so schrecklich belogen?" Gedanken wie diese überschlagen sich im Kopf des verletzten Partners.

Verlassenwerden kann ähnliche Symptome bei den Betroffenen auslösen wie eine posttraumatische Belastungsstörung. Es ist eine Zeit voller Trauer, Wut und Angst. Eine emotionale Achterbahnfahrt.

Es ist eine Zeit des Weinens. „Ich habe so viele Tränen vergossen, dass ich manchmal meinte, keine mehr zu haben", drückte es eine Freundin aus. In jener Zeit tröstet die Zusage in der Bibel, dass Gott unsere Tränen in einem Krug sammelt (siehe Psalm 56,9). Keine davon geht verloren. Gott versteht die Betrogenen und Verlassenen. Er weiß um jede im Verborgenen vergossene Träne und ist nahe denen, die zerbrochenen Herzens sind.

Verletzte Menschen stehen in der Gefahr, zu Alkohol und anderen Suchtmitteln zu greifen, damit „es nicht mehr so wehtut". Liane hat ein gutes Gegenmittel gefunden, das auch anderen Frauen hilft: Überall in der Wohnung hat sie stark duftende Seifen mit ihrem Lieblingsaroma griffbereit liegen. Wenn der Schmerz zu groß wird, dann riecht sie daran. Der Veilchenduft beruhigt sie und sie steht nicht in Gefahr, zu Alkohol zu greifen, der auf sie eine ähnlich entspannende Wirkung hat. Hilfreich ist auch der Duft von Orange-Zimt, entweder als Badezusatz, in der Duftlampe oder als Tee. Auch Bewegung, etwa ein Tanz zu Lobpreisliedern oder Joggen, bekämpft den schwer zu ertragenden Schmerz. Außerdem tut es gut, zusammen mit einer Freundin zu beten.

Suchen und finden: Nachdem ihr Mann sie für eine Jüngere verlassen hatte, meinte eine Freundin: „Ich musste mich erst mal ‚entlieben'. Das war gar nicht so leicht!" Sie drückte damit aus, was viele betroffene Frauen erleben: Sie müssen mit einer Situation fertigwerden, in die sie sich nicht selbst begeben haben. Wenn der Partner geht, wird man gezwungen, eine Partnerschaft zu beenden, die man selbst noch haben wollte, und muss akzeptieren, dass der geliebte Partner scheinbar glücklich und zufrieden ohne einen weiterlebt. Das bedeutet für die verlassene Person, dass sie sich nun ein Leben allein aufbauen muss, das anders als alle bisherigen Lebenspläne verlaufen wird.

In dieser Zeit benötigt die verlassene Frau Unterstützung in ganz praktischen Dingen wie bei der Wohnungssuche, beim Aufbau eines neuen Freundeskreises, beim Wiederentdecken von Hobbys, beim Ausprobieren eines neuen Haarschnitts oder eines neuen Kleidungsstils. Solche äußeren Veränderungen helfen, den Selbstwert, der durch einen Betrug des Partners arg ins Wanken geriet oder zerstört wurde, wieder ein wenig zu heben.

In diese Phase fällt meistens die Scheidungsverhandlung, die die Wunden wieder neu aufreißt. Liane wollte, dass ihre Wegbegleiterinnen sie auch zum Verhandlungstermin begleiteten und anschließend mit ihr essen gingen. Sozusagen als Beginn einer neuen Ära. Selbst wäre ich nie auf diese Idee gekommen, aber als wir Freundinnen bemerkten, wie wichtig das für Liane war, machten wir dieses Essen zu einem feierlichen Mahl und überreichten ihr als Zeichen für einen neuen Lebensabschnitt ein Schmuckstück mit der Zusage, dass unsere Freundschaft bestehen bleibt.

Neuer Selbst- und Weltbezug: Das Schlimmste scheint in dieser Phase überstanden zu sein. Dennoch fallen gerade in diesen Wochen der Neuorientierung viele Betroffene nochmals in eine tiefe Niedergeschlagenheit. Die Menschen um sie herum haben sich längst an die neue Situation gewöhnt, die Zeit des Mitleids und Mittragens ist langsam vorbei. Nur die verletzte Seele blutet manchmal noch ziemlich stark. Aber dies scheint niemand mehr zu bemerken. Eine Frau, die jahrelang mit dem Partner aufgetreten ist, ist nun wieder Single. Aus dem „wir“ wird ein „ich“ – und daran gewöhnt man sich auch nach ein paar Wochen noch nicht. In dieser Phase ist Eigeninitiative gefragt, auch wenn es oft schwerfällt.

In dieser Zeit kann es für Betroffene zum Beispiel hilfreich sein, ein Tagebuch zu führen, in dem alle tröstlichen Momente, aber auch der innere Kampf aufgezeichnet wird. Gesammelte Bilder, Ermutigungskarten, schöne Sprüche und Bibelverse können im Rückblick unsere Zeit des Heilwerdens dokumentieren. Eine betroffene Bekannte brachte es auf den Punkt: „Dieses Heilwerden-Buch ist mein Beweisstück geworden, dass ich es mit Gottes Hilfe geschafft habe, trotz tiefster Verletzung weiterzuleben. Ich nenne es heute mein Gott-sei-Dank-Buch!“

Schenken Sie Ihrer Freundin oder Bekannten, deren Herz gebrochen wurde, ein hübsches Notizbuch, in das Sie das eine oder andere freundliche und hoffnungsvolle Wort hineinschreiben und es mit ein paar schönen Bildern ergänzen. Die leeren Seiten gehören Ihrer Freundin. Hier kann sie ihren Verlust aufarbeiten und sich alles von der Seele schreiben. Oder wie Liane meinte: „Mit diesem Buch habe ich das Überleitungskapitel von meinem Leben vor und mit dem Zerbruch geschrieben. Es ist ein Zeichen, dass der hässlichste Sprung meines Lebens nicht nur verdeckt, sondern zu etwas neuem Schönen geworden ist."

Diese Fabel ist ein Geschenk von mir für alle Frauen, deren Herz gebrochen wurde und die mutig ihren Zerbruch zu einem Kunstwerk werden lassen.

Eine Fabel vom Heilwerden

Es war einmal eine wunderschöne, makellose, weiße Porzellantasse. Sie stand im Schaufenster eines Geschäftes, an dem tagtäglich viele Leute vorbeigingen, die sie bewunderten. Eines Tages kam ein Mann in den Laden, sah die weiße Porzellantasse, verliebte sich sofort in sie und kaufte sie, ohne vorher nach dem Preis zu fragen. Zu Hause stellte er die Tasse in die edle Vitrine im Wohnzimmer. Alle Besucher bestaunten die hübsche Porzellantasse. Jeden Tag um 17 Uhr trank er seinen Tee aus der lieblichen Tasse, spülte sie danach sorgfältig und trocknete sie behutsam ab. Niemand anderes durfte aus der Tasse trinken. „Sie könnte zerbrechen", sagte er jedes Mal und es graute ihm allein beim Gedanken daran.

So zogen die Jahre ins Land. Die Porzellantasse glänzte in ihrer Vitrine, wurde gut gepflegt und geliebt. Sie war glücklich.

Eines Tages reiste der Mann außer Landes und blieb lange fort. Als er wieder zurück war, holte er die Tasse immer seltener aus dem Schrank. Irgendwann vergaß er sie ganz.

Einige Zeit verging, bis einmal ein kleines Mädchen zu Besuch kam. Es erblickte die Tasse, bewunderte sie und holte sie aus der Vitrine. Aber, oje, was war denn das? Auf der Rückseite hatte die weiße Porzellantasse einen hässlichen Sprung! Was war nur aus ihrer zarten Schönheit geworden? Der Mann zuckte nur achtlos mit den Schultern. Ihm bedeutete seine wertvolle Tasse nichts mehr. „Wie schade ist es doch um diese zarte Tasse. Sie war sicher früher einmal wunderhübsch“, klagte das kleine Mädchen. „Darf ich sie haben?“ „Ja“, sagte der Mann, „nimm sie nur.“

Das Mädchen nahm die Porzellantasse mit nach Hause. Lange hielt es die Tasse in der Hand und betrachtete traurig den hässlichen Sprung, der sie nun beinahe schäbig aussehen ließ. Auf einmal sprang es auf, holte einen Farbkasten und begann, den Sprung mit einem feinen grünen Pinselstrich nachzumalen, bis er verdeckt war. Dann zeichnete das Mädchen links und rechts Blätter an ihn und an seine Spitze die Umrisse einer zarten Rosenblüte.

Eigentlich war die Tasse jetzt noch hübscher als vorher. Früher war sie makellos gewesen, aber jetzt war sie etwas Besonderes. Auch wenn die Tasse den Sprung immer wieder schmerzhaft spürte, vergaß sie von Zeit zu Zeit, dass es diesen Riss überhaupt gab. Auch wenn sie nun nicht mehr zu dem Mann gehörte, war sie wertvoll und wurde gebraucht. Sie war nicht auf dem Müll gelandet wie viele zerbrochene Tassen vor ihr. Sie wusste tief in ihrem Herzen: Das Leben geht weiter und es ist auch schön. Sehr sogar.

Allein leben lernen

Heidi Schulte

Im Oktober 1990 starb Heidi Kühnels Ehemann Werner nach langer, schwerer Krankheit. Einige Zeit später verliebte sie sich in den Evangelisten Anton Schulte. Er war 21 Jahre älter als sie. Im Dezember 1991 heirateten die beiden. Von da an veränderte sich Heidis Leben völlig: Nun war sie die Frau eines bekannten Mannes, begleitete ihn auf seinen Reisen und wohnte an verschiedenen Orten.

Nach fast zwanzig Jahren Ehe starb auch ihr zweiter Mann. Für Heidi Schulte ein weiterer harter Schlag. Fünf Jahre später erzählt sie, wie sie mit dem Verlust ihrer zwei geliebten Männer umgegangen ist:

Ich weine nicht mehr so oft. Der Schmerz lässt nach, aber die Sehnsucht bleibt. Mein Leben ist wieder munterer geworden und ich bin wieder mehr unterwegs. Ich habe mir überlegt, was ich Sinnvolles machen könnte, um wieder mehr unter Leute zu kommen. Seit Frühjahr 2015 bin ich im „Demenz-Café" zweimal in der Woche für erkrankte Menschen da. Wir singen, spielen und lachen viel. Ich gehe danach immer als Beschenkte nach Hause. Das sind Stunden, in denen ich mein Alleinsein völlig vergesse.

Doch allein zu leben will gelernt sein. Immer wieder suche ich nach neuen Möglichkeiten und Aufgaben, bei denen ich mit Menschen zusammen sein kann. Vor ein paar Monaten habe ich mit einer anderen Witwe, die ich erst kurz kannte, eine Freizeit mitgemacht. Aber es fällt mir immer noch schwer, allein zu walken oder spazieren zu gehen. Mir fehlt die Kommunikation.

Natürlich sehne ich mich in solchen Momenten nach einem Partner, einem Gegenüber. Es käme für mich allerdings nicht infrage, mit einem Partner zusammenzuleben, ohne verheiratet zu sein. Und noch mal eine Ehe eingehen, das könnte ich nicht mehr. Dennoch wünsche ich mir manchmal jemanden, der mit mir ausgeht oder mich ins Kino oder Theater einlädt – das vermisse ich. Auch Zärtlichkeiten fehlen mir, aber es ist in Ordnung. Es ist okay, wenn ich manche Dinge vermisse und es ist okay, wenn ich manchmal immer noch trauere. Das habe ich für mich erkannt und angenommen.

Genau das kann ich deshalb anderen Trauernden raten: Lassen Sie die Trauer und den Schmerz zu und nehmen Sie sich dazu die Zeit, die Sie brauchen. Lassen Sie sich nicht von anderen drängen, die meinen, dass es nach einer gewissen Zeit auch mal gut sein müsse mit der Trauer.

Mir hat das Lesen in der Bibel immer geholfen, wieder Kraft für den Alltag zu schöpfen. Wenn es mir richtig schlecht geht, suche ich mir tröstliche Verse heraus und sage zu Gott: „Hier, Herr, da steht, dass du mich trösten willst – und ich berufe mich jetzt darauf!“ Selbst wenn ich nicht sofort Gottes Trost und seine Nähe fühle, hilft es, mir bewusst zu machen: Gottes Zusagen gelten auch für mich! Mich trösten auch die alten Lieder wie „Weiß ich den Weg auch nicht, du weißt ihn wohl“ oder neuere wie „Ich singe dir mein Liebeslied, dir mein Retter, kostbarer Jesus“. Weil dann mein Herz auf Jesus ausgerichtet ist, vergesse ich alles andere und fühle mich geborgen bei Gott.

Im Rückblick habe ich erlebt: Je größer der Schmerz war, desto näher spürte ich Gott an meiner Seite.

Aber auch die Nähe zu anderen Menschen hilft. Wenn Sie keinen eigenen Freundeskreis haben, dann haben Sie den Mut, neue Kontakte zu knüpfen. Das ist nicht immer einfach. Auch ich musste mir einen neuen Freundeskreis aufbauen. Das fällt am Anfang schwer, aber man muss selbst aktiv werden und darf nicht darauf warten, dass andere auf einen zukommen.

Nach meiner zweiten Ehe musste ich lernen, allein zu leben. Das ist ein Prozess, der bei jedem unterschiedlich lange dauern kann. Bei mir dauert es scheinbar etwas länger als bei anderen, aber das ist in Ordnung. Ich gebe mir die Zeit, die ich brauche. Ich weiß, es wird Schritt für Schritt besser, und spüre, wie ich mein Leben auch als Witwe langsam wieder lebenswert und schön finden kann – mit Gottes Hilfe!

Kapitel 7

Wenn die Eltern alt werden

„Ehre deinen Vater und deine Mutter, dann wirst du lange in dem Land leben, das ich, der Herr, dein Gott, dir gebe.“

2. Mose 20,12

Der höchste Besuch

Heike Malisic

Eine Träne blitzte im Auge meines Mannes. Ich wunderte mich über seine plötzliche Sentimentalität. Es ist selten, dass mein Mann gerührt ist, geschweige denn weint. Ich hatte ihm nur vom Telefonat mit meiner Mutter erzählt, aber es schien ihn sehr bewegt zu haben. Sicherlich lag es daran, dass seine eigene Mutter erst kurz zuvor gestorben ist.

Ein Besuch bei meiner Mutter in Bremen stand an. In den letzten Jahren kam es selten vor, dass ich die knapp 700 Kilometer von Süddeutschland auf mich genommen habe, um meine Mama zu besuchen. Wenn überhaupt, habe ich solche Besuche mit irgendetwas verbunden – einem Vortrag bei einem Frauenfrühstück, der Hochzeit einer Freundin, einem runden Geburtstag oder zuletzt der Beerdigung meiner Schwiegermutter. Manchmal vergingen Jahre, bis ich wieder auf norddeutschem Boden stand.

Ich war 23, als mein Mann und ich nach zwei Jahren Ehe die Hansestadt verließen, um in die Nähe von Frankfurt an den Studienort meines Mannes zu ziehen. Drei Jahre später verschlug es uns für zwölf Jahre nach Wolfsburg. Vor elf Jahren zogen wir dann nach Süddeutschland. Mit zunehmender Kinderzahl wurden die Besuche bei unseren Müttern seltener. Die Anstrengung, mit so vielen Personen in den Norden zu reisen, war uns oft zu groß.

Dafür stand das Telefon nicht still. Meine Schwiegermutter rief fast täglich an. Mit meiner Mutter telefonierte ich alle ein bis zwei Wochen. So waren wir uns trotz der Entfernung nahe. Dachte ich jedenfalls.

Als ich jetzt meinen Besuch ankündigte und mir meine Mutter am Telefon erzählte, wie aufgeregt sie sei, zog ich fragend die Augenbraue hoch.

„Wieso bist du aufgeregt?“, wollte ich wissen.

„Wenn ich weiß, dass eines von euch Kindern kommt, dann stehe ich schon zwei Stunden vorher am Fenster. Ich schaue durch die Gardine nach jedem vorbeifahrenden Auto, in der Hoffnung, dass ihr es schon seid. Ich mache mir Tage vorher Gedanken darüber, was ich kochen soll, ob euch das schmeckt, ob das Essen reicht.“

„Mama, das sind doch nur wir, deine Kinder. Es kommt kein hoher Besuch!“, versuchte ich sie zu entspannen.

Ihre Antwort traf mich mitten ins Herz: „Mein liebes Kind, ihr seid für mich der höchste Besuch, den ich jemals bekommen könnte.“

Nachdem ich meinem Mann von unserem Gespräch erzählt hatte, lief diese Träne seine Wange hinunter. Er dachte an seinen Opa, bei dem er aufgewachsen war. Dieser hatte vier Kinder gehabt: die Mutter meines Mannes, eine Tochter, die bei ihm lebte, und zwei Söhne. Mein Mann wohnte zusammen mit seinem Opa und seiner Tante in einem Dorf in Kroatien, der Rest der Familie im 50 Kilometer entfernten Novi Sad in Serbien. Während diese Strecke heute keine große Entfernung mehr darstellt, waren solche Fahrten in den Sechzigerjahren Ausflüge, die man nur hin und wieder am Wochenende auf sich nahm. Wie sehr freute sich der Opa immer, wenn eines seiner Kinder zu Besuch kam. Und wie groß war die Enttäuschung, wenn wieder ein Wochenende ohne Besuch verging.

Mein Mann erinnerte sich daran, wie er mit seinem Opa freitags nach getaner Feldarbeit auf dem Kutschbock die Straße nach Hause fuhr. Der Opa hielt schon lange vor dem Haus Ausschau nach einem der Autos seiner Kinder. Und er redete sich selbst die ganze Fahrt über ein, dass diesmal bestimmt einer seiner Söhne oder die Tochter da sein würden. Wie groß muss jedes Mal die Enttäuschung gewesen sein, wenn niemand kam! Das ließ sich der Opa zwar nicht anmerken, aber in der Erinnerung meines Mannes – der mittlerweile selbst Vater ist – stand ihm diese Situation klar vor Augen.

Die Beziehung zu den eigenen Eltern ist nicht bei jedem von uns in Ordnung. Vielleicht haben wir uns aufgrund von Verletzungen von unseren Eltern getrennt. Oder wir haben uns durch unsere unterschiedliche Lebensweise voneinander entfernt. Oder wir sind genervt von den Ansichten unserer Eltern und darüber, dass sie sich immer noch in unser Leben einmischen. Vielleicht bringen sie uns auch in irgendeiner Art und Weise in Rage. Aber egal, was war und was ist: Es sind unsere Eltern. Ich war jahrelang der Meinung, dass Anrufe genügen, aber wie sehr habe ich die Sehnsucht meiner Mutter aus ihren Worten neulich herausgehört. Und für mich steht fest: Ich werde künftig mindestens dreimal im Jahr die 1400 Kilometer auf mich nehmen, um meine Mutter zu besuchen.

Bei meiner Schwiegermutter ist es leider zu spät. Bei ihrem letzten Umzug in eine Seniorenwohnanlage im vergangenen

Sommer hat mein Mann in ihrer Wohnung über zwanzig Flaschen besten Rotwein gefunden. Bei jeder sich bietenden Gelegenheit kaufte sie eine Flasche – in der Hoffnung, dass ihr Sohn zu Besuch kommt. Er kam zu selten.

Bei ihrem Umzug nahmen wir uns vor, ab jetzt öfter nach Bremen zu fahren. Mein Mann fuhr gleich zwei Wochen später nochmals in den Norden, um meiner Schwiegermutter die Wohnung einzurichten. Er kaufte Gardinen und Lampen, brachte alles an, hängte Bilder auf, packte Kisten aus, räumte auf und verabschiedete sich mit den Worten: „Jetzt hast du es schön, genieß deine neue Umgebung. Wir kommen dich bald wieder besuchen." „Ach weißt du, es ist schön hier, aber viel mehr freue ich mich auf meine Wohnung im Himmel. Da werde ich Jesus begegnen und mit Julian zusammen auf euch warten." Das waren ihre letzten Worte, bevor mein Mann seine Rückreise nach Hause antrat. Zwei Tage später ist sie gestorben.

Als wir von ihrem Tod erfuhren, dachten wir nicht an die viele Zeit, das viele Geld und die viele Arbeit, die der Umzug mit sich gebracht hatte. Es breitete sich einzig und allein die Dankbarkeit in unseren Herzen aus, dass mein Mann sich die letzten Tage im Leben seiner Mutter um sie gekümmert und Zeit mit ihr verbracht hatte. Das war reine Gnade – für sie und für ihn.

Die Beziehung zu meinem Vater ist seit meiner Kindheit etwas angeknackst. Es ist immer wieder schwierig, sie in einer herzlichen Weise aufrechtzuerhalten. Oft gebe ich mir Mühe, manchmal nicht. Auf schmerzliche Art und Weise musste ich feststellen, dass das Gebot: „Ehre deinen Vater und deine Mutter" (2. Mose 20,12) nicht immer nur leicht ist. Aber ich entscheide mich dennoch dafür, es ernst zu nehmen. Einmal überwinde ich mich und schreibe einen Brief. Dann bete ich, dass mein Vater meine Zeilen in einem Moment der emotionalen Offenheit liest. Manchmal ist es nötig, dass der Kontakt eingeschränkt bleibt, um sich nicht immer wieder an den Scherben zu schneiden. Dann bete ich um Vergebung, wo ich versagt habe und vergebe da, wo ich verletzt wurde. Ich erinnere mich daran, dass es mein Vater als Kind auch nicht leicht gehabt hat. Er ist ohne Eltern aufgewachsen, hatte nie ein Vorbild, keine leichten Lebensumstände und auch Gott hat in seinem Leben niemals eine bedeutende Rolle gespielt. Unter diesem Aspekt erfahre ich eine neue Dankbarkeit, dass ich Gott als Vater kennenlernen durfte, dass er jeden Mangel, den ich als Kind und auch noch heute als erwachsene Frau habe, ausgleicht. Ich bin dankbar, dass mir meine Fehler, die ich als Mutter gemacht habe, vergeben wurden, und werde selber großzügig im Vergeben.

Vergeben ist dann für mich ein Aspekt, Mutter und Vater zu ehren.

Hin und wieder denke ich daran, dass mein Vater vielleicht auch am Fenster steht und schaut, ob seine Kinder kommen? Vielleicht zuckt er bei jedem Klingeln des Telefons zusammen, um dann doch enttäuscht zu sein, dass seine Kinder nicht anrufen? Oder er hofft bei jedem Gang zum Briefkasten, dass Post von mir gekommen ist?

Ich will Gottes Gebot nicht leichtfertig übersehen, nur weil meine Kindheit schwierig war. Das fällt mir nicht immer leicht. Aber am Ende möchte ich nicht sagen müssen: „Hätte ich doch." Und eins ist sicher: Früher oder später werde ich selbst am Fenster warten …

Die Reise ins Land des Vergessens

Gudrun Paladey

Am Anfang dachte ich: *Na ja, Mama wird vergesslich. Ist ja auch kein Wunder, sie wird halt älter.* Doch irgendwann stellte ich fest, dass sie plötzlich nicht mehr wusste, wo der Kehrbesen hing, obwohl er bereits seit zwanzig Jahren dort hing, oder wo die leeren Mineralwasserflaschen hingehörten, die ebenfalls seit zwanzig Jahren den gleichen Platz hatten.

Irgendwie fanden sich immer Erklärungen für all das, was nicht mehr so rund lief. Uns fielen Dinge auf, die vor Kurzem noch ganz normal abliefen und auf einmal ein Problem für sie darstellten. Wenn sie wieder einmal etwas vergaß oder durcheinanderbrachte, überspielten wir ihre „Aussetzer" liebevoll und geduldig. Doch diese Aussetzer wurden langsam besorgniserregend. Immer häufiger suchte Mama nach Worten und Gegenständen; immer häufiger entstanden Lücken in den Sätzen, die sie erzählen wollte; immer häufiger fehlten ihr die richtigen Namen, selbst die von engen Angehörigen. Wenn sie etwas Merkwürdiges tat, fiel es ihr anhand unserer irritierten Reaktionen manchmal selbst auf. Dann versuchte sie zu erklären, was sie gerade getan oder gesagt hatte oder war verzweifelt und traurig über dieses „dumme Zeug". Einmal sagte sie niedergeschlagen: „Alt werden ist nicht schön."

Auch ihre Medikamente vergaß sie zu nehmen. Also rief ich sie morgens an und bat sie, in die Küche zu gehen und ihre Tabletten zu schlucken. Aber dann kam sie nicht zurück zum Telefon, denn sie hatte vergessen, dass ich noch am Apparat war.

Irgendwann vergaß sie auch das Essen und Trinken. Sie magerte mehr und mehr ab. Im Küchenschrank mischten sich schmutzige Tassen zwischen die sauberen. Lebensmittel verdarben.

Mama zog die Kleidung nicht mehr in der altbewährten Reihenfolge an – zum Beispiel streifte sie die Unterhose über die Strumpfhose oder das Unterhemd über den Pullover. Nur in der Körperpflege blieb sie sehr reinlich, bis zum Schluss.

Der Tagesrhythmus geriet mehr und mehr durcheinander. Nachts räumte sie auf, wusch ab oder putzte die Fenster. Früher hatte sie genäht, Puppen gebastelt, wahre Kunstwerke gehäkelt. Nun wusste sie nicht mehr, wozu Stricknadeln gut sind. Auch das Strumpfstopfen, was sie früher mit viel Geschick erledigt hatte, klappte nicht mehr.

Als sie merkte, wie viel ihr nicht mehr gelang, zog sie sich mehr und mehr zurück.

Die Suche nach Worten wurde immer mühsamer. Irgendwann verstummte sie ganz. Sie reagierte nur noch auf Fragen, die mit Ja oder Nein beantwortet werden konnten.

Am Anfang war es nur der geistige Verfall, der uns Angst machte. Inzwischen waren auch ihre körperlichen Kräfte mehr und mehr geschwunden. Emotionale Momente zwischen uns gab es nur noch selten, als die Reise ins Land des Vergessens fortschritt. Wir wissen nicht, welche Gedanken sie bewegten, woran sie sich noch erinnern konnte und woran nicht. Wir dürfen aber wissen, dass Gott all ihre Gedanken kannte, auch wenn wir selbst keinen Zugang zu diesem Land hatten. Gott, der gnädige Vater, ging mit ihr und hielt segnend seine Hände über sie. Irgendwann nahm er sie an die Hand und führte sie heim in seine Ewigkeit.

Eine Woche zuvor hatten wir noch gemeinsam einen Abendmahlsgottesdienst gefeiert. Da hat sie alle Lieder von der ersten bis zur letzten Strophe mitgesungen und das Vaterunser mitgebetet, obwohl sie schon Wochen vorher kein Wort mehr gesprochen hatte. Danach auch nicht mehr – es waren ihre letzten Worte.

Wie tröstlich war es zu sehen, dass meine Mutter in all ihrer Vergesslichkeit und Verwirrtheit offensichtlich eines immer im Herzen behielt: dass Jesus ihr Herr und Heiland war. Durch dieses bewegende Erlebnis habe ich umso mehr begriffen, wie wichtig es ist, dass wir Gott in unser Leben einladen, solange wir dazu mental noch in der Lage sind und eine Entscheidung treffen können. So kann er im Alter unser Halt sein, wenn alles andere uns entrinnt.

Die Erfahrungen mit meiner demenzkranken Mama waren schmerzlich, aber ich möchte keinen der schönen und intensiven Momente mit ihr missen, die es in dieser Phase immer noch gab.

Im Pflegeheim, doch nicht allein

Liesel Schomaker

Ich bin in einer Großfamilie aufgewachsen, die immer zusammengewohnt hat und miteinander gewachsen, geschrumpft und wieder gewachsen ist. Kinder wurden geboren, Urgroßeltern und Großeltern starben, und wieder wurden Kinder geboren. Die Erinnerung an diese kostbare Zeit weiß ich erst jetzt zu schätzen.

Vor etwa zehn Jahren merkte ich, dass ich mehr Verantwortung für meine Eltern übernehmen musste. Sie brachten vieles durcheinander: Dinge, die in den Kühlschrank gehörten, fand ich im Gefrierschrank wieder. Kaffeepulver wurde nicht in die dafür vorgesehene Dose, sondern gleich in die Kaffeekanne geschüttet. Auch zogen meine Eltern die abenteuerlichsten Kleidungsstücke an. Die körperliche Verfassung der beiden war schon seit Längerem so schlecht gewesen, dass sie bei vielen Alltagsaktivitäten meine Hilfe brauchten.

Meine Eltern hatten mir stets ein tiefes Vertrauen auf Jesus vorgelebt. Beide waren Anfang achtzig und liebe, genügsame Leute. Mein Leben lang hatte ich ein gutes Verhältnis zu ihnen. Darum war für mich klar: Ich würde sie niemals in ein Seniorenheim abgeben.

Meine Schwester war vor über zwölf Jahren gestorben, deshalb war ich bei der Pflege meiner Eltern auf mich allein gestellt. Doch ich dachte, dass es mit Gottes Hilfe und meiner Familie im Rücken zu schaffen sei, die beiden im Alter zu begleiten.

Zu der Zeit lebten meine Eltern und meine Familie direkt nebeneinander. Das hieß für mich, sie viermal am Tag mit Medikamenten zu versorgen, Essen zu kochen und beim Essen dabeizubleiben. Das war wichtig, denn meine Mutter verschluckte sich oft und beide waren so vergesslich, dass sie trotz meines Versprechens, gleich wiederzukommen, manchmal allein vom Tisch aufstanden und hinfielen.

Wenn ich durchs Fenster die hochgefahrene Position ihrer Ruhesessel sah, in die ich sie immer setzte, wenn ich ging, fing mein Herz an zu rasen. Denn dann wusste ich: Gleich muss ich wahrscheinlich telefonisch Hilfe holen, um sie wieder auf die Beine zu bekommen – falls nichts Schlimmeres passiert war.

Tagsüber waren wir drei allein. Nachts ging ich im Schlafanzug noch schnell zu ihnen, um zu sehen, ob alles ruhig war. Mit allem, was dann oft zu tun war, dauerte es eine Stunde oder länger, bis ich wieder ins Bett gehen konnte. An Schlafen war meist nicht mehr zu denken.

Morgens um sechs Uhr ging der übliche Rhythmus wieder los – mit den ersten Medikamenten, dem gemeinsamen Frühstück und den Vorbereitungen für den neuen Tag. Mein Vater war insulinpflichtig, das hieß, ich musste alle Erledigungen zeitlich auf seine Spritzzeiten abstimmen. Nach einiger Zeit wurde ich morgens und abends von einem Pflegedienst unterstützt.

Zu unserer großen Freude wurden mein Mann und ich Großeltern von zwei süßen gesunden Zwillingsmädchen. Die Sehnsucht, auch dort zu helfen, zog mich zu der kleinen Familie. Gleichzeitig wurde der Druck, meinen Eltern gerecht zu werden, immer größer. Sie sollten doch nicht allein sein. Die Erfahrung meiner schönen Kindheit wollte ich ihnen durch eine liebevolle Begleitung ein Stück weit zurückgeben.

Mein Mann unterstützte mich in dieser anstrengenden Zeit. Dafür bin ich ihm sehr dankbar. In dieser Zeit kam das zum Tragen, was wir uns bei unserer Hochzeit vor Gott versprochen hatten: in guten und in schweren Zeiten füreinander da zu sein.

Meine Eltern feierten ihren 60. Hochzeitstag. Ihre Liebe und Achtung füreinander war trotz ihrer Demenz zu sehen. Da sie immer sehr großen Wert auf pastorale Begleitung gelegt hatten, wurde der Tag auch mit Singen und Beten gefeiert.

Die Pflege meiner Eltern kostete mich viel Kraft. Ich merkte, wie mein eigener Gesundheitszustand zunehmend unter der Situation litt und wie mein Nervenkostüm immer dünner wurde. Irgendwann kam ich an einen Punkt, an dem ich mir eingestehen musste, dass es so auf Dauer nicht mehr weiterging. Ich schaute mir mit meinem Mann nun doch ein schönes Heim für meine Eltern an – allerdings zunächst noch mit Widerwillen. Ich hoffte, dass es noch lange Zeit dauern würde, bis ein Doppelzimmer frei würde. In jenen schweren Tagen ertappte ich mich immer häufiger bei dem Gedanken, dass beide irgendwann sterben würden und ich somit wieder besser leben könnte. Für dieses Denken schämte ich mich sehr, und ich bat Gott und meine Eltern in Gedanken um Vergebung.

Dann ging alles ganz schnell. Nach ein paar Tagen konnten meine Eltern in ein hübsches Doppelzimmer im Seniorenheim einziehen. Ich bin unserem Gott dankbar für diese wunderbare Fügung. Ich hatte den beiden erklärt, dass es die beste Lösung für sie und für uns alle sei. Von ihrer Seite kam nie ein Wort der Anklage und – was ich nicht zu hoffen gewagt hatte – sie fühlten sich wohl. Nur ich meinte, mich immer erklären zu müssen. Was würden nur die Leute von mir denken?

Inzwischen sind fünf Jahre vergangen. Der Gesundheitszustand meines Vaters wurde immer schlechter. Vor zwei Jahren durfte er mit einem Lächeln auf den Lippen in den Himmel gehen. Da er Monate zuvor sehr pflegebedürftig gewesen war, war uns allen der Kalenderspruch seines Todestages ein großer Trost gewesen: „Du hast mein Klagelied in einen Freudentanz verwandelt, mir statt des Trauerkleids ein Festgewand gegeben“ (Psalm 30,12;

Gute Nachricht). Ich bin dankbar für Familie und Freunde, die in dieser schweren Zeit für und mit uns gebetet, gesprochen und gelitten haben.

Meiner Mutter geht es trotz ihrer inzwischen 90 Jahre und ihrer langsam fortschreitenden Demenz noch recht gut. Das Lesen des Kalenderblatts ihres Andachtskalenders ist ihr tägliches Programm. „Seid fröhlich in Hoffnung, geduldig in Trübsal, beharrlich im Gebet“ (Römer 12,12; Luther). Diesen Vers, der ihr Trauspruch war, zitiert sie oft.

Ich bin glücklich, dass sich alles zum Besten gewendet hat und ich meine Zeit ohne schlechtes Gewissen unseren Enkelkindern und natürlich auch weiterhin meiner Mutter widmen kann. Ich kann nur staunen, wie Gott unser Leben in gute Bahnen lenken kann, auch wenn alles ausweglos erscheint.

Die kleine Oma mit dem großen Herzen

Inge Hoffmann

Meine Eltern konnten noch ihre Diamantene Hochzeit feiern. Sie hatten ein materiell einfaches Leben geführt, waren aber auf andere Weise reich gesegnet. Zum einen durch ihren Glauben, zum anderen durch ihre sechs Kinder, die sie liebevoll erzogen hatten. Mein Vater war allerdings durch eine Krankheit schon viele Jahre eingeschränkt und dadurch Frührentner. Aufgrund seiner Krankheit brauchte er eine umfangreiche Pflege. Viermal in der Woche bekam er eine Dialyse-Behandlung, die von meiner Mutter und zuletzt auch von uns Kindern im eigenen Hause sichergestellt wurde. Die gesundheitliche Situation meines Vaters verschlechterte sich zusehends, schließlich saß er im Rollstuhl. Mein Vater entschied sich deshalb nach vielen Gesprächen mit meiner Mutter und uns Geschwistern, in ein neu errichtetes Pflegeheim umzuziehen.

Für uns war dieser Schritt zuerst unvorstellbar. Doch wir mussten später einsehen, dass es eine weise Entscheidung war. Die Zeit im Pflegeheim erwies sich, entgegen unserer Erwartung, als positiv. Nach gut drei Monaten, die er gemeinsam mit meiner Mutter im Pflegeheim gelebt hatte, musste mein Vater ins Krankenhaus. Dort starb er nach zwei Wochen. Meine Mutter kehrte in das Haus zurück, in dem sie mit meinem Vater die letzten Jahrzehnte gelebt hatte.

Bald ließ es ihr Gesundheitszustand nicht mehr zu, dass sie allein leben und sich versorgen konnte. Nun stellte sich für uns sechs Geschwister die Frage: „Was wird mit unserer Mutter?" Sie hatte uns durch ihre liebevolle Art so viel für das Leben mitgegeben, daher war bei allen das grundsätzliche Ja vorhanden, ihr ein Zuhause zu bieten. Vieles wurde besprochen und langsam kristallisierte sich heraus, dass bei meinem Mann und mir, 30 Kilometer von meinem Elternhaus entfernt, die besten räumlichen Bedingungen für sie vorhanden waren.

Trotzdem war alles nicht so einfach. Schon viele Jahre sind unsere Kinder aus dem Haus und mein Mann und ich gestalteten unseren Alltag allein. Ich war nur halbtags berufstätig und wir genossen unsere Freiheit. Nun saßen wir am Küchentisch und diskutierten, wie konkret das Leben mit meiner Mutter im Haus aussehen könnte: Wie können wir das Miteinander gestalten?

Wo sollte meine Mutter am besten schlafen? Wie viele Zimmer hätte sie gern und welche Möbel möchte sie mitbringen? Welche Hilfe braucht sie täglich und wie oft muss sie zum Arzt? Wie sieht es mit unseren gemeinsamen Unternehmungen als Ehepaar und unserer freien Zeit aus? Würde ich meine Berufstätigkeit noch ausüben können? Alle diese Fragen brachten wir im Gebet vor Gott und baten ihn um Hilfe bei unseren Entscheidungen.

Danach fragten wir auch meine Mutter nach ihren Vorstellungen und Wünschen und teilten ihr unsere Überlegungen mit. Erstaunlicherweise sagte sie sofort Ja zu unseren Vorschlägen. Wir waren so dankbar, dass sie bereit war, ihr geliebtes Zuhause zu verlassen, das sie sich damals unter großen Entbehrungen mit meinem Vater aufgebaut hatte. „Fällt es dir nicht schwer, dein Haus zu verlassen?", wurde sie später oft gefragt. „Warum?", antwortete sie, „Was kann mir denn Besseres geschehen, als bei einem meiner Kinder aufgenommen zu werden?" Sie wurde mir zu einem großes Vorbild im Loslassen von Vertrautem.

Die Entscheidung war also gefallen: Meine Mutter zog bei uns ein. Nun musste ich nur noch meinen Chef über mein Kündigungsvorhaben informieren. Für mich war klar, dass meine Mutter mich in dieser Umgewöhnungsphase brauchte und ein normaler Arbeitsalltag unmöglich sein würde. Nachdem ich meinem Chef die Situation schilderte, machte er mir ein überraschendes Angebot: Er schlug mir vor, drei Monate unbezahlten Urlaub zu nehmen, um mich an die neue Situation zu Hause zu gewöhnen, und dann wieder einzusteigen. Diese Möglichkeit zeigte mir ganz neue Wege auf.

Beim Umzug standen uns alle Geschwister mit ihren Familien tatkräftig zur Seite. Als alles an Ort und Stelle war, konnte meine Mutter im ersten Stock zwei Zimmer mit Bad beziehen. Ein kleiner Balkon vervollständigte ihr neues Zuhause. Nach dem Einzug feierten wir ein kleines Umzugsfest.

Die ersten Tage brachten wir damit zu, meiner Mutter das Zurechtfinden in unserem Haus und besonders in der gemeinsamen Küche zu erleichtern. Vieles erledigten wir gemeinsam, beispielsweise die Küchen- und Gartenarbeit: Gemüse wurde geputzt, Salat vorbereitet, Rosen geschnitten, Unkraut gejätet und Blumen gegossen. Wir kochten zusammen das Mittagessen und erledigten auch die Wäsche gemeinsam. Ich konnte ihr bei der Körperpflege helfen und all das tun, was ihr schwerfiel.

Das Miteinander entwickelte sich viel unkomplizierter, als wir es uns vorgestellt hatten, da meine Mutter ein sehr liebevolles, zufriedenes, gütiges und ruhiges Wesen hatte. Mein Mann war schon in Rente und konnte meine Mutter mit umsorgen und mir manches abnehmen. Als wir über die Zeit nach meinem unbezahlten Urlaub sprachen, sagte meine Mutter: „Du kannst auf jeden Fall wieder arbeiten gehen. Dein Mann und ich, wir kommen schon zurecht."

Nach den drei Monaten meiner beruflichen Freistellung konnte ich tatsächlich die Arbeit halbtags wieder aufnehmen und sogar meine Wochenstunden auf vier Tage verteilen, sodass ich einen Tag komplett frei hatte.

Das Einleben in unserem Ort gestaltete meine Mutter aktiv mit. In unserer Kirchengemeinde fand sie schnell Anschluss durch ihre offene und freundliche Art. In der Gruppe der viel jüngeren

Frauen konnte sie durch die Weitergabe ihrer Glaubenserfahrungen und ihre Lebensführung ein Zeugnis sein. Noch heute bekomme ich positive Rückmeldungen aus diesem Kreis.

Wir waren so dankbar, dass Mama mit 83 Jahren noch so hell und beweglich im Kopf und jung im Herzen war. Täglich las sie die Tageszeitung. Sehr gern diskutierte sie die tägliche Bibellese mit meinem Mann.

Außerdem hatte sie alle sechs Kinder, die Schwiegerkinder, 20 Enkel und 14 Urenkel im Blick. Sie vergaß keinen Geburtstag und brachte alle jeden Tag im Gebet vor Gott. Sie war uns ein Vorbild im Glauben. Von ihren Enkeln wurde sie liebevoll „die kleine Oma mit dem großen Herzen" genannt.

Sie war fähig, die Schönheit in den kleinen Dingen zu sehen. Das Gänseblümchen und das Veilchen, die Wegwarte und die Schlüsselblume konnten sie begeistern. Die Details einer Grußkarte und der wunderbare Text eines Liedes fanden ihre Bewunderung. Vieles, was sie in Jugendjahren auswendig gelernt hatte, konnte sie bis ins hohe Alter aufsagen. Dies war ein großer Reichtum, von dem besonders die Enkel und Urenkel profitierten. Sie waren begeistert, wenn Oma ihnen zum Geburtstag oder zu einem besonderen Anlass einen Vers aufsagte oder schrieb.

Wenn eines der Kinder oder Enkel eine Urlaubsreise antrat, dann verfolgte sie während dessen Abwesenheit im Atlas und auf der Straßenkarte den genauen Weg. Sie selbst reiste sehr gern, und so ergab es sich, dass wir noch mehrere gemeinsame Urlaubsreisen machten. Auch zu allen Geburtstagen in der Familie wurde sie eingeladen und verbrachte manches Wochenende bei meinen Geschwistern. Vor allem dann, wenn wir als Ehepaar etwas unternehmen wollten.

Mit meiner Mutter hatten wir eine schöne und wertvolle Zeit von über zwei Jahren. Da ich durch meine frühe Heirat mein Elternhaus sehr jung verlassen hatte, konnten wir in dieser Zeit noch manches nachholen. Seit meine Mutter bei uns wohnte, herrschte in unserem Haus ein fröhliches Kommen und Gehen von ihren Kindern, Enkeln und Urenkeln. Dieses Beisammen-sein empfanden meine Geschwister und ich schon immer als einen besonderen Reichtum.

Als Mama sich wegen eines leichten Druckgefühls im Bauch be-klagte, dachte ich nicht, dass ernsthafte gesundheitliche Pro-bleme dahinterstecken könnten. Doch bei einem kurzen Kran-kenhausaufenthalt stellten die Ärzte fest, dass meine Mutter an einer weit fortgeschrittenen unheilbaren Krankheit erkrankt war. Sie kehrte auf ihren eigenen Wunsch zu uns nach Hause zurück. Hier pflegte ich sie gemeinsam mit meinem Mann und meinen Geschwistern. Außerdem bekamen wir in ihren letzten Lebens-wochen Unterstützung von der Diakonie und Ärzten. Wenige Tage vor ihrem Tod sagte sie: „Ich gehe jetzt zu meinem Herrn in die himmlische Heimat und wünsche mir, dass ich euch alle dort wiedersehe.“

Einige ihrer Kinder waren am Krankenbett, als sie im Alter von 85 Jahren von uns ging. Ihr tiefes Vertrauen zu Jesus Chris-tus hat ihr Leben geprägt und dadurch auch eine Segensspur im Leben derer hinterlassen, die sie kannten und liebten.

Pflege zu Hause – geborgen und professionell versorgt

Uta Kümmerle

Vor einem Jahr habe ich den Krankenhausalltag hinter mir gelassen und mich als Pflegeberaterin selbstständig gemacht. In meinen letzten Berufsjahren wollte ich die Ideale meines christlichen Menschenbildes in der Pflege verwirklichen. Ein selbstbestimmtes, würdevolles Leben, so lange wie möglich – dafür wollte ich mich einsetzen. Die Ausbeutung der illegalen polnischen Pflegekräfte machte mich schon immer wütend. Als Pflegeberaterin will ich ein Bewusstsein dafür schaffen, dass es anders gehen kann. Der Schritt in die Selbstständigkeit war ein Sprung ins kalte Wasser. Ich wusste nicht, ob meine Dienste überhaupt angenommen werden würden, aber ich habe es gewagt – weil es mein Herzensanliegen war. Seitdem bin ich viel unterwegs und kläre die Menschen auf. Überall renne ich offene Türen ein. Darin erkenne ich Gottes Führung.

Damit sich etwas an der momentanen Situation ändern kann, ist es mir wichtig, erst einmal ein Bewusstsein für die Not der Pflegekräfte zu schaffen. Viele polnische Frauen kommen aus einer wirtschaftlichen Not heraus. Sie lassen sich gutgläubig als „Haushaltshilfe" vermitteln, ohne zu wissen, was sie erwartet. Die unseriösen Vermittlungsagenturen haben nichts mit Pflege zu tun, sondern wittern das Geschäft. Die Polinnen werden dann in einem fremden Haushalt abgesetzt. Dort werden sie mit schweren

Pflegefällen, Demenzkranken oder verwahrlosten Haushaltssituationen konfrontiert. Sie werden nicht eingearbeitet oder weiterbetreut und niemand fragt, wie es ihnen geht.

Außerdem erhalten sie oft weniger als die Hälfte von der Summe, die der Pflegehaushalt an den Vermittler zahlt. Die Frauen machen die meiste Arbeit und bekommen am wenigsten Geld dafür. Das ist nicht fair. Auf dem legalen Weg werden Pflegekräfte wesentlich besser bezahlt. Für den Haushalt ist es trotzdem nicht teurer, weil die hohen Aufschläge der illegalen Vermittler entfallen.

Ein weiteres Problem ist die Erwartungshaltung, dass die Polin 24 Stunden einsatzbereit ist – nur weil sie im Haushalt wohnt und gezwungenermaßen 24 Stunden vor Ort ist. Das wäre nach deutschem Arbeitsrecht undenkbar. Aber viele Angehörige gehen davon aus, dass sich eine ungelernte Frau rund um die Uhr um Pflegefälle kümmern kann, für die sogar ich als medizinische Fachkraft nicht allein die Verantwortung übernehmen würde. Ich bekomme oft mit, dass Polinnen von heute auf morgen verschwinden, weil sie schlichtweg überfordert sind. Andere fangen an zu trinken. Auch für den Menschen, der gepflegt werden muss, ist diese unprofessionelle Art der Vermittlung bedenklich.

Ich erlebe, dass Angehörige ihrem Vater oder ihrer Mutter in einer anderen Stadt eine wildfremde, ungelernte Person in die Wohnung schicken, ohne diese vorher jemals gesehen zu haben. Hier werden zwei Menschen aufeinandergeworfen und dann ihrem Schicksal überlassen. Das finde ich unverantwortlich.

Wenn ich Pflegekräfte vermittle, läuft das ähnlich ab wie bei einer guten Partnervermittlung. Ich erhebe in einem Vorgespräch viele Daten: die aktuelle Wohnsituation, Gesundheitszustand, aber auch persönliche Dinge wie Hobbys, Interessen und der Glaube der Person, die gepflegt werden soll. Dann stecke ich einen klaren Rahmen ab, was die Pflegekraft leisten kann und was nicht.

Von den polnischen Frauen – und Männern – wird ebenfalls ein detailliertes Profil angelegt. Darüber hinaus werden sie auf ihre Arbeit vorbereitet: Sie machen einen 50-Stunden-Deutschkurs, einen Einführungskurs, wie es in deutschen Haushalten abläuft, und einen Erste-Hilfe-Kurs. Außerdem werden sie mit einfachen Krankheitsbildern vertraut gemacht. In der zwei- bis vierwöchigen Probezeit können beide Seiten dann schauen, ob die „Chemie" stimmt. Nach der Vermittlung bleibe ich die Ansprechpartnerin und behalte im Blick, ob alles gut läuft. Wenn jemand eine Not hat, kann er mich anrufen. Dann komme ich schnellstmöglich und schaue, wie ich Abhilfe schaffen kann.

Bei der Vermittlung ist es mir wichtig, dass beide Seiten ihre lieb gewonnenen Lebensgewohnheiten nicht aufgeben müssen – wie zum Beispiel, in den Gottesdienst zu gehen. Ich möchte, dass sich die Frauen nicht aufgrund einer illegalen Beschäftigung im Haus verstecken müssen, sondern Teil des ganz normalen gesellschaftlichen Lebens sind. Auch die alten Menschen sollten so lange wie möglich am Leben teilhaben.

Im Idealfall ist die Pflege eine Win-win-Situation. Dazu gehört auch, dass man die Pflegekraft mit Respekt behandelt – wie einen Gast – und sich zum Beispiel nicht ständig über ihre mangelnde Sprachkenntnis beschwert. Kürzlich sagte mir ein älterer Herr: „Ich hätte gern einen jungen Mann. Er muss kein Deutsch sprechen. Das bringe ich ihm schon bei. Dann habe ich auch eine Aufgabe!" Ich habe ihm inzwischen einen Polen vermitteln können und die beiden harmonieren so gut! Der Mann hatte schon seine Beerdigung geplant, so schwach und abgemagert war er. Als ich ihn ein paar Wochen später besuchte, fand ich einen wohlgenährten Mann mit Lächeln im Gesicht wieder. Der Pole hat so gut für ihn gekocht und gesorgt, dass er aussah wie das blühende Leben!

Im Anhang finden Sie die Erkennungsmerkmale einer seriösen Pflegevermittlung sowie konkrete Anlaufstellen.

Kapitel 8

Die Sache mit der Weisheit

Das Wissen um die eigene Endlichkeit ist wie ein Weckruf, der mir hilft, zu unterscheiden, was wichtig und was nicht so wichtig ist.
Melanie Wolfers

Weise statt ängstlich

Annemarie Pfeifer

Wenn wir älter werden, stehen wir vor vielen Herausforderungen und Veränderungen. Neue Aufgaben wie etwa die Betreuung von Enkeln oder die Pflege des Ehepartners drängen sich ins Leben und wir merken, wie sich im Ruhestand unsere Lebensinhalte noch einmal ändern können. Außerdem gilt es, Abschied zu nehmen von Kollegen, Freunden und Familienmitgliedern. Auch der eigene Körper stößt vermehrt an Grenzen und schränkt uns ein. Das kann Angst machen.

Doch ältere Menschen bewältigen den letzten Lebensabschnitt meistens besser als vorher befürchtet. Sie sind gut gerüstet für die neuen Herausforderungen, da sie auf lebenslange Erfahrungen zurückblicken können. Die bewährten Bewältigungsstrategien tragen auch durch diese Zeit.

Angst wird durch Unsicherheit genährt; außerdem spielt unsere Persönlichkeit eine Rolle im Umgang mit ihr. Manche Menschen sind von Natur aus eher fröhlich und unbekümmert, während andere zu Sorgen neigen und sich schnell ängstigen. Für die zweite Gruppe bedeutet die Bewältigung von Ängsten naturgemäß eine größere Anstrengung als für die erste. Die folgenden sechs Lebensregeln und Alltagsweisheiten können jedoch für alle eine Hilfe sein:

Ich genieße die Gegenwart. Die Lebensqualität kann für Senioren über einen langen Zeitraum noch sehr gut sein. Die erste

Phase des Ruhestands empfinden viele als Geschenk: Man hat weniger Verantwortung und kann endlich das machen, was man schon immer tun wollte. Ein gut gefülltes Leben vertreibt die Angst vor dem Alter.

Ich bin gut vorbereitet. Man kann das Leben nicht kontrollieren. Trotzdem schaffen Vorbereitungen Sicherheit. Sorgen Sie vor, falls Sie doch einmal pflegebedürftig werden sollten. Klären Sie mit einer Vertrauensperson ab, was in Ihrer Patientenverfügung stehen soll, in welches Pflegeheim Sie kommen möchten, wo Ihre letzte Ruhestätte sein soll und wen Sie mit Ihrem Nachlass begünstigen wollen. Man kann sich auch seelisch vorbereiten: In der täglichen Gemeinschaft mit Gott kann das Vertrauen wachsen, dass mir genügend Kraft geschenkt wird, was auch immer kommen mag.

Ich gebe kräftezehrende Aufgaben ab. Je mehr Sie selbstständige Entscheidungen treffen, desto kleiner wird die Angst. Suchen Sie sich frühzeitig Unterstützung, wie etwa eine Haushaltshilfe, die Ihnen das Putzen abnimmt. Christen sind besonders gut darauf vorbereitet, verantwortungsvolle Aufgaben abzugeben. Ihr ganzes Leben lang waren sie abhängig von Gott, haben gelernt auf seine Kraft zu bauen und seine Hilfe anzunehmen. Diese Lebenshaltung ist eine ideale Vorbereitung fürs Alter, wenn unser Handlungsspielraum schrumpft.

Ich nehme am sozialen Leben teil. Gemeinschaft mit anderen verringert die Angst. Deshalb sind soziale Kontakte für ältere Menschen besonders wichtig. Neben der Begegnung mit gleichaltrigen Freunden oder den eigenen Kindern kann eine Seniorengruppe und die Anbindung an eine christliche Gemeinde eine wichtige Ergänzung sein. Je breiter das soziale Netz gewoben wird, desto mehr Sicherheit schaffen Sie sich für die Zeit, in der Sie auf Hilfe von anderen angewiesen sind. Hier ist es für alle

Seiten entlastend, wenn man sich nicht nur auf die eigenen Kinder stützt.

Ich halte mich fit. Wer seinem Körper noch etwas zutrauen kann, ist selbstbewusster und weniger ängstlich. Außerdem wirkt Bewegung als natürliches Antidepressivum – angstlösend und stimmungsaufhellend. Viele Fitnessstudios bieten spezielle Programme für Senioren an. Auch geistig kann man sich fit halten, indem man sich für seine Umwelt interessiert und sich täglich mit Gottes Wort beschäftigt.

Ich setze mein Vertrauen auf Gott. Viele Senioren haben einen langen Glaubensweg hinter sich. Jahr für Jahr durften sie erleben, dass Gott sie durch Höhen und Tiefen begleitet hat. Es gibt also eine Sicherheit in allen Phasen des Lebens – auch in der letzten: Gott ist bei mir. Er schenkt mir an jedem einzelnen Tag die Kraft, die ich brauche. Rufen Sie sich Situationen in Erinnerung, in denen er Ihnen geholfen hat. Das vertreibt die Angst und Sie erkennen: Der himmlische Vater wird auch weiterhin an Ihrer Seite sein.

Der Schatz, Zeit zu haben

Silvia Konstantinou

Was machst du denn den ganzen Tag – ohne deine Arbeit im Büro?", fragte meine Freundin Christine. Elisabeth setzte noch eins drauf: „Oder hast du auch schon die Rentnerkrankheit ‚Keine-Zeit'?" Beide lachten.

Etwas mehr Einfühlungsvermögen hätte ich von meinen Freundinnen zwar erwartet, aber wie sollen sie es auch wissen?

Sie sind beide jünger als ich und arbeiten noch. Vermutlich hätte ich vor Jahren ähnlich reagiert …

Den Schritt vom Berufsleben in den Ruhestand erlebt jeder unterschiedlich. Ich kenne Menschen, die mit dem Eintritt in die Rente in ein tiefes Loch fielen. Das Gefühl, plötzlich nicht mehr gebraucht zu werden, schmerzte sie. Je mehr sich jemand mit seinem Job identifiziert hat, desto mehr fehlt er ihm im Ruhestand natürlich. Im schlimmsten Fall zweifelt man plötzlich am eigenen Wert, wenn man ihn zuvor hauptsächlich an beruflichen Erfolgen festgemacht hat. Die früher ersehnten, raren Freizeitstunden erzeugen nun, da sie im Überfluss vorhanden sind, ein Gefühl von Überdruss und Leere. Manch einer mag sich fragen, wofür er jeden Morgen überhaupt noch aufstehen soll – ohne Meetings, Planungen und Verantwortung?

Dieses Problem hatte ich nicht. Ich erfüllte meine Arbeit gern und engagiert, doch besonders in den letzten Jahren sehnte ich mich nach der Zeit danach. Ich freute mich darauf, endlich all die Dinge tun zu können, zu der mir Zeit und Kraft fehlten. Als alleinerziehende Mutter von zwei Kindern hatte ich neben Beruf, Haushalt und Gemeindeleben nur wenig Zeit für mein Privatvergnügen. Hobbys blieben Träume. Freundschaften konnten nur oberflächlich gepflegt werden. Ein kulturelles Leben war nur Wunschdenken. Vor allem die letzten fünf Arbeitsjahre waren ein Marathon: Zu Hause versorgte ich meine demenzkranke Mutter, im Büro kämpfte ich mit neuen EDV-Programmen. Alles in mir schrie nach Ruhe und Freiheit – nach Zeit für mich. Durch den Stress der letzten Jahre im Berufsleben empfand ich den Eintritt in den Ruhestand als Geschenk Gottes.

Mir war es wichtig, mich gut auf diese Zeit vorzubereiten. Denn obwohl ich mich auf die Rente freute, war mir klar: Ganz ohne Struktur kann man seine Tage auf Dauer nicht sinnvoll gestalten. Man verzettelt sich oder verbummelt seine Zeit. Außerdem benötigen die meisten Menschen einen festen Rahmen und regelmäßige Aufgaben, um am Ende eines Tages zufrieden zu sein. Wir wollen abends auf etwas zurückblicken können, das wir erledigt haben, auf etwas, das uns gelungen ist. Denn dieses Gefühl beflügelt uns und ist deshalb auch im Ruhestand wichtig. Es müssen keine großen Dinge sein – eine Einladung zum Essen oder eine sportliche Aktivität können ausreichen.

Ich legte meinen Renteneintritt bewusst in den Frühling, denn ich wollte den Neubeginn mit dem Erwachen der Natur erleben. Ich genoss die Vormittagssonne und die Freiheit, jederzeit Ausflüge unternehmen zu können. Für die ersten Monate plante ich die Renovierung eines Wohnungsteils. Früher hatte ich für Einrichtungshäuser kaum Zeit gehabt, nun genoss ich diese Aktivität stressfrei. Unpünktliche Handwerker oder Lieferungen nahm ich gelassen hin. *Was soll's, morgen ist auch noch ein Tag*, dachte ich mir. Für das Ende der Umbauphase hatte ich eine Reise gebucht – ein gelungener Schachzug! Als ich erholt und mit wunderschönen Eindrücken heimkam, hielt die Freude über das neue Zimmer noch viele Wochen an.

Eine pensionierte Freundin machte es anders: Sie füllte ihre Zeit mit Klavierstunden, Sprachkursen und Studienreisen. Abgesehen vom finanziellen Aspekt war mir jedoch klar: Einen so vollen Terminkalender wollte ich nie wieder. Auch in der Gemeinde genehmigte ich mir ein Sabbatjahr. Danach wollte ich prüfen, wie Gott mich führte. Ich wollte mein Engagement von nun an immer mit Gott besprechen.

Weil ich mehr Zeit habe, *lasse* ich mir mehr Zeit. Daher *benötige* ich auch für alles mehr Zeit. Manches erledige ich bewusst im Schneckentempo und genieße es. Ich vermeide meine frühere Multitasking-Manier, mehrere Dinge parallel zu tun. Ich gönne mir Pausen. Ich lese mehr. Beim Telefonieren klemme ich nicht wie früher das schnurlose Telefon zwischen Ohr und Schulter und sortiere nebenbei die Wäsche. Ich konzentriere mich auf meinen Gesprächspartner und höre daher besser zu. Auch leiste ich mir ein kurzes Mittagsschläfchen, wenn die Nacht davor mit unliebsamen Wachphasen durchzogen war. Kleiner Luxus – große Wirkung.

Es gibt kein Leben, in dem alles passt. Das ist auch im Ruhestand nicht zu erwarten. Immer wird es auch schwierige Zeiten geben und manches Schöne wird schließlich zur Gewohnheit. Am Anfang meiner Rente habe ich die Zeit in LUT – in **L**ebens**U**rlaubs**T**agen – gezählt. In mein Tagebuch schrieb ich zum Beispiel: „22. LUT! Guten Morgen, lieber Vater! Wie wunderbar, mit dir in Ruhe erwachen zu dürfen. Ich freue mich auf den Tag und danke dir dafür!"

Nach einigen Monaten war mein Enthusiasmus jedoch der Gewöhnung gewichen. Irgendwann wachte ich auf und war bedrückt, so wie früher manchmal. Auch hatte ich im Herbst und Winter wieder Gelenkschmerzen und sonstige Wehwehchen – daran hatte auch der Eintritt in die Rente nichts geändert. Der Ruhestand brachte mir weder meinen jugendlich-fitten Körper noch mein einwandfreies Gedächtnis zurück. Dass ich dennoch positiv bleibe, muss ich mir manchmal mit Gottes Hilfe erarbeiten.

Auch meine finanzielle Situation ist heute natürlich nicht besser als früher. Ich muss mein Geld gut einteilen, manchmal sogar sparen.

Doch wer in Ruhe einkaufen kann, findet oft die Schnäppchen. Hier weiß ich die zusätzliche Zeit immer noch sehr zu schätzen. Auch empfinde ich es als Privileg, wenn ich rechtzeitig und völlig stressfrei Geburtstagsgeschenke besorgen kann. Überhaupt habe ich nun viel mehr Muße für die schönen Dinge. Ich habe meine Kreativität ganz neu entdeckt! Da ich weder einen Balkon noch eine Terrasse besitze, habe ich zum Beispiel die Grünzone nach innen verlegt: mit Rasenteppich, einer Gartengarnitur und zahlreichen Grünpflanzen. Das ist nun meine neue Gebetsoase.

In den letzten Jahren musste ich oft Nein sagen in der Gemeinde und zu Freunden – mir fehlte einfach die Zeit. Nun ist das anders. Ich kann Freundinnen helfen, die nicht wissen, wo ihnen der Kopf steht. Ich hole, bringe, richte, erledige. Ich habe Zeit. Dabei entlaste ich andere im Alltag und Freundschaften vertiefen sich. Ich habe deswegen kein Helfersyndrom entwickelt. Nie wieder will ich in selbst gestrickten Stress geraten. Ich gebe nur vom Reichtum meines Lebens ab, und ausreichend Zeit ist eben ein Aspekt meiner neuen Lebensphase. Daher mache ich Krankenbesuche und unterstütze Hilfsbedürftige. Ich bekomme viel zurück und freue mich am Kreislauf von Saat und Ernte.

Ich will von Jesus lernen und kluge Prioritäten setzen. Jesus setzte seine Prioritäten richtig. Seine Liebesbeziehung zum Vater stimmte. Sein Herz war rein. Er hatte weder Zweifel noch Schuld im Gepäck. Er lebte aus einem vollkommenen Vertrauen heraus und hörte auf den Vater. Ein Zuviel oder Zuwenig gab es daher nicht. Diesem Ideal darf ich Tag für Tag näherkommen. Ich nehme mir Zeit fürs Beten, Hinhören, Bibellesen, Nachdenken, Singen und Anbeten. An manchem Morgen zieht sich meine Bibellese bis in den Vormittag hinein – ein Fest! Dann schreibe ich in mein Tagebuch, tausche mich mit Gott richtig aus. Es stärkt mich, schenkt mir Erkenntnisse und verändert mich. Der größte Bonus der Rente, Zeit, lässt meine Beziehung zu Gott wachsen.

Wer älter wird, erlebt mehr Krankheiten, Todesfälle und Begräbnisse. Auch mir geht es so. Doch wenn Gott eine Tür schließt, öffnet er eine andere. Eltern und Freunde gehen. Neue Erdenbürger kommen. In unserer Familie gibt es nun Emilia Sophie, gesund und munter und unser aller Wonne! Ich staune über so vieles, was ich von der Babyzeit meiner Söhne vergessen habe. Das Glück durch ein Enkelkind lässt sich mit nichts vergleichen, was man mit den eigenen Kindern erlebt hat. Es ist ein einmaliges Erlebnis! Wenn ich meine kleine Enkeltochter im Arm halten darf, ist das jedes Mal etwas ganz Besonderes für mich. Da verfliegen mit einem Mal alle dunklen Schatten, die auf meinem Herz liegen, und ich atme beglückt auf.

Manchmal treffen mich die spitzen Bemerkungen von berufstätigen Freunden noch. Dann frage ich mich: *Schwingt da Neid mit oder bin ich einfach eine überempfindliche Rentnerin geworden?* Vermutlich ist es wie bei allen Dingen: Der Single beneidet die Verheiratete, die Hausfrau die Karrierefrau und umgekehrt. Doch in jeder Lebenssituation ist es wichtig, das wertzuschätzen, was man hat. Und ich habe jetzt Zeit. Dafür bin ich dankbar und weiß, ich werde sie gut nutzen. Denn einer bleibt auch in der Rente bei mir und wird mir helfen, das Beste aus dieser Lebensphase zu machen: Jesus, mein treuer Begleiter, der meine Zeit in seinen Händen hält.

Wehe, wenn sie Rentner werden

Andreas Malessa

Im Wartezimmer des neuen Zahnarztes blickt der 60-Jährige auf die eingerahmten Zertifikate an der Wand. *So hieß doch dieser wieselflinke, spindeldürre Junge mit den schwarzen Locken in meiner Schulklasse,* geht es ihm durch den Kopf. Als ein korpulenter glatzköpfiger Weißkittel mit behäbigen Schritten das Behandlungszimmer betritt, denkt der Patient: *Ach, nein. Der ist es nicht!* Der Zahnarzt nimmt die Patientenkarte in die Hand und stutzt: „Kann es sein, dass wir mal auf derselben Schule waren?“ „Kann sein, ja.“ „Und … welche Fächer haben Sie damals unterrichtet?“

Männer fühlen sich etwa neun Jahre jünger, als sie sind – und glauben, auch so viel jünger auszusehen. Das haben Soziologen an den Universitäten Wien und Bremen herausgefunden. Die Lücke zwischen Wunsch und Wirklichkeit zeigt sich schon, wenn man die im Wartezimmer ausgelegten Zeitschriften durchblättert: In Hochglanz-Fotoreportagen steht zu lesen, dass Sean Connery und Jack Nicholson ihre besten Filme mit sechzig drehten, Mick Jagger im selben Alter mit den Rolling Stones auf Welttournee ging und Reinhold Messner die Wüste Gobi zu Fuß durchquerte. Direkt neben diesen Artikeln voll kraftstrotzender Vitalität stehen Anzeigen für Stützstrümpfe, Treppenlifte und Arthrosepillen.

„Man ist so alt, wie man sich fühlt" – für denjenigen, der diesen Satz sagt, mag das stimmen. Für den jüngeren Betrachter stimmt er nicht. Der füllige Herr in Trainingshose und graugrüner Anglerweste mit 28 Klettverschlusstaschen mag sich sportlich fühlen. Sportlich aussehen tut er nicht.

Die Diskrepanz zwischen Selbstwahrnehmung und Außenwirkung kann man auch hören: Etwa, wenn ein Mann verkündet, wie sehr er sich auf den Ruhestand freut, ihn insgeheim aber fürchtet. Der Leistungsdruck und der Ärger mit den Kollegen fallen dann zwar weg, aber eben auch der Status, die Position, das Gehalt, der Dienstwagen … Ob am Teich im Stadtpark ein ehemaliger Generaldirektor die Enten füttert oder ein ehemaliger Pförtner – das sieht man nicht und das will auch keiner wissen. Woher also bezieht ein Mann jenseits der Sechzig sein Selbstwertgefühl?

Jedes Jahr werden rund 850 000 Berufstätige pensioniert. Drei Viertel davon sind Männer zwischen 57 und 67. Für Ehepaare kann das ein dramatischer Einschnitt sein, „wenn die Kinder aus dem Haus gehen, der Mann leider nicht mehr".

Sie erwartet vielleicht, dass *er* jetzt mehr im Haushalt macht. Aber warum sollte sie ihm den Thermomix und die Waschmaschine, die korrekte Entnahme des Staubsaugerbeutels, das Entkalken des Kaffeeautomaten und die Verwendung von

Möbelpolitur im Wohnzimmer und Essigreiniger im Bad (nicht umgekehrt!) erst lange erklären, wenn das bei ihr aus dem Effeff klappt? „Du, lass mal, ich mach das schon …" Das soll eine nette Geste sein, kann aber auch als Demütigung rüberkommen.

In einer Umfrage wurden Männer gefragt: „Haben Sie im Ruhestand ein neues Hobby angefangen?" Über 60 Prozent der Befragten sagten: „Ja, kochen." „Machen Sie das mit Ihrer Frau zusammen?", lautete die nächste Frage. „Nein", war die einhellige Antwort, „ich will ja kochen, nicht diskutieren!"

Das klingt wenig schmeichelhaft für die Frauen. Aber Hand aufs Herz: Fühlt *sie* sich aufgrund jahrzehntelanger Routine nicht tatsächlich kompetenter? Empfindet *sie* seine plötzliche Mitwirkung nicht manchmal als Einbruch in ihre Domäne? Sie will zwar, dass *er* „jetzt auch mal mithilft", aber bitte nach *ihren* Regeln und Gewohnheiten! Für Männer ist das widersprüchlich.

Frauen unterschätzen meist (und Männer geben es selten zu), dass ein Mann seine Tätigkeiten danach bewertet, wie viel Anerkennung sie ihm bringen. Im Berufsleben war das einfach: Die Kompetenz war unstrittig, der Erfolg lag auf der Hand, Anerkennung gab es in Form von Geld und Lob vom Chef. Im Ruhestand aber sind weder die Kompetenzbereiche noch die messbaren Erfolge klar. Gehaltserhöhungen gibt es nicht mehr und statt Lob stößt man(n) nur noch auf mittelmäßige Zufriedenheit oder erntet gar Kritik von der Gattin.

Meinungsforscher in Österreich befragten Männer ab sechzig nach ihrer unbeliebtesten Haushaltsarbeit. Was hassen die Rentner am meisten? Klo reinigen? Bügeln? Die überraschende Antwort: „Fenster putzen außen!" Warum? Ganz einfach: Vorübergehende Frauen denken: *Das wird ja doch nicht sauber.* Vorübergehende Männer denken: *Die arme Sau!* Ein fensterputzender Mann kann nur verlieren. Selbst wenn keine Schlieren bleiben.

Wo und wie soll man(n) sich also nützlich machen und kann gleichzeitig Anerkennung ernten und seine Liebste ein bisschen stolz auf sich machen? Für praktisch begabte Hand- und Heimwerker ist das kein Problem: Da werden Keller gestrichen und Bäder neu gefliest, Geräteschuppen errichtet, Estrichböden gegossen und Laminat verlegt, Carports und Dachgauben gezimmert. Und wenn nach den ersten drei, vier Jahren Ruhestand alles in und ums Haus in perfektem Glanz erstrahlt, dann gibt es immer noch genügend Freunde, Nachbarn oder erwachsene Kinder, bei denen „was repariert werden muss". Schön. Glückwunsch.

Was aber macht der pensionierte Lehrer, Banker, Beamte, Manager? Der Ruheständler mit zwei linken Händen? Der Mann ohne Schlagbohrer? Die Statistik sagt: Er geht auf Bildungsreise. Prag, Rom, Jerusalem oder – je nach Geldbeutel – auf Kreuzfahrt. Norwegen, Baltikum, Mittelmeer – alles beliebte Reiseziele für den betagten Herrn. Oder es werden alte Dias aus 30 Jahren Urlaub digitalisiert und auf CDs gebrannt. Bei den ganz Ambitionierten entsteht auch schon mal eine Familienchronik. Auch schön. Viel Spaß dabei.

Langfristig aber sind es zwei Dinge, die Männer ab sechzig jung halten (und zugleich ihre Ehe stabilisieren):

Es gibt in Deutschland 574 359 eingetragene Vereine, die meisten davon gemeinnützig. Allein in der Evangelischen Kirche gibt es 1,1 Millionen registrierte Ehrenamtliche. Aber: 70 Prozent davon sind Frauen, und von denen sind 56 Prozent über fünfzig.

Hier gibt es für Männer ab sechzig ein riesiges, noch nicht erobertes Land zu entdecken, in dem sie sich betätigen, entfalten, Freunde finden und Anerkennung ernten können. Gerade in Kirchen und Gemeinden nämlich fände auch der Mann ohne Schlagbohrer, der Rentner mit zwei linken Händen, genügend Aufgaben und Herausforderungen: im Fahr- und Besuchsdienst, als Mitarbeiter bei Kinder- und Konfirmandenfreizeiten, in der Veranstaltungsorganisation, in Gremien und Gesprächskreisen, als Moderator oder Laienprediger bei Gottesdiensten.

„So fromm ist mein Mann nicht", sagt da seine Frau? Wenn sie sich da mal nicht täuscht. 2011 hat eine Studie der Evangelischen Kirche ergeben: Während Frauen, die sich jahrzehntelang in Kirche und Gemeinde engagierten (seit der Krabbelgruppe ihrer eigenen Kinder nämlich), ab sechzig sagen: „Ich möchte jetzt auch mal Zeit für mich haben", wenden sich Männer ab sechzig (spätestens in den ersten Jahren ihres Ruhestands nämlich) verstärkt dem Glauben zu. Zögerlich erst, gelegentlich nur, aber: Dieser Trend wird zunehmen.

Nur noch 25 Prozent aller nach 1975 geborenen Frauen haben mehr als ein eigenes Kind. Deutschlands Kinderarmut wird langsam sprichwörtlich. Also sollten sich alternde Paare glücklich schätzen, wenn sie überhaupt noch Großeltern werden. Sie sollten Gott auch für jene Enkel danken, die „mitgebracht" in die Familie gekommen sind, etwa von bisher alleinerziehenden oder geschiedenen Schwiegerkindern. Es gibt sogar noch ein Sahnehäubchen obendrauf: Familienforscher behaupten, dass es zwischen Omas und Müttern manchmal Streit gibt über die „richtige" Erziehung der Enkelkinder. Zwischen Opas und

Vätern gibt es das fast nie. Männer sind da offensichtlich gelassener.

Was macht einen guten Opa aus? Dass er die Zeitung weglegt, vom Sofa aufsteht und mit den Zwergen in den Zoo, auf die Burgruine und zum Tretbootfahren geht. Dass er Nachmittage lang Playmobil-Szenarien und Lego-Gebäude errichtet. Dass er – zur Verblüffung seiner Frau – auf allen vieren Pferd und Brücke, Saurier und Kamel ist, mit den Ohren wackelt und es dem ehemaligen Herrn Generaldirektor dabei völlig wurscht ist, was andere über ihn denken. Enkelkinder können knorrige alte Männer in verspielte kleine Jungs verwandeln. Und – das ist vielleicht Gottes schönste Belohnung für ihn – seine Frau liebt ihn dafür!

Freie Tage mit Struktur

Christa Schellmann

Wenn ich am Morgen erwachte, lag er unverplant vor mir – der neue Tag. Was sollte ich mit ihm anfangen? Diese Frage war manchmal gar nicht so einfach.

Als ich noch im Arbeitsleben stand und meine Familie samt Wohnung und Garten zu versorgen hatte, hatte ich mir diese Frage nie gestellt. Da gab es immer etwas zu tun. Alles ging seinen guten Gang, lief in vorgegebenen Bahnen.

Nach dem Tod meines ersten Mannes hatte ich nur noch für mich selbst und meine Wohnung zu sorgen. Wie sollten die Tage jetzt ablaufen?

Ich hatte meine geistliche Heimat in einer christlichen Gemeinde. Durch die Veranstaltungen und manche Aufgaben, die ich übernommen hatte, waren bestimmte Zeiten gut gefüllt. Trotzdem gab es täglich ein gewisses Maß an Zeit, das erst noch gefüllt werden musste. Diese Situation löste in mir eine gewisse Ängstlichkeit aus. Ich durfte aber im Nachhinein immer wieder staunen, wie Gott mich „sinnvoll beschäftigt“ hat, sodass ich am Abend auf einen guten Tag zurückschauen konnte.

Jeden Morgen lege ich nun im Gebet den neuen Tag in Jesu Hände. Das heißt, ich nehme den Tag zuerst dankbar aus seiner Hand an und bitte ihn dann, jeden Augenblick zu lenken und zu leiten.

Dennoch gab es früher Zeiten, in denen ich manchmal nur zögerlich in den neuen Tag gestartet bin. Mir fehlte die Zuversicht, dass mich der Herr erkennen lässt, was das Wesentliche für diesen Tag ist und dass ich abends erfüllt auf ihn zurückblicken würde. Als ich diese Gedanken in meinem Herzen bewegte, stieß ich auf folgende Bibelworte:

„Wie steht es mit dem Menschen, der in Ehrfurcht vor dem Herrn lebt? Ihn lässt der Herr den Weg erkennen, den er wählen soll. Sein Leben lang erfährt er Gutes“ (Psalm 25,12–13; Neue Genfer Übersetzung).

Ich erkannte, dass an Gottes Hand jeder Tag ein sinnvoller wird! Als ich Jahre später meinen zweiten Mann kennenlernte, bestätigte sich diese wunderbare Zusage einmal mehr.

Hanna – eine Frau voll Hoffnung und Vertrauen

Delia Holtus

Sie war alt. Und sie war allein. Das Erstaunliche daran: Sie war allem Anschein nach zufrieden! Die neutestamentliche Hanna ist eine der weniger bekannten Personen der Bibel. Doch sie war eine beeindruckende Frau, die uns inspirieren kann, unsere eigenen reiferen Jahre gut zu nutzen.

Hanna begegnet uns im zweiten Kapitel des Lukasevangeliums. Nur drei Verse sind ihr gewidmet: „Damals lebte auch eine Prophetin namens Hanna, eine Tochter Penuëls, aus dem Stamm Ascher. Sie war schon hochbetagt. Als junges Mädchen hatte sie geheiratet und sieben Jahre mit ihrem Mann gelebt; nun war sie eine Witwe von vierundachtzig Jahren. Sie hielt sich ständig im Tempel auf und diente Gott Tag und Nacht mit Fasten und Beten. In diesem Augenblick nun trat sie hinzu, pries Gott und sprach über das Kind zu allen, die auf die Erlösung Jerusalems warteten" (Lukas 2,36–38; Einheitsübersetzung).

Lukas stellt uns Hanna vor als „Tochter Penuëls aus dem Stamm Ascher". Penuël finden wir sonst nirgends in der Bibel. Das Einzige, das wir von ihm wissen, ist, dass er sein kleines Mädchen Hanna nannte. Der Name *Hanna* kann von der hebräischen Wurzel *chnn* hergeleitet werden, was bedeutet „jemandem gnädig sein, sich erbarmen". Er kann übersetzt werden mit „er (Gott) hat Gnade gezeigt". Vielleicht war das Penuëls innigster Wunsch für seine kleine Tochter: dass Gott ihr seine Gnade zeigen würde.

Hat Gott sein Gebet erhört? Eine Zeit lang sah es nicht so aus. Hannas Mann starb nach nur sieben Jahren Ehe. Doch später in ihrem Leben entdeckte sie, dass Gottes Gnade oft ein anderes Gewand trägt, als wir es uns in jungen Jahren vorstellen.

Lukas bezeichnet Hanna als Prophetin. Das bedeutet, dass sie Gottes Wort weitergab – nicht unbedingt in Bezug auf zukünftige Ereignisse, aber sie kannte die Heilige Schrift sehr gut und konnte ihre Lehren in der Gegenwart anwenden. Dabei ermutigte und ermahnte sie andere und war in der Lage, Situationen geistlich zu beurteilen.

Hanna war „hochbetagt", 84 Jahre alt. In ihrem langen Leben hat sie einschneidende politische Veränderungen miterlebt: die Eroberung Jerusalems durch die Römer im Jahr 64 vor Christus. Die Entweihung des Tempels, als der römische Feldherr das Allerheiligste betrat. Die Renovierung und Erweiterung des Tempels unter Herodes im Jahr 21 vor Christus.

Wir erfahren nichts von ihren Kindern. Vielleicht hatte sie keine, vielleicht waren sie gestorben. Eine Witwe, die nicht von erwachsenen Söhnen versorgt wurde, war im damaligen Israel meistens bitterarm und angewiesen auf die Unterstützung ihrer Mitmenschen. Doch Hanna reagierte nicht mit Bitterkeit auf den Verlust ihres Mannes, sondern streckte sich nach Gott aus. Lukas schreibt, dass sie sich ständig im Tempel aufhielt und ihre Zeit mit Beten und Fasten verbrachte. Zur Tempelanlage gehörten Kammern für die Priester, die weiter weg wohnten und für zwei Wochen im Jahr nach Jerusalem kamen, um ihren Dienst zu verrichten. Vielleicht sahen die Tempelverantwortlichen Hannas Hingabe an Gott und stellten ihr eine solche Kammer zur Verfügung. Wahrscheinlich wurde sie im Tempel auch mit Essen versorgt. In jedem Fall schien Gott ihre Not gesehen und sie versorgt zu haben.

David betet in Psalm 27,4 (Elberfelder): „Eins habe ich vom Herrn erbeten, danach trachte ich: zu wohnen im Haus des Herrn alle Tage meines Lebens, um anzuschauen die Freundlichkeit des Herrn und nachzudenken in seinem Tempel."

Ob das auch Hannas Gebet war?

Wofür sie wohl betete in all den Jahren? Ein Thema bewegte sie vielleicht mehr als alles andere: das Kommen des angekündigten Messias. Sie kannte die Verheißungen des Alten Testaments und glaubte, dass Gott den versprochenen Retter senden würde. Dass sie ihre Gebetsgewohnheiten mit Fasten begleitete, zeigt ihre Ernsthaftigkeit. Sie verzichtete auf Essen und stellte ihre natürlichen Bedürfnisse zurück, um sich ganz auf Gott auszurichten.

Hanna hatte kein eigenes Zuhause und konnte keine langen Reisen machen. Sie hielt sich im Wesentlichen im Frauenhof des Tempels auf. Doch innerhalb ihrer Grenzen nutzte sie die Möglichkeiten, die sie hatte: Sie ermutigte andere und betete. Mir fallen viele Frauen ein, die körperlich sehr eingeschränkt sind. Sie sind alt. Sie sind krank. Vielleicht können sie noch nicht einmal mehr ihr Haus verlassen. Doch sie sind auf beeindruckende Weise im Reich Gottes aktiv.

Es ist auffällig, dass Hanna zunächst ausführlich vorgestellt wird, bevor wir ihre Rolle in der folgenden biblischen Szene erfahren. In dieser tritt sie als Überbringerin einer sehr wichtigen Botschaft auf. Sie sieht den Messias, den Erlöser Israels, und Lukas stellt sie uns als glaubwürdige Zeugin vor – deshalb die lange

Vorstellung. So tragen nicht nur ihre Abstammung, ihre Rolle als Prophetin und ihr treuer Dienst im Tempel zu ihrer Glaubwürdigkeit bei, sondern auch ihr hohes Alter. In der jüdischen Kultur wurden alte Menschen in besonderer Weise respektiert.

Das eigentliche Geschehen wird schließlich in nur einem Vers beschrieben: „In diesem Augenblick nun trat sie hinzu, pries Gott und sprach über das Kind zu allen, die auf die Erlösung Jerusalems warteten."

Maria und Josef sind mit dem kleinen Jesus in den Tempel gekommen. Ihr Besuch hat zwei Gründe, die beide mit dem jüdischen Gesetz zusammenhängen: Zum einen wollen sie ihren erstgeborenen Sohn Gott weihen, zum anderen wollen sie das Reinigungsopfer für Maria bringen, das für eine Frau vierzig Tage nach der Geburt eines Sohnes vorgeschrieben ist (siehe Lukas 2,22). Jesus ist zu diesem Zeitpunkt also ziemlich genau vierzig Tage alt.

Als Maria und Josef die Tempelanlage betreten, kommt ein Mann namens Simeon auf sie zu. Er nimmt das Baby auf den Arm und betet laut: „Mit eigenen Augen habe ich das Heil gesehen, das du für alle Völker bereitet hast – ein Licht, das die Nationen erleuchtet, und der Ruhm deines Volkes Israel" (Lukas 2,30; Neue Genfer Übersetzung). Er ist der erste Augenzeuge; der Erste, der bei diesem Besuch im Tempel in dem kleinen Jesus den verheißenen Messias erkennt.

Nach dem jüdischen Gesetz sind bei einer rechtlichen Angelegenheit zwei Zeugen nötig (siehe 5. Mose 19,15). Und hier kommt Hanna ins Spiel! Denn in diesem Augenblick tritt sie hinzu. Sie ist die zweite Zeugin, die in dem Säugling den versprochenen Erretter erkennt.

Ob Hanna Simeons Worte gehört hat oder nicht, ist vom Text her nicht ganz klar. Entscheidend ist ihre Reaktion, als sie das Kind sieht: Sie preist Gott. Entweder hat sie Simeons Worte gehört und der Geist Gottes hat sie in ihrem Herzen bestätigt, oder sie hat selbst durch den Heiligen Geist erkannt, dass dieses Baby der Messias ist. Ihr Lobpreis ist eine Antwort an Gott und ein Bekenntnis vor den Menschen. Gott hat ihr Gebet erhört und seine Verheißung erfüllt, und sie reagiert mit Lobpreis und Dank. Nicht nur um Stillen, sondern öffentlich.

Die Tempelanlage war weitläufig. Jeden Tag kamen und gingen Tausende von Menschen. Hanna ging vermutlich einfach ihrer Routine nach und war offen für die Begegnungen, die Gott ihr schenkte. Und Gott lenkte ihre Schritte, sodass sie mit Maria und Josef zusammentraf. Er kann dafür sorgen, dass wir zur richtigen Zeit am richtigen Ort sind.

Hanna hatte jahrzehntelang gebetet. Und gewartet. Und gehofft. Sie hatte vieles im Tempel gesehen, was sie geschmerzt und ernüchtert haben muss. Die Oberflächlichkeit, die Heuchelei und Geldgier, die Jesus später anprangern würde. Vielleicht hat sie so manches Mal gedacht: *Ich warte jetzt schon so lange darauf, dass Gott mein Gebet erhört. Aber es tut sich nichts. Ich kann mir nicht vorstellen, dass sich jemals etwas ändern wird.* Aber sie hat nicht aufgegeben. Sie hat weitergebetet. Und gewartet. Und gehofft. Und auf einmal – an einem Tag, der begann wie jeder andere – hat sie die Antwort auf ihr Gebet leibhaftig vor sich gesehen. Ein zartes Baby in Simeons Arm. Vielleicht beten wir schon lange für dasselbe Anliegen und es scheint sich nichts zu tun. Hanna lehrt uns, nicht aufzugeben.

Falls es tatsächlich der innigste Wunsch von Hannas Vater war, dass sie die Gnade Gottes erfahren würde, dann hat Gott diesen Wunsch erfüllt. Denn Johannes schreibt: „Und das Wort ist Fleisch geworden und hat unter uns gewohnt und wir haben seine Herrlichkeit gesehen, die Herrlichkeit des einzigen Sohnes vom Vater, voll Gnade und Wahrheit“ (Johannes 1,14; Einheitsübersetzung).

An jenem Tag im Tempel sah Hanna die Gnade Gottes.

Hanna behielt das Erlebte nicht für sich, sondern erzählte es weiter. Sie ergriff die Initiative, ging auf die Menschen zu, die auf den Messias warteten, und sagte ihnen, dass dieses Kind der versprochene Retter sei. Es wurde ihre neue Lebensaufgabe, den Tempelbesuchern von Jesus zu erzählen. Hanna war also die erste Großstadtevangelistin!

Woher wusste sie wohl, wer auf den Messias wartete? Vielleicht hat Gott es ihr gezeigt, sodass sie gezielt diejenigen ansprechen konnte, die innerlich vorbereitet waren. Auch wir können Gott bitten, uns zu zeigen, wer ein offenes Herz für das Evangelium hat, um dann mit diesen Menschen ins Gespräch zu kommen.

Wie wunderbar Gott alles koordiniert hat! Hanna, eine über achtzigjährige Frau, führte er an einen strategisch so günstigen Ort wie den Tempel in Jerusalem, wo täglich Tausende Menschen aus ganz Israel hinkamen. Gott hatte einen Plan für Hannas Leben, noch ehe sie ihn selbst kannte. Er brachte sie an den richtigen Ort, an dem sie die Aufgabe, die er für sie hatte, erfüllen konnte. Vielleicht verstehen wir nicht, warum wir da sind, wo wir gerade sind. Doch Gott sieht weiter. Er weiß, was er in der Zukunft für uns geplant hat.

Hanna diente Gott mit dem, was sie hatte. Sie benutzte ihr hohes Alter nicht als Ausrede für Untätigkeit. Sie betrachtete ihre altersbedingten Einschränkungen nicht als Hindernis. Hannas Möglichkeiten waren begrenzt, aber sie tat, was sie konnte, indem sie andere ermutigte und betete.

Das Erstaunliche ist: Ihren wichtigsten Auftrag bekam Hanna dann, als sie alt und sicherlich schwach war. Gott erklärt: „Meine Gnade genügt" (2. Korinther 12,9; Elberfelder).

Und Paulus antwortet: „Wenn ich schwach bin, dann bin ich stark" (2. Korinther 12,10; Elberfelder).

Das hat Hanna erlebt. Sie war schwach. Und Gott war stark in ihr. Sie hatte Gottes Gnade. Das war alles, was sie hatte. Und das genügte.

Wie hat sie es geschafft, so hingegeben aus der Gnade Gottes zu leben? Die Antwort ist Hoffnung. Hanna richtete ihren Blick nicht voller Bedauern in die Vergangenheit, sondern voller Hoffnung in die Zukunft. Sie kannte Gottes Wort und glaubte seinen Verheißungen. Deshalb entschied sie sich, ihm ihr Leben zur Verfügung zu stellen.

Und Gott sorgte für sie – und ermutigte ihr Herz.

Jeden Freitagabend zu Beginn des Sabbats wurde im Tempel der 92. Psalm gesungen. Vermutlich nahm Hanna an dieser Zeremonie teil. So hörte sie Woche für Woche die folgenden Worte:

„Wer Gott liebt, gleicht einer immergrünen Palme, er wird mächtig wie eine Zeder auf dem Libanongebirge. Er ist wie ein Baum, der im Vorhof des Tempels gepflanzt wurde und dort wachsen und gedeihen kann. Noch im hohen Alter wird er Frucht tragen, immer ist er kraftvoll und frisch. Sein Leben ist ein Beweis dafür, dass der HERR für Recht sorgt. Bei Gott bin ich sicher und geborgen; was er tut, ist vollkommen und gerecht!" (Psalm 92,13–16).

Ob ihr Herz jubelte, als ihr bewusst wurde, dass sie selbst eine von denen war, die „gepflanzt sind im Hause des Herrn"? Was für eine Ermutigung bieten diese Verse denjenigen, die älter werden! Ich stelle mir vor, dass Hanna diesen Psalm liebte und ihr Herz mitsang, wenn es hieß: „Noch im Greisenalter gedeihen sie, sind sie saftvoll und grün, um zu verkünden, dass der Herr gerecht ist."

Sie ließ sich nicht einreden, dass ihr Alter in irgendeiner Weise ein Hindernis sei. Das prägte ihren Alltag. Sie tippelte durch die Vorhöfe, bestrebt, anderen Gutes zu tun. Sie ließ die Vergangenheit hinter sich und konzentrierte sich auf die Zukunft. Sie zog sich nicht zurück wie manche andere Witwe, sondern ging unter die Leute und verkündete die Gerechtigkeit Gottes. Und als der Moment kam, auf den Gott sie ihr Leben lang vorbereitet hatte, war sie bereit: Sie sah den Messias. Sie erkannte die Gnade, die ihr zuteilgeworden war, und begann mit Freude ihre neue Aufgabe: den Menschen von diesem Kind zu erzählen.

Hannas Glaube war „nicht untätig und nicht unfruchtbar" (2. Petrus 1,8; Neue Genfer Übersetzung), sondern sie war nützlich für Gott. Ihr Leben trug reiche Frucht und beeinflusste viele Menschen. Und der Gott, der in ihrer Schwachheit stark war, kann auch unser Leben gebrauchen, um reiche Frucht zu bringen. Denn seine Gnade genügt.

Vergeben – so notwendig wie atmen

Silvia Konstantinou

Meine Mutter hat im Zweiten Weltkrieg viel Schweres erlebt, wurde verraten, betrogen, bestohlen, musste hungern und frieren, stand viele Ängste im Luftschutzkeller durch und verlor geliebte Menschen. Als ich zum Glauben an Jesus Christus kam, war sie bereits über siebzig. Das euphorische Tempo, mit dem ich in meiner Beziehung zu Gott weiterkam, war nicht das ihre. Es dauerte lange, bis sie Gottes Gnade und Vergebung für sich persönlich annehmen konnte. Zweifel und alte Ängste nahmen sie immer wieder ein. Statt Heilsgewissheit regierte lange Unsicherheit. Auch stellte sie sich die Ewigkeit als einen Ort vor, an dem sie bestimmte Personen treffen würde, die sie eigentlich nicht wiedersehen wollte. Zu groß war manche Verletzung. Für meine Mutter war es ein langer, holperiger Weg, bis sie im Frieden mit sich selbst und den Menschen ankam, die sich an ihr schuldig gemacht hatten.

Doch am Ende ihres Lebens, mit 92 Jahren, war sie eine zutiefst mit sich und der Welt versöhnte, empathische Frau und freute sich von Herzen, Gott nun endlich begegnen zu dürfen.

Auch sich selbst zu vergeben kann eine große Herausforderung sein. Doch egal, ob wir anderen oder uns selbst nicht vergeben können – in beiden Fällen sind wir innerlich nicht frei. Wer nicht vergibt, sperrt sich selbst in ein Gefängnis und wirft den Zellenschlüssel aus dem Fenster. Nicht vergebene Schuld verhärtet das

Herz und lässt uns bitter werden. Gott weiß darum und ermahnt uns deshalb in seinem Wort immer wieder eindringlich, zu vergeben. Gerade im Alter kann es schwer auf unserer Seele lasten, wenn wir alte Schuld nicht loslassen können. Niemand weiß, wie viel Zeit ihm noch bleibt, um sich mit seiner Vergangenheit oder bestimmten Menschen auszusöhnen, deshalb sollte man keinen kostbaren Tag verlieren.

Manchmal denken wir auch, wir hätten einem Menschen längst vergeben, doch wenn wir tief in uns hineinhorchen, merken wir, da ist noch immer Ärger und Groll in uns. Es ist wichtig, ehrlich zu sich selbst und vor allem ehrlich gegenüber Gott zu sein. In Liebe und mit großer Behutsamkeit möchte er uns aufzeigen, wo wir noch loslassen und mit seiner Hilfe von ganzem Herzen vergeben müssen. Diese Konfrontation kann schmerzhaft sein, aber Gott hält den rechten Trost schon bereit. Um zu vergeben ist es darüber hinaus nie zu spät – selbst wenn die Person, die uns Leid angetan hat, mittlerweile auf einem anderen Kontinent lebt oder längst verstorben ist. Wir können vergeben und innerlich heil werden, obwohl es vielleicht nicht mehr möglich ist, die Beziehung zu dieser Person wiederherzustellen.

Der Vergebungsprozess ist immer das Beste für unsere seelische Gesundheit – ganz unabhängig davon, ob der „Schuldiger" seinen Fehler einsieht oder nicht. Es ist ein Geschenk, wenn auf Vergebung Versöhnung und die Wiederherstellung einer Beziehung folgen, doch die Versöhnungsbereitschaft des anderen ist weder eine Voraussetzung noch eine automatische Folge unserer Vergebung.

Vergeben ist nicht leicht, aber Gott hilft uns liebend gern dabei. Auch Gebetspartner können uns dabei unterstützen. Es tut gut, vor einer vertrauten Person das in Worte zu fassen, was uns verletzt hat und es dann ganz bewusst an Gott abzugeben. Denn genau das meint Vergebung. Ich gebe es Gott und halte nicht mehr fest – an der eigenen Enttäuschung, Verletzung und Wut.

Mir hilft es, wenn ich mir immer wieder bewusst mache, dass nichts, was ich erlebt habe, schlimmer sein kann als das, was Jesus erlitten und für mich auf sich genommen hat. Wenn ich wirklich, wirklich verstehe, was dort am Kreuz von Golgatha passiert ist, damit ich frei von aller Schuld vor Gott stehen kann, dann fällt es mir wesentlich leichter, selbst zu vergeben.

Die Biografie von Corrie ten Boom zeigt, wie weit Vergebung geht. Durch Gottes Gnade war es ihr möglich, sogar ihrem Peiniger aus dem KZ zu vergeben. Es gibt keine Ausnahme, für die Gottes Gebot nicht gilt. Gerät der Mensch an seine Grenzen, darf er mit Gottes übernatürlichem Eingreifen rechnen.

Eine mir gut bekannte Frau litt über Jahre in ihrer Ehe, doch sie hielt treu an dieser schweren Beziehung fest. Letztlich verließ ihr Mann sie im Alter und reichte die Scheidung ein. Sie war zutiefst verletzt und es erschien ihr unmöglich, zu vergeben. Doch sie flehte Jesus an, ihr zu helfen und ihren geschiedenen Mann zu segnen. Das tat sie, obwohl ihr immer wieder Rachegelüste durch den Kopf jagten. Manchmal rief sie ein trotziges „Nein, ich will nicht!“ aus, bevor sie wieder auf die Knie ging und für ihn betete. Sie liebte Gott und war sich bewusst, was sie ihm zu verdanken hatte. So überwand sie sich, alle ihre negativen Gefühle an ihn abzugeben, statt sich von ihnen daran hindern zu lassen, zu vergeben. Erst nach Jahren stellte sie fest, dass genau das die Zeit gewesen war, in der sich ihr Exmann gravierend veränderte. Ihr innerer Kampf um die Fähigkeit zu vergeben und all die Gebete waren nicht umsonst. Ihr Mann sah seine Fehler ein und eine Versöhnung wurde möglich. Dieses große Wunder hat zweifelsohne Gott geschenkt, doch es war der Gehorsam dieser Frau, der es eingeleitet hatte.

Ich bemühe mich auch bei kleinen Anlässen, den Menschen zu vergeben – ihre Nachlässigkeit, Unachtsamkeit oder Rücksichtslosigkeit zum Beispiel. Dort rammt mich ein Rucksack, drängelt sich jemand in der Warteschlange vor; hier lässt einer seinen Müll auf die Straße fallen, spuckt jemand vor mir aus. Es gibt ständig kleine Anlässe für Ärger und vorwurfsvolle oder verurteilende Gedanken. Deshalb brauche ich ständig Gottes Gnade, um mich gar nicht erst diesen negativen Gefühlen hinzugeben.

Segnen will ich diesen Menschen, der mich eben rücksichtslos behandelt hat, denn vielleicht fehlt ihm etwas, was ich durch ein liebevolles Elternhaus schon früh mitbekommen habe. Täglich übe ich meine Fähigkeit zu vergeben an der Hand meines himmlischen Vaters und manche Tage sind gekrönt von Momenten der Freude, in denen es mir gelingt. Jeden Abend gebe ich alles ab, was meinen „Kanal zu Gott“ verstopfen könnte, um keine Last in den neuen Tag hinüberzutragen. Ich bemühe mich, mein Ohr und mein Herz immer durchlässig für Gott zu lassen. Das tägliche Vergebenüben hilft mir dabei. Wie grandios, bis zum letzten Atemzug in dieser Disziplin wachsen zu dürfen!

Weise ziehen tanzend Kreise

Heidi Schulte

Vor Kurzem saß ich in einer großen Kirche, vorn stand eine Band und spielte Lobpreismusik. Die Sängerin forderte immer wieder dazu auf, mitzuklatschen, aufzustehen oder sogar im Gang zu tanzen. Als dann ein Gospellied gesungen wurde, hielt es mich nur schwer auf meinem Sitz. Ich hatte einen Platz ziemlich weit vorn direkt am Gang, es wäre leicht gewesen, aufzustehen und zum Lob Gottes zu tanzen. Ja, ich hatte richtig Lust dazu. Aber dann dachte ich darüber nach, was wohl passieren würde, wenn ich grauhaarige Oma das tatsächlich tun würde?

Das Durchschnittsalter der Zuhörer lag an diesem Abend weit unter der Fünfzig. Leider hatte ich nicht den Mut, mitzutanzen, aber ich dachte darüber nach.

Da fiel mir König David aus dem Alten Testament ein. Er hatte den Mut, für seinen Gott zu tanzen. Er tat einfach das, wozu es ihn drängte. David gab sich Gott hin – und freute sich innerlich und äußerlich von Herzen über Gott.

Ich finde das toll! Wir sind oft so kontrolliert und befangen, weil wir uns Gedanken über die Reaktionen der anderen machen. Dabei geht es im Lobpreis doch nur um Gott und mich – und die Freude dabei! Mir fallen etliche Psalmen ein, in denen Musik und Tanz erwähnt werden – und da war nicht nur von jungen Leuten die Rede. Während ich so darüber nachdenke, juckt mich mein Tanzbein immer mehr. Ich weiß, spätestens im Himmel werde ich zu Gottes Ehre tanzen, aber vielleicht fange ich doch schon auf der Erde damit an …

Kapitel 9

Schöne Aussichten

Für Christen kommt hinter dem Tod kein Punkt, sondern ein Doppelpunkt: Das Leben geht weiter bei Gott.

Elisabeth Mittelstädt

Auf dem Boden der Tatsachen ... wartet das Glück

Sabine Bockel

Wo ist das Glück zu finden – gerade für einen „reiferen" Single? Mit Glück meine ich jenen Zustand, in dem wir geborgen in Gottes Liebe unser Leben angehen und gestalten können. Die Frage nach dem Glück stellt sich im Singleleben immer wieder, aber es gibt auch andere, ganz praktische Fragen, die in der zweiten Lebenshälfte aufbrechen. Meiner Meinung nach sind Singles besonders gut vorbereitet auf diese Fragen. Oft sind es Beziehungsfragen wie: „Wer wird da sein, wenn ich älter werde? Wer wird mit mir durch dick und dünn gehen?" Weil Alleinlebende sich zum großen Teil nicht auf eine eigene Familie stützen können, bekommen solche Fragen in der Lebensmitte eine große Dringlichkeit und Brisanz. Gerade reifere Singles hatten schon immer mit ähnlichen Fragen zu tun. Schon seit vielen Jahren mussten sie Antworten darauf finden. Nie konnten sie sich darauf verlassen, dass diese Fragen abschließend geklärt sind.

Deswegen haben Singles einen großen Vorteil: Sie haben trainiert, der Wahrheit ins Gesicht zu schauen. Und darin liegt ein Schlüssel zum Glück. „Die Wahrheit wird euch frei machen", sagt die Bibel im Blick auf Jesus Christus (Johannes 8,32; Luther). Sie meint damit, dass wir Vergebung und ein neues, ewiges Leben finden, wenn wir an Jesus Christus glauben. Wenn wir uns der

Tatsache stellen, dass wir ihn brauchen. Doch auch für unser alltägliches Leben gilt: Wer der Realität nicht ausweicht, ist immer im Vorteil.

Denn wenn wir uns den Tatsachen stellen, werden wir im besten Sinne desillusioniert, wir werden frei von Täuschungen. Wir laufen nicht länger falschen Vorstellungen hinterher, sondern können den Spuren des echten, von Gott geschenkten Glücks folgen. In diesem Sinne gilt: Auf dem Boden der Tatsachen wartet das Glück.

Mir scheint, drei Dinge tragen dazu bei, dieses Glück in der zweiten Lebenshälfte zu finden: Erstens: ein „Herzenstraining" von dem, der unsere Herzen kennt. Zweitens: ganz spezielle Aufräumaktionen. Drittens: die Bereitschaft, auf atemberaubende Entdeckungstouren zu gehen – in einem bisher unbekannten Land.

Ich hatte eine besondere Freundin. Vor einiger Zeit ist sie gestorben, kurz nach ihrem 99. Geburtstag. Ihr Leben kam mit sechzig so richtig in Schwung, als sie zum Glauben an Jesus Christus fand. Fortan gingen unzählige Frauen bei ihr ein und aus, um von ihrer Weisheit zu lernen und sich ihren seelsorgerlichen Rat zu holen. Irgendwann sagte ich einmal zu meiner Freundin: „Ich habe das Gefühl, dass das Dach über mir löchrig wird." Ich meinte damit, dass Menschen gehen, die ein „Dach" der älteren Generation über mir gebildet hatten. Nicht, dass ich zu allen diesen Menschen eine tiefe persönliche Beziehung gehabt hätte, aber sie gehörten zu meinem Leben und zu meinem Alltag. Und wie ein Dach vermittelten sie eine gewisse Geborgenheit. Unter einem löchrigen Dach dagegen ist es zugig, unbehaglich und kalt, und der Regen dringt ein. Ich wusste, irgendwann werde ich aller Voraussicht nach kein menschliches Dach mehr über mir haben. Und da ich ohne Geschwister aufgewachsen bin und weder Mann noch Kinder habe, wusste ich auch, dass die Zahl der Menschen, die mich schon lange kennen und mit mir und meinen Eigenschaften vertraut sind, deutlich abnehmen würde. Da kann schon einmal das Gefühl des Unbehagens in einem aufkommen.

Meine Freundin antwortete freundlich, aber auch ganz ungerührt: „Ja, das ist so. Aber damit kannst du leben!“ Ihre Worte haben mir eine Tür in die Freiheit aufgestoßen. Sie hat nichts beschönigt, sondern echten Trost geschenkt. Und mir die Wahrheit gesagt, die sich in einem langen Leben bewährt hat.

Die Autorin Elizabeth Skoglund wuchs in einer großen Familie auf und schreibt in einem ihrer Bücher von einer Zeit, in der viele ihrer Verwandten starben. Sie sagt, ihrer Mutter gegenüber hatte sie „ab und zu geäußert, dass es mir Angst machte, wenn nun fast niemand mehr aus unserer Familie übrig bliebe. Dann erwiderte Mutter immer mit den gleichen Worten: ‚Mach dir keine Sorgen, dann wird Gott dir andere Tröster schicken.‘“

Ich finde es beeindruckend, aus dem Mund von älteren und lebenserfahrenen Frauen zu hören: „Kann gut sein, dass einmal eintritt, was du befürchtest. Das ist hart, aber es ist nicht das Ende. Du kannst damit leben. Es muss dir nicht deinen Lebensmut und deine Lebensfreude rauben, auch wenn du durch ein Tal der Trauer gehst und durch Gefühle der Einsamkeit. Du bist auch dann nicht allein.“

Die meisten Singles sind darin geübt, mit unerfüllten Wünschen umzugehen. Das ist eine große Befähigung, die Gott in einem

Singleleben (und nicht nur dort) ausbilden kann. Sie entwickelt sich, wenn wir mit ihm durch unser Leben gehen. Wenn dann die Reifeprüfungen der zweiten Lebenshälfte auf uns zukommen, sind wir bestens trainiert. Unser Herz hat eine Haltung des Vertrauens eingeübt, die uns befähigt, auch mit rauen Zeiten fertigzuwerden.

Denn Jesus Christus, unser Herzenstrainer, weiß, welche Situationen uns an unsere emotionalen Grenzen bringen – und er setzt alles daran, uns darauf vorzubereiten. Wenn wir an unsere Grenzen kommen, wartet er dort bereits auf uns. Was das Alte Testament von Gottes Fürsorge für Witwen und Waisen sagt, gilt auch für Singles: „Ein Vater der Waisen und ein Helfer der Witwen ist Gott in seiner heiligen Wohnung, ein Gott, der die Einsamen nach Hause bringt …" (Psalm 68,6–7; Luther).

Doch wir brauchen nicht nur die Beziehung zu Jesus Christus, wir brauchen auch vielfältige Beziehungen zu anderen Menschen. Tragfähige Beziehungen gestalten – das ist ein Dauerthema, nicht nur für Singles. Mit den Jahren kommt eine Herausforderung hinzu, für die wir ebenfalls ein Herzenstraining brauchen: Es ist die Tatsache, dass jeder Mensch mit den Jahren immer stärker seine Persönlichkeit ausbildet. Wir werden demnach alle immer spezieller. Außerdem wird uns immer mehr bewusst, dass wir niemanden treffen werden, der genau unserem Wunschbild von einem perfekten Gegenüber entspricht. Für Kinder ist es viel einfacher, jemanden zu finden, der so „tickt" wie sie selbst. Doch je mehr wir reifen, desto mehr Akzeptanz brauchen wir dafür, dass auch unsere besten Freunde an manchen Punkten so ganz anders denken und handeln als wir. In dieser Phase müssen wir die Illusion aufgeben, immer Verständnis zu finden. Kein Mensch kann einen anderen immer verstehen. Das kann nur Gott allein. Der alttestamentliche König David wusste das und konnte beten: „Du verstehst meine Gedanken von ferne" (Psalm 139,2; Luther). Wer weiß, dass er von Gott gekannt und geliebt ist, kann aufatmen und sich geborgen fühlen. Sein Herz ist darin trainiert, anderen mit Großzügigkeit zu begegnen.

Auf dem Boden der Tatsachen wartet das Glück. Denn wir wissen, dass „Löcher" in das Dach gerissen werden, dass sie aber keine Kraft haben, unser Leben auf Dauer zu beeinträchtigen. Dass Gottes Fürsorge feststeht. Und dass wir selbst daran arbeiten können, tragfähige und tiefe Beziehungen aufzubauen. Die Mutter der Autorin Elizabeth Skoglund sprach von Tröstern, die da sind, wenn wir sie brauchen. Meine eigene Erfahrung ist: Tröster kommen nicht unbedingt zu früh. Aber sie kommen.

Schränke aufzuräumen und unnötigen Ballast wegzuwerfen – das ist ein Wunsch, der in der Lebensmitte viele ergreift. Für einen Single sind diese Aufräumaktionen vielleicht noch wichtiger als für Verheiratete. Denn kaum jemand weiß, wie es in unseren Schränken, Schubladen und Ordnern aussieht. Doch das kann wichtig werden! Ich erinnere mich, wie eine Freundin überraschend ins Krankenhaus kam und mir genau beschrieb, wo ich ihre Schlafanzüge finden würde. Solche Situationen stimmen nachdenklich: *Wer würde sich bei mir zu Hause eigentlich auskennen und die richtigen Sachen finden?*

Jeder Single kann in Situationen kommen, in denen er auf die Hilfe von anderen angewiesen ist. Und diese Helfer sind meistens nicht so vertraut mit unserem Alltag, wie es Familienmitglieder wären. Es liegt an uns, es ihnen leichter zu machen und für die Zukunft vorzusorgen. Denn wenn wir älter werden, müssen wir der Tatsache ins Auge sehen, dass unser Körper „störanfälliger“ wird.

Gerade für Singles ist es wichtig, sich über Themen wie Vorsorgevollmacht und Patientenverfügung zu informieren. Es bringt nichts, die Konfrontation mit diesen unbequemen Fragen so lange zu meiden, bis sie plötzlich relevant werden. Als Single muss ich mich frühzeitig fragen, wer sich einmal in meinen Unterlagen zurechtfinden wird, wer meine letzten Angelegenheiten regeln und sich um meinen digitalen Nachlass kümmern wird – und was ich tun soll, wenn mir niemand einfällt, dem ich diese Aufgaben anvertrauen würde? Diese Fragen dürfen wir nicht unbeantwortet lassen. Und wem es zu schwerfällt, sich allein mit ihnen zu befassen, könnte eine Gruppe ins Leben rufen, um sich dann ein paar Mal zu treffen und gemeinsam fachkundige Hilfe einholen.

Um sich solchen Fragen zu stellen, muss man nicht jenseits der siebzig sein. Im Gegenteil! Je früher wir sie angehen, umso entspannter können wir sie regeln. Und auch hier wartet auf dem Boden der Tatsachen das Glück. Denn wer der eigenen Endlichkeit ins Auge sieht, bekommt einen Blick für die Ewigkeit. Er wird wach für das ewige Leben, das Jesus Christus uns anbietet. Wer dann noch seine Angelegenheiten regelt, kann ohne den Ballast bedrückender Fragen durch sein weiteres Leben gehen. Denn es gibt noch viel zu entdecken!

In jüngeren Jahren haben wir noch nicht den Blick für die Entdeckungen, die in der zweiten Lebenshälfte auf uns warten. Was später sein wird, verschwimmt vor unseren Augen wie eine ferne Landschaft. Ich habe sowohl in München als auch in Hamburg gelebt und festgestellt, dass unser Blick umso unpräziser wird, je mehr er in unbekannte Regionen geht. Jemand, der im südlichen Bayern großgeworden ist, hat vielleicht die Vorstellung, gleich hinter Hamburg beginne das Meer. In Wirklichkeit liegt Hamburg rund 100 Kilometer von der Nord- und Ostsee entfernt. Oder ein Norddeutscher denkt, Nürnberg läge am Rande der Alpen. Doch man muss noch rund 200 Kilometer fahren, bis das Alpenpanorama in den Blick kommt.

Wie zwischen Hamburg und dem Meer und Nürnberg und den Alpen eine wunderschöne Landschaft liegt, die sich zu entdecken lohnt, liegt auch hinter der Lebensmitte eine überraschend vielseitige Landschaft.

Zwar müssen wir uns der Tatsache stellen, dass die Strecke zum Ziel kürzer geworden ist, aber sie ist voller neuer Herausforderungen, die wir erst jetzt angehen können. In den letzten Jahren sind für mich deshalb folgende Fragen von zentraler Bedeutung geworden: „Was steht noch aus von dem, wozu Gott mich berufen hat? Was kann ich heute tun, um das persönliche Ziel zu erreichen, das er für mein Leben hat? Was kann ich jetzt angehen – vielleicht mit mehr Gelassenheit als früher?“

Wenn ich mit diesen Fragen im Kopf durch die Landschaft meines reiferen Singlelebens streife, werde ich dort neue Schätze heben, von denen ich in jüngeren Jahren noch gar keine Ahnung hatte. Und wenn ich auf meiner Entdeckungstour irgendwann einmal emotional an meine Grenzen stoßen sollte, kann ich mich ausruhen in dem Wissen, dass Gott mich kennt und meine Gedanken versteht. Wenn ich weiß, dass die praktischen Fragen in Bezug auf meine Zukunft geklärt sind, gewinne ich eine neue

Leichtigkeit. Ich kann Beziehungen neu gestalten. Denn mein gut trainiertes Herz erkennt: auf dem Boden der Tatsachen wartet das Glück.

Vorsorge für die Ewigkeit?

Katrin Schmidt

Neulich sah ich mit meinen Kindern im Fernsehen eine Wissenssendung über Ägypten und die Pharaonen. Was für eine prächtige, künstlerische und gebildete Kultur! In der Sendung wurde erklärt, wozu der ganze Prunk diente. Ich war überrascht, als ich hörte: Fast alles, worein sie ihre Energie investierten, hatte mit der Vorsorge für das Leben nach dem Tod zu tun. Das Leben und Denken der Ägypter drehte sich sehr stark darum, dem Tod so entgegenzutreten, dass er ihrem Glauben nach besiegt werden konnte.

Nur durch eine Mumifizierung war es ihrer Meinung nach möglich, in der neuen Welt wieder einen Körper zu haben und nicht ruhelos in einer Halbexistenz umherzuirren. Außerdem musste dafür gesorgt werden, dass ein Verstorbener möglichst viel Besitz mit ins Grab nahm, denn diese Gegenstände würden die Existenz im Leben nach dem Tod sichern. Die Ägypter glaubten, dass sich der Verstorbene von den Bildern, die die Grabwände schmückten, ernähren würde. Also wurden dort Unmengen von feinen Speisen aufgemalt. Die riesigen Pyramiden sollten den Verstorbenen als Ruhestätte dienen und uneinnehmbar sein. In diese Bauwerke wurde unbeschreiblich viel Material,

Geld und Zeit investiert und etliche Sklaven zahlten die unmenschlich harte Arbeit mit ihrem Leben. Vor diesem Hintergrund ist es offensichtlich, dass es sich nur die Reichsten leisten konnten, für die Ewigkeit vorzusorgen.

Was muss es für ein Gefühl für die Menschen aus dem Volk gewesen sein, das ganze Leben lang nur zu schuften, damit eine Hand voll Herrscher im Jenseits glänzen konnten, während man selbst von vornherein davon ausgeschlossen war? So viel Aufwand, so viel Prunk, so viel Leid.

Mitten in der Sendung sagte mein Sohn unvermittelt: „Und alles, was sie da machen, ist umsonst!"

Die Angst vor dem Tod, die vielen Mythen, die um ihn kreisen und die bestmögliche Vorbereitung auf den Tod bzw. das Jenseits beschäftigten die Menschen in allen Kulturen und Epochen. Mit verschiedensten Ritualen, Regelwerken und Läuterungsprozessen versuchten Menschen schon immer ihre Angst vor der eigenen Endlichkeit zu überwinden. Meistens jedoch erfolglos. Oft wird die Angst vor dem Tod sogar von anderen missbraucht – wie zum Beispiel mit dem Ablasshandel im Mittelalter. So wurde den Menschen vorgegaukelt, sie könnten sich mit Geld von ihrer Schuld freikaufen und so dem Fegefeuer entkommen. Schrecklich, diese Praktiken, und alle umsonst!

Dennoch kommen mir manche Kulturen klüger vor als meine eigene, in der der Tod an den Rand des Lebens gedrängt und tabuisiert wird. Von Vorsorgemaßnahmen für die Ewigkeit keine Spur. Man lebt vor sich hin, so wie es einem selbst gefällt, und verschwendet keinen Gedanken daran, dass das alles hier irgendwann vorbei ist.

Wenn ich sehe, wie viel andere Kulturen in die Ewigkeit investieren, wie viel sie dafür arbeiten und sich anstrengen, bin ich sehr dankbar, dass ich ewiges Leben von Jesus geschenkt bekommen habe. Weil er mich liebt. Weil er selbst den Preis bezahlt, die Arbeit getan hat – dort, am Kreuz von Golgatha.

Was für eine Botschaft für die Welt, für alle Kulturen in allen Epochen! Wir brauchen keine aufwendigen Rituale, keine teuren „Mitbringsel". Wir brauchen nichts für die Ewigkeit einsetzen und vorbereiten – oder doch? In der Bibel steht: „Sammelt euch keine Reichtümer hier auf der Erde, wo Motten und Rost sie zerfressen und wo Diebe einbrechen und sie stehlen. Sammelt euch stattdessen Reichtümer im Himmel, wo weder Motten noch Rost sie zerfressen und wo auch keine Diebe einbrechen und sie stehlen. Denn wo dein Reichtum ist, da wird auch dein Herz sein" (Matthäus 6,19–21; Neues Leben).

Ich soll keine Schätze auf der Erde sammeln, sondern Schätze im Himmel. Damit sind nicht jene Kostbarkeiten gemeint, die einem Pharao mit ins Grab gelegt wurden. Stattdessen fordert Jesus mich auf, die Schätze, die er *in mich* hineingelegt hat, für ihn zu gebrauchen. Er wünscht sich, dass ich meine Gaben und Talente einsetzte, um an seinem Reich zu bauen, das schon hier auf der Erde beginnt und bis in die Ewigkeit reicht. Wenn ich das tue, sammle ich Schätze mit Ewigkeitswert. An diesem Punkt fordern andere Kulturen mich mit ihrer Einsatzbereitschaft heraus. Ihr Antrieb, sich mit der Ewigkeit zu befassen, scheint häufig die Angst zu sein. Und Angst ist ein starker Antrieb! Mein Antrieb dagegen ist Hoffnung. Hoffnung motiviert mich, Jesus aktiv nachzufolgen und fröhlich an seinem Reich mitzuwirken. Denn ich habe den Himmel geschenkt bekommen. Kostenlos. Aber nicht umsonst!

Wie erstelle ich mein Testament?

Ingo Peters

In Deutschland werden jährlich Vermögen im Wert von etwa 400 Milliarden Euro vererbt. Leider läuft die Erbschaft oft schief. Dies kann daran liegen, dass ein Testament fehlt und das Erbe bekommt womöglich eine Person, die der Verstorbene niemals ausgesucht hätte. Viele kinderlose Ehepaare sind sich beispielsweise nicht darüber im Klaren, dass dem Ehepartner ohne Testament lediglich die Hälfte des Erbes zusteht. Die andere Hälfte fällt an die Eltern oder Geschwister des Verstorbenen. Nur durch ein Testament kann dies verhindert werden.

Oder es liegt ein Testament vor, das aber unwirksam ist oder wesentliche Mängel hat, etwa weil der Wille des Erblassers nicht klar nachvollziehbar ist. Denn was für den Verfasser eines Testaments verständlich ist, muss für den Leser noch lange nicht nachvollziehbar sein. Dies gilt insbesondere dann, wenn Juristen ins Spiel kommen. Diese erkennen mitunter Probleme, auf die ein Laie nicht kommen würde. Oder das Finanzamt meldet sich zu Wort und erhebt Erbschaftssteuern, die vermeidbar gewesen wären.

Insbesondere junge Familien mit minderjährigen Kindern unterschätzen häufig, dass gerade für sie ein Testament von erheblicher Bedeutung ist. Stirbt ein Elternteil, sind die Kinder nämlich Miterben des beispielsweise gerade gebauten und verschuldeten Wohnhauses. Der andere Elternteil muss nun sehen, wie er mit der Situation klarkommt und allein die Schulden bezahlt. Ohne Zustimmung des Familiengerichts kann das

Wohnhaus nicht verkauft werden, weil die Kinder nun Miteigentümer sind. Sterben beide Eltern, fehlt ohne Testament eine Regelung, wer sich um die Kinder kümmert.

Das Ergebnis fehlender oder unklarer Testamente können somit massive Familienstreitigkeiten und wirtschaftliche Notlagen sein. So weit sollte man es nicht kommen lassen. Im eigenen Interesse und vor allem in dem seiner Familie sollte man sich deshalb rechtzeitig um ein verständliches und rechtlich wirksames Testament bemühen.

Grundsätzlich gibt es das „eigenhändige Testament“ und das „notarielle Testament“. Sie unterscheiden sich wesentlich dadurch, dass das eigenhändige Testament von den Erblassern selbstständig erstellt und das notarielle Testament von einem Notar beurkundet wird. Im Folgenden möchte ich neben den formalen Anforderungen an die Errichtung dieser Testamente auch auf die Vor- und Nachteile der jeweiligen Form eingehen.

Das eigenhändige Testament: Jede Person, die das 18. Lebensjahr vollendet hat und geschäftsfähig ist, kann ein eigenhändiges Testament errichten. Ein gemeinschaftliches Testament kann nur von Eheleuten erstellt werden. Wollen andere Personen wie Geschwister, Eltern und Kinder ein gemeinschaftliches Testament errichten, ist dies nur vor einem Notar im Rahmen eines Erbvertrages möglich.

Bei der Erstellung eines eigenhändigen Testaments sind folgende Formerfordernisse zu beachten, da das Testament ansonsten unwirksam sein kann. Das eigenhändige Testament muss handschriftlich geschrieben sein. Diese Voraussetzung muss erfüllt werden, damit bei Streitigkeiten nachvollziehbar ist, ob das Testament tatsächlich vom Verstorbenen stammt. Das Testament darf also nicht mit einer Schreibmaschine oder einem Computer erstellt werden.

Das Testament muss am Ende eigenhändig durch den Erblasser unterschrieben werden. Die Unterschrift sollte den Vor- und Nachnamen enthalten. Um die Fälschungsanfälligkeit des Testaments zu verringern, empfiehlt es sich, die Urkunde auf jeder Seite zu unterschreiben.

Weiterhin sollte der Erblasser angeben, an welchem Datum und an welchem Ort er das Testament niedergeschrieben hat. Andernfalls können sich Zweifel an der Wirksamkeit des Testaments ergeben, beispielsweise wenn nicht feststellbar ist, welches Testament das letzte ist und somit die wirksame Verfügung des Erblassers darstellt, wenn mehrere, sich widersprechende Versionen vorliegen.

Wollen Eheleute ein gemeinsames Testament aufsetzen, reicht es aus, wenn einer der Partner den Text handschriftlich verfasst. Das Testament muss allerdings von beiden Eheleuten unterschrieben werden.

Zusammenfassend müssen bei einem Testament also folgende formalen Punkte berücksichtigt werden:

- Das Testament muss vollständig handgeschrieben sein.
- Es muss eigenhändig mit Vor- und Nachnamen unterschrieben sein.
- Ort und Datum müssen angegeben werden.

Eine bestimmte optische Gestaltung ist nicht erforderlich. Allerdings ist es sinnvoll, die Überschrift „Testament“ oder „Letztwillige Verfügung“ zu verwenden.

Aus dem Testament sollte sich klar ergeben, wer Erbe werden soll. Das kann beispielsweise eine Formulierung sein wie „Wir setzen uns gegenseitig zu Erben ein“ oder „Erben sind meine beiden Kinder zu gleichen Teilen“.

Häufig werden in einem Testament lediglich Vermögenswerte zugeordnet, etwa wenn aufgeschrieben wird: „Das Haus bekommt meine Tochter, das Barvermögen mein Sohn.“ Dies sollte man unbedingt vermeiden, weil dann unklar sein kann, wer in welchem Verhältnis Erbe geworden ist. Die richtige Formulierung lautet: „Erben sind meine beiden Kinder zu gleichen Teilen. Das Haus bekommt meine Tochter, das Barvermögen mein Sohn.“

Es sollte sichergestellt werden, dass das Testament an einem Ort verwahrt wird, an dem es von einer Vertrauensperson nach dem Tod gefunden wird. Es passiert häufig, dass Testamente nicht oder von den „falschen Personen“ gefunden werden. Insofern bietet es sich an, das eigenhändige Testament am Amtsgericht des Wohnsitzes des Erblassers in amtliche Verwahrung zu geben. Dadurch lässt sich sicherstellen, dass das erstellte Testament zum maßgeblichen Zeitpunkt vorliegt und nicht verfälscht oder vernichtet wird.

Hilfe durch einen Juristen: Grundsätzlich bestehen keine Bedenken, ein eigenhändiges Testament ohne Hilfe selbst zu erstellen, wenn die Erbfolge klar geregelt ist und eine einfache Verteilung des Vermögens gewünscht wird.

Sollten allerdings weitergehende Wünsche berücksichtigt werden, ist der Laie meistens damit überfordert, die juristisch richtige Formulierung zu wählen. Dies kann beispielsweise der Fall sein, wenn minderjährige Kinder als Erben in Betracht kommen. Dann kann das Testament vorsehen, wer zum Vormund bestellt wird und welche Person das Vermögen für das Kind verwaltet.

Ist ein Kind überschuldet oder hat eine Behinderung, kann das Testament die Versorgung des Kindes sicherstellen und verhindern, dass Gläubiger oder der Sozialversicherungsträger den Nachlass beansprucht.

Bei potenziellen Meinungsverschiedenheiten unter den Erben kann eine Testamentsvollstreckung vorgesehen werden.

Verfügt ein Erblasser über ausländisches Vermögen, etwa über eine Ferienwohnung, muss ausländisches Recht berücksichtigt werden. Es gibt Länder, die das deutsche Testament nicht ohne Weiteres anerkennen, wie beispielsweise die USA. Sollte ein größeres Vermögen vorhanden sein, können zudem steuerliche Aspekte eine Rolle spielen.

In solchen Fällen ist es zu empfehlen, Hilfe von Rechtsanwälten oder Notaren in Anspruch zu nehmen, die sich auf Erbrecht spezialisiert haben.

Die hierdurch entstehenden Kosten richten sich in der Regel nach dem eigenen Vermögen und können in einem Vorgespräch geklärt werden. Häufig erstellen Erblasser ohne juristische Hilfe Testamente, um Kosten zu sparen, lösen damit aber einen jahrelangen Familienstreit aus oder es entstehen andere massive Probleme. Das ist es nicht wert.

Das notarielle Testament: Ein notarielles Testament bietet den Vorteil einer individuellen und unabhängigen Beratung durch einen Notar. Ein weiterer Vorteil besteht darin, dass dieses Testament im Rechtsverkehr – etwa im Kontakt mit den Banken des Erblassers oder dem Grundbuchamt – als Erbnachweis anerkannt wird. Es wird nicht zusätzlich ein Erbschein benötigt.

Hinzu kommt, dass der Notar die Testierfähigkeit des Erblassers bestätigt. Dies kann wichtig sein, wenn der Erblasser alt oder schwer erkrankt ist. Damit wird verhindert, dass später Streit darüber entsteht, ob der Verstorbene gesundheitlich imstande war, das Testament zu errichten. Das ist in der Praxis ein häufiges Problem.

Zudem wird das notarielle Testament registriert und hinterlegt. Damit wird sichergestellt, dass das Testament nach dem Tod eröffnet wird. Die Kosten der notariellen Urkunde werden in der Regel dadurch relativiert, dass die Erben keinen Erbschein benötigen.

Auch wenn man noch gesund und munter ist, kann es beruhigend sein, alle Angelegenheiten für den Ernstfall zu regeln. Viele Menschen haben eine innere Hemmschwelle, sich mit dem eigenen Sterben zu beschäftigen. Aber wenn man Dinge vorbereitet, entlastet man die Angehörigen oder Freunde, die bei einem plötzlichen Todesfall neben ihrer Trauer dann die eigenen Angelegenheiten regeln müssen.

Experten raten dazu, einen Ordner anzulegen mit wichtigen Informationen:

- Bankvollmacht
- Liste der bestehenden Bankkonten
- Vollmacht für die Behörden
- Kopien wichtiger Dokumente (Personalausweis, Geburtsurkunde, Heiratsurkunde)
- Übersicht bestehender Versicherungen
- Familienrechtliche Verfügung (wenn Sie minderjährige Kinder haben)
- Ggf. Vorsorgevollmacht
- Ggf. Patientenverfügung

- Ggf. Betreuungsverfügung
- Testament oder Kopie davon mit Hinweis, wo das Original liegt
- Anschriftenliste der Menschen, die eine Nachricht über meinen Tod erhalten sollen
- Ggf. persönliche Briefe an Freunde oder Familienangehörige

Auch über den digitalen Nachlass sollte man sich Gedanken machen. Was soll gelöscht, was bewahrt werden und wer soll sich darum kümmern? Es ist sinnvoll, einer Person Ihres Vertrauens die Vollmacht zu geben, Ihre Online-Accounts zu verwalten und sie rechtzeitig darüber zu informieren, wo sie eine Liste mit allen Accounts und Passwörtern finden kann.

Wenn Sie bei all diesen Vorbereitungen Hilfe brauchen, bieten Bestattungsunternehmen Beratung und Vorlagen an. Außerdem verkauft der Oncken Verlag einen Vorsorge-Ordner mit entsprechenden Vorlagen und Formbriefen.

Das steilste Stück des Weges

Rosemarie Uschold

Jeden meiner Lebenstage jenseits meines 80. Geburtstags habe ich wie eine schöne Rose aus Gottes Hand genommen: wie ein kostbares, nicht selbstverständliches Geschenk. Es fiel mir nicht schwer, mich zu freuen, denn es ging mir verhältnismäßig noch sehr gut – abgesehen von den üblichen Altersbeschwerden. Doch dann befielen mich mit plötzlicher Wucht Schmerzen im Rücken, und selbst das Gehen fiel mir schwer. Nach einigen Fehldiagnosen brachte ein Computerbild Gewissheit: Ich hatte Tumore an mehreren Stellen im Rückenmark und meine Wirbel waren brüchig geworden.

Gott schenkte mir Gelassenheit und Kraft trotz dieser Diagnose. Ich blickte auf ein erfülltes Leben zurück und hatte mich mit dem Gedanken an meine irdische Vergänglichkeit schon länger vertraut gemacht. Außerdem glaube ich als Christ: Das Beste kommt noch!

Schwer fiel es mir dagegen, mich mit der Erfahrung von Schmerzen, der eigenen Gebrechlichkeit und Hilfsbedürftigkeit zu versöhnen. „Sterben ist mühsam", sagte meine Freundin Ilse, als ich sie einst auf der Palliativstation besuchte. Gewiss, mühsam und schmerzhaft – aber nicht trostlos! Denn ich mache auch in dieser letzten Lebensphase noch täglich neue, wertvolle Erfahrungen.

Meine Kinder sind beide berufstätig und haben eigene Familien gegründet. Dennoch opferten sie viel Zeit, um mich zu der Therapieklinik zu bringen und an den Gesprächen mit den Ärzten teilzunehmen. Sie waren – und sind – stets an meiner Seite. Wenn ich sie brauche, stellen sie alle anderen Verpflichtungen zurück.

Interessant fand ich, wie unterschiedlich meine Freundinnen reagierten, als sie von meinem Zustand erfuhren. Einige verfielen zunächst in ein schockiertes Schweigen, denn das Wort „Krebs" setzt ein schlimmes Signal. Ich nahm ihnen ihr Zurückweichen nicht übel, war ich doch selbst oft ratlos, wenn ich mit einer solchen Nachricht konfrontiert wurde. Ich schätzte es sehr, wenn Freundinnen anteilnehmend, aber ruhig und sachlich reagierten mit Fragen wie: „Kann ich etwas für dich tun? Lass mich wissen, wenn du etwas brauchst, das ich dir besorgen kann. Ist dir mein Besuch willkommen oder möchtest du lieber deine Ruhe haben?"

Ich habe auch etwas befremdliche Telefonate erlebt. Eine besonders fromme Freundin jubelte los: „Wie wirst du dich freuen, bald bei Jesus zu sein!" Gewiss, auch Paulus drückte seine „Lust" aus, bald vom Glauben zum Schauen überzugehen (2. Korinther 5,8). Aber dass vor diesem glücklichen Augenblick wohl noch die steilste und steinigste Strecke meines irdischen Weges vor mir liegt, zog diese wohlmeinende Person überhaupt nicht in Betracht.

Eine andere Freundin hielt mir am Telefon eine Laudatio auf all meine Verdienste. Da ich aber noch unter den Lebenden weile, schien mir dieser Nachruf etwas verfrüht und ebenfalls nicht angebracht.

Zweifellos von Zuneigung diktiert war der Ausruf einer nahen Freundin: „Du darfst nicht sterben! Ich brauche dich doch so sehr!" Aber ich möchte auch von Liebe nicht unter Druck gesetzt werden: „Kämpfe um dein Leben! Du wirst gebraucht!" Ich habe meine Zeit in Gottes Hand gelegt. Er weiß den rechten Augenblick. Ich möchte loslassen dürfen.

Wie viel Zuneigung erfuhr ich von allen Seiten! Eine Nachbarin, die täglich mit ihrem Hund unterwegs ist, brachte mir bunte Wiesenblumensträußchen mit: „Sie kommen ja selbst nicht raus, da kommt die Natur zu Ihnen!"

Eine Bekannte, die ich gebeten hatte, mich momentan nicht zu besuchen, ließ es sich nicht nehmen, mir ein unterhaltsames

Buch in den Briefkasten zu stecken. Von anderer Seite kamen CDs mit christlicher Musik und nette Filme auf DVD.

Eine in der Nähe wohnende Freundin, die gern kocht, versorgt mich seit meiner Erkrankung regelmäßig mit kleinen Leckerbissen, um meinen Appetit wieder zu wecken, der mir abhandengekommen war.

Von vielen Seiten erreichte mich die liebevolle Zusicherung: „Wir beten für dich!"

Nach dem ersten Gottesdienst, den ich in meiner Gemeinde versäumen musste, kam mein Pastor zu Besuch und betete für mich. Er überbrachte mir die Grüße aller Gemeindemitglieder. Das machte mir wieder bewusst, dass ich auch eine liebevolle geistliche Familie hatte.

Am meisten überraschte mich aber der Besuch der Frau des Pastors. Sie brachte mir ein gerahmtes Bild mit den gestickten Worten: „Rejoice always!" (Dt.: „Freu dich allezeit.") Ich war über diese Wahl verblüfft. Ich hatte selbst schon oft von tiefem Mitgefühl bewegt und um Worte ringend am Bett eines Kranken gestanden, aber nie wäre es mir in den Sinn gekommen, dem Kranken zu sagen, er solle sich freuen. Freuen bei all den Schmerzen, der Schwäche, der Behinderung? Ist das nicht geradezu zynisch?

Als die Pastorenfrau sich verabschiedet hatte, sah ich lange das Stickbild in meiner Hand an und dachte nach. Allmählich ging mir auf, welch kostbaren Hinweis sie mir damit gegeben hatte. Sich freuen, ja! Aber nicht über die misslichen Umstände, sondern *trotz* dieser Situation! Mehr und mehr gewann ich die Einsicht, dass es auch in meiner gegenwärtigen Lage noch viele Gründe zur Freude und Dankbarkeit gab.

Da ist zum Beispiel der kleine Garten um mein Haus, der dieses Jahr ganz besonders prachtvoll blüht. Ich sehe Jesus, wie er auf die kleinste Blüte hinweist und sagt: „Hat Gott sie nicht noch schöner gekleidet als Salomon in all seiner Pracht?“

Und mir fallen zahllose weitere Gründe ein, mich zu freuen:

In gesunden und in kranken Tagen weiß ich mich vom himmlischen Vater geliebt. Er schenkt mir eine wunderbare Zukunft über dieses Leben hinaus.

Mitmenschliche Liebe und Hilfsbereitschaft strömen von allen Seiten auf mich ein. Das ist zutiefst bewegend.

Ich bin sehr dankbar für gute Ärzte, die sich Zeit für ehrliche Gespräche nehmen und alles tun, um mir die Schmerzen zu lindern.

Mir ist Zeit gegeben, das Loslassen zu üben. Mit meiner Familie bin ich im Einklang. Mein geistliches Erbe konnte ich weitergeben.

Zu einigen Aktivitäten, die mir Spaß machen, bin ich auch in meinem eingeschränkten Zustand noch fähig: Mit meiner kleinen Kamera mache ich Blumenaufnahmen und stelle Glückwunschkarten her. Auch am Computer zu schreiben ist mir noch möglich und lenkt mich von den Schmerzen ab. Außerdem lese ich jetzt mehr.

Ich habe das Kreuzstichbild mit der Aufforderung zur Freude über meinem Computer aufgehängt. Es wurde mir zu einer heilsamen Erinnerung an all das, wofür ich dankbar sein kann und worüber ich mich – auch jetzt noch – freuen kann.

Ich bin mir bewusst, dass man meine Erfahrungen nicht verallgemeinern und auf jede andere Leidensgeschichte übertragen kann. Für einen jungen Menschen, der durch eine plötzliche schwere Krankheit mitten aus dem alltäglichen Leben gerissen wurde und vor lauter unerledigten Lebensaufgaben steht, ist es natürlich viel schwerer, loszulassen. Auch für einen Menschen, der einsam ist und nicht so viel Zuwendung und Rückhalt erfährt wie ich, ist es wesentlich schwerer, im Leid an der Freude festzuhalten. Aber ich bin davon überzeugt, dass Gott auch diesen Menschen im Leid begegnen und ihnen Zuversicht schenken kann.

Das Leid und die Schrecken des Todes werden in der Bibel nirgendwo bagatellisiert. Der Tod ist der Feind, dem jeder einmal gegenübersteht. Wer dies verdrängt, hat es schwerer als derjenige, der ihm ins Auge sieht. Doch wer Jesus kennt, weiß, dass der Tod nicht das letzte Wort hat.

Rosemarie Uschold hat das steilste Stück des Weges inzwischen hinter sich gebracht und ist in ihrem himmlischen Zuhause angekommen.

Das Beste kommt noch

S. Irmgard Wieland

Mai 2017. Die Schweigeminute für die Terroropfer in Manchester ist vorbei. Doch dann beginnen die Trauernden spontan zu singen – den größten Hit von Oasis, einer der bekanntesten Bands der Stadt: „Don't you know you might find a better place to play ..." Von einem besseren Platz nach diesem

Leben singen sie. Von dem Wunsch, dass mit dem Tod nicht alles aus ist und das Beste noch kommt. Verbirgt sich dahinter nicht die Sehnsucht nach dem Himmel? Welche Antwort finden Christen in der Bibel?

In der Offenbarung des Johannes lesen wir: „Und ich sah einen neuen Himmel und eine neue Erde; denn der erste Himmel und die erste Erde sind vergangen, und das Meer ist nicht mehr. Und ich sah die heilige Stadt, das neue Jerusalem, von Gott aus dem Himmel herabkommen, bereitet wie eine geschmückte Braut für ihren Mann. Und ich hörte eine große Stimme von dem Thron her, die sprach: Siehe da, die Hütte Gottes bei den Menschen! Und er wird bei ihnen wohnen, und sie werden sein Volk sein, und er selbst, Gott mit ihnen, wird ihr Gott sein; und Gott wird abwischen alle Tränen von ihren Augen, und der Tod wird nicht mehr sein, noch Leid noch Geschrei noch Schmerz wird mehr sein; denn das Erste ist vergangen. Und der auf dem Thron saß, sprach: Siehe, ich mache alles neu!" (Offenbarung 21,1–5; Luther).

Diese Herrlichkeit beginnt, wenn Gott den neuen Himmel und die neue Erde schafft. Doch wo sind die Toten bis dahin? Der Apostel Paulus schreibt: „Ich fühle mich zwischen zwei Wünschen hin- und hergerissen: Ich sehne mich danach, zu sterben und bei Christus zu sein, denn das wäre bei Weitem das Beste. Doch für euch ist es besser, wenn ich lebe" (Philipper 1,23–24; Neues Leben). Paulus erwartet, gleich nach seinem Tod bei Christus zu sein.

Genau das verspricht Jesus auch dem Verbrecher am Kreuz, der sich in seiner letzten Stunde zu Jesus hingewandt hat: „Ich versichere dir: Heute noch wirst du mit mir im Paradies sein" (Lukas 23,43). Bei Christus – im Paradies.

Bis Gott den neuen Himmel und die neue Erde schafft – unser ewiges Zuhause –, ist das Paradies die himmlische Zwischenstation. Es ist noch nicht der neue Himmel von Offenbarung 21. Trotzdem ist die Entscheidung über die Zukunft bereits gefallen. Wer ins Paradies gekommen ist, wird auch in die ewige Herrlichkeit kommen.

Wie wird es dort sein? Im neuen Himmel und auf der neuen Erde gibt es kein Meer, lesen wir in Offenbarung 21,1. Warum denn das? Das Meer hat in Sturm und Wellen schon unzählige Menschen verschlungen. So steht es sinnbildlich für die geballte Macht des Chaos, das seit dem Sündenfall auf der Erde herrscht. Das Chaos wird für immer vorbei sein.

Weiter heißt es: „Der Tod wird nicht mehr sein, noch Leid noch Geschrei noch Schmerz wird mehr sein" (Offenbarung 21,4; Luther). Stellen wir uns das vor: Es gibt keine Krankheit und keine Behinderung mehr, keine Chemotherapie, keine Totgeburt des sehnlichst erwarteten Kindes, keinen Unfall, bei dem man das Liebste hergeben muss!

Der neue Himmel und die neue Erde sind der Höhepunkt von Gottes Heilsgeschichte und bereits im Alten Testament verheißen: „Alle Not wird vergessen sein, ich bereite ihr ein Ende. Alles mache ich jetzt neu: Einen neuen Himmel schaffe ich und eine neue Erde. … Freut euch und jubelt ohne Ende über das, was ich nun schaffe! Ich mache Jerusalem zur Stadt der Freude und seine Bewohner erfülle ich mit Glück. … Niemand wird mehr weinen und klagen" (Jesaja 65,16–19; Gute Nachricht Bibel).

Gottes Neuschöpfung umfasst alles. Auch eine neue, heilige Stadt, in der die Menschen wohnen dürfen. Diese neue Stadt, genannt das himmlische Jerusalem, kommt auf die neue Erde herab. Dann ist buchstäblich der Himmel auf Erden! Die Stadt ist so unbeschreiblich schön und vollkommen, dass sie mit menschlichen Worten kaum beschrieben werden kann.

Im Himmel wird alles von Gottes Herrlichkeit und Licht erfüllt sein. Es gibt keine Finsternis mehr. Nichts Unreines wird hineinkommen (siehe Offenbarung 21,27). Alles Dunkle und Böse wurde vorher vernichtet (siehe Offenbarung 20,10.14.15). Es gibt nun keine Sünde und keine Verführung mehr. Im neuen Himmel und auf der neuen Erde wird Gott vollenden, was er auf der Erde begonnen hat. Und wer will, darf dabei sein! Wer heute zu Gott gehört, wird auch dort bei ihm sein dürfen.

„Siehe da, die Hütte Gottes bei den Menschen! Und er wird bei ihnen wohnen", heißt es in Offenbarung 21,3 (Luther). Unvorstellbar: Gott wohnt bei uns, und wir dürfen bei Gott wohnen. Jesus hat versprochen, dass er Wohnungen für uns vorbereitet in seines Vaters Haus (siehe Johannes 14,2–3). Wir werden dort genug Platz haben und uns wohlfühlen. Jeder wird ein Zuhause haben, ein ewiges sogar. Keiner muss mehr flüchten. „Und so werden wir bei dem Herrn sein allezeit" (1. Thessalonicher 4,17; Luther).

„Gott wird abwischen alle Tränen von ihren Augen", lesen wir weiter. Jede Träne, steht da wörtlich. Jedem Einzelnen wendet sich Gott zu; keine durchlittene Stunde ist ihm egal. Jetzt gibt es nichts mehr zu weinen. Was Gott in Ewigkeit vollenden wird, dürfen wir schon heute von ihm erbitten. Gott tröstet auch jetzt schon angesichts des Todes, das hat er versprochen (siehe 2. Korinther 1,3–4). Es hat mich berührt, wie stark Gottes Trost bei den Kindern war, die am offenen Grab standen und trotz allem wussten: Dort, wo die Mama jetzt ist, geht es ihr gut.

Wie werden wir als auferstandene Menschen sein? Dem Apostel Paulus war es wichtig, dass wir das wissen. In der Auferstehung bekommen wir einen neuen Leib. Dieser neue Körper wird unsterblich und unverweslich sein, herrlich und ohne Behinderung, voller Kraft – ein Körper, der von Gottes Geist durchdrungen und belebt wird (siehe 1. Korinther 15,42–49). Unsere neue Körperlichkeit wird analog zum Körper des auferstandenen Christus sein. Der war kein Geist; zeigte er doch seine Wunde und aß mit den Jüngern. Und doch ist der neue Leib anders, nicht mehr den Gesetzen der materiellen Welt unterworfen.

Wir erhalten ein neues Outfit, das in den Himmel passt: das Kleid der Gerechtigkeit (siehe Offenbarung 19,8). Diese Gerechtigkeit schenkt uns Jesus schon jetzt, sobald wir an ihn glauben. Dort glänzen wir damit beim großen Fest. Die wunderschöne Vorstellung vom himmlischen Hochzeitsmahl ist eine großartige Beschreibung für die neue Leiblichkeit und Vitalität, für den Genuss festlichster und freudigster Begegnung. Und Christus, der Bräutigam seiner Gemeinde, wird unser Gastgeber sein.

Viele Menschen fragen sich: „Werde ich im Himmel meine Lieben wiedererkennen?“ Auch nach der Verwandlung unseres bisherigen Körpers in einen Auferstehungskörper bleiben wir dieselbe Person. Wenn Jesus verspricht, dass wir mit Abraham, Isaak und Jakob zu Tisch sitzen werden (siehe Matthäus 8,11), sind das Personen, die ihre Identität bewahrt haben. Sollten wir unsere Lieben dann nicht auch erkennen? Auch deshalb, weil wir ein neues Erkenntnisvermögen haben? Die Jünger auf dem Weg nach Emmaus erkannten den auferstandenen Jesus ja auch, als ihnen die Augen aufgetan wurden (Lukas 24,31). Spannend, wie wir einander ohne unsere Macken wiedererkennen. Vielleicht sagen wir zueinander: „Mensch, du bist ja fast nicht mehr wiederzuerkennen, so toll wie du aussiehst!"

Einmal kamen einige Sadduzäer zu Jesus. Sie waren Anhänger einer religiös-politischen Partei, die nicht an die Auferstehung glaubten. Sie stellten Jesus eine Fangfrage: Wenn eine Frau siebenmal verheiratet war, zu wem gehört sie dann im Himmel? Jesus antwortete: „Ihr irrt, weil ihr weder die Schrift kennt noch die Kraft Gottes. Denn in der Auferstehung werden sie weder heiraten noch sich heiraten lassen, sondern sie sind wie Engel im Himmel" (siehe Matthäus 22,23–30). Jesus sagt hier nicht, dass die Erlösten im Himmel geschlechtslos sein werden, denn unsere Identität bleibt ja erhalten. Was wir jedoch aus seiner Antwort schließen können, ist: Auch in geschlechtlicher Hinsicht wird die Sehnsucht gestillt sein und es wird kein Verlangen mehr geben, einen Menschen zu heiraten.

Gläubige werden im Himmel eine ewige Gemeinschaft miteinander genießen, die vollkommener ist als jede irdische Partnerschaft. Doch wollten wir diese Gemeinschaft näher beschreiben, würden wir der Spekulation Tür und Tor öffnen. Was uns klar gesagt wird, ist der geistliche Aspekt: nämlich dass die Gemeinde schon jetzt Jesu Braut ist und einmal mit ihm das himmlische Hochzeitsfest feiert (siehe Offenbarung 19,9). Jesus Christus, unser Heiland und Erlöser, ist unser erstes Gegenüber.

Was werden wir im Himmel tun? Wir werden Gott loben und feiern (siehe Offenbarung 19,6–9). Doch das ist nicht alles: „Seine Knechte" – ich füge hinzu: und „Mägde" – „werden ihm dienen" (Offenbarung 22,3). Wie sieht das aus? Darf ich tun, was ich besonders gut kann? Oder woran ich Interesse habe? Ich persönlich kann nicht so gut singen oder Klavier spielen; es wäre mir arg, wenn ich den ganzen Tag musizieren müsste! Ich würde mich viel lieber mit Paulus über einige Bibelstellen unterhalten, die ich trotz Theologiestudium und vielen Diskussionen bis heute nicht verstanden habe. Was würden Sie gern machen?

Sie merken, jetzt reden wir doch sehr menschlich vom Himmel! Ich will meinem Gott zutrauen, dass meine Aufgabe im Himmel mir Freude machen und mich erfüllen wird. Was wir tun, wird Gott entsprechen, zum neuen Himmel und zur neuen Erde passen und uns Menschen Spaß machen. Denn Gott macht den neuen Himmel und die neue Erde doch nicht, um uns zu langweilen!

Die Hoffnung auf den Himmel prägt unser Leben schon heute. Paulus schreibt an die Korinther: „Darum" – das heißt, weil ihr so eine großartige Hoffnung habt – „seid fest, unerschütterlich und nehmt immer zu in dem Werk des Herrn, weil ihr wisst, dass eure Arbeit nicht vergeblich ist in dem Herrn" (1. Korinther 15,58; Luther).

Dafür werden uns einmal die Augen aufgehen: Es hat sich gelohnt, dass ich die Nachbarin eingeladen habe. Dass ich den Kindern von Jesus erzählte und den Flüchtlingen eine Wohnung besorgte. Der Theologe Friedrich von Bodelschwingh meinte: „Es ist nicht wahr, dass die Ewigkeitshoffnung die Christen zu Träumern und Fantasten macht. Im Gegenteil – je entschlossener wir auf die neue Welt warten, desto praktischer, nüchterner und schlichter wird sich unser Leben hier gestalten."

Dabei bringt die Hoffnung nicht nur Einsatzbereitschaft, sondern auch Vorfreude. Im Himmel wird es schöner sein als die Welt am prächtigsten Frühlingstag mit all den herrlichen Blüten und wunderschönen Schmetterlingen. Schon jetzt wird uns in Gottes wunderbarer Schöpfung eine Ahnung von Gottes neuer Welt geschenkt, und doch wird sie noch herrlicher sein, als wir sie uns jemals vorstellen könnten. Was für eine großartige Hoffnung, irgendwann Teil dieser Welt sein zu dürfen!

Wenn ich an dieser Hoffnung festhalte und das Ziel vor Augen habe, werde ich durchhalten bis zum Ziel! Die Langstreckenschwimmerin Florence May Chadwick wollte als erste Frau von einer Insel hinüber an die kalifornische Küste schwimmen, 34 Kilometer entfernt. Angespornt von vielen Zurufen aus den Begleitbooten hatte sie es fast geschafft. Da zog ein dichter Nebel auf und das Wasser wurde kälter. Die erschöpfte Florence gab auf und ließ sich ins Boot ziehen. Was sie nicht sah: Es waren nur noch wenige Hundert Meter bis zum Ziel. Danach erzählte sie den Reportern: „Ich glaube, ich hätte es geschafft, wenn ich das Ziel gesehen hätte." Beim zweiten Versuch konzentrierte sich Florence darauf, die Küste vor ihrem inneren Auge zu sehen. Jedes Detail malte sie sich aus. Dieses Mal schaffte sie es tatsächlich!

Damit ich das Ziel nicht aus den Augen verliere, brauche ich Menschen, die mich ermutigen. Deshalb ist die Gemeinde so wichtig. Ich brauche das Wort Gottes, das meinen Kurs korrigiert, sodass ich am Ziel ankomme. Und ich muss den vor Augen haben, der mich erwartet: Jesus.

Die wichtigste Frage ist jedoch: Wer kommt denn in den Himmel? Die einfache Antwort: Wer im Buch des Lebens steht, genauer formuliert „im Lebensbuch des Lammes“ (Offenbarung 21,27). Mit dem Lamm ist Jesus gemeint, der wie ein Opferlamm starb; der für meine und Ihre Sünde sein Blut vergoss. Von diesem Blut sagt das Wort Gottes: Es reinigt von aller Sünde, sodass wir rein sind und in den Himmel passen (siehe 1. Johannes 1,7). Wenn wir zu Jesus gehören, stehen wir im Lebensbuch. Die schreckliche Alternative ist die Hölle. Jesus möchte Sie bei sich im Himmel haben. Nehmen Sie seine Einladung an!

Gern wüssten wir noch mehr über die Ewigkeit. Die biblischen Hinweise sind oft sehr zurückhaltend. Offene Fragen bleiben. Wahrscheinlich könnten wir mit vielen Antworten gar nicht umgehen, weil wir irdisch und noch nicht himmlisch sind. Aber die klaren Aussagen der Bibel führen uns vor Augen, dass wir von Gottes Ewigkeit gar nicht groß genug denken können. Doch dies ist gewiss: Das Beste kommt noch!

Über die Autoren

Christina Bachmann ist freie Autorin und Journalistin.

Ilona Barthel ist verheiratet, hat vier erwachsene Kinder und neun Enkelkinder. Nach ihrer Tätigkeit in der Behindertenhilfe ist sie nun im Ruhestand.

Saskia Barthelmeß ist Mutter von drei Kindern und Kolumnistin der Zeitschrift LYDIA.

Doris Bednarz ist Justizangestellte, ihr Mann, Volker Bednarz, ist Mitarbeiter bei ERF Medien. Beide sind Gründungsmitglieder des Vereins „WeiterRaum e. V.".

Sabine Bockel ist Pastorin.

Heidi Brandenberg ist Mutter von vier erwachsenen Kindern und arbeitet als interkulturelle Mitarbeiterin in La Paz, Bolivien.

Eva Breunig ist Gymnasiallehrerin, Autorin und Mutter von drei erwachsenen Kindern. Sie lebt in Wien.

Elisabeth Büchle ist verheiratet, Mutter von fünf Kindern und Romanautorin.

Dr. med. Ute Buth ist Fachärztin für Frauenheilkunde und Geburtshilfe.

Birgit Fingerhut ist Referentin bei „Frühstückstreffen für Frauen“ und E-Mail-Coach bei „Campus für Christus“ auf www.gottkennen.de.

Daniela Greiner ist Pastorin beim „Treffpunkt C“ in Rudersberg.

Michael Gudelius ist glücklicher Ehemann und Vater zweier Kinder, Lebenskünstler und erfüllter Rentner.

Brigitte Hallenberg ist Vorsitzende der Selbsthilfegruppe „Schlaganfall Wermelskirchen e. V.“.

Inge Hoffmann ist verheiratet und Mutter von drei Kindern.

Delia Holtus ist Redakteurin der Zeitschrift LYDIA.

Marion Klug ist Lehrerin (Religion und Kunst), Trau- und Trauerrednerin und Gastgeberin.

Erdmuthe Knauß ist Apothekerin und Kunsttherapeutin.

Silvia Konstantinou ist freie Schriftstellerin und lebt in Wien.

Uta Kümmerle ist gelernte Krankenschwester und selbstständige Pflegeberaterin.

Esther Lieberknecht ist Seelsorgerin und Referentin bei „Frühstückstreffen für Frauen“.

Anne Löwen ist Buchautorin und Referentin.

Andreas Malessa ist Hörfunk- und Fernsehjournalist bei ARD-Sendern, Theologe, Buchautor und Referent. Er ist seit 40 Jahren verheiratet.

Heike Malisic ist Mutter von fünf Kindern und Mitherausgeberin der Programme „Lebe leichter“ und „Body, Spirit, Soul“.

Elisabeth Mast, verheiratet mit Bernhard, ist Krankenschwester und Mutter von drei Töchtern.

Daniela Merkert ist Krankenschwester. Sie lebt und arbeitet in Neuseeland.

Ellen Nieswiodek-Martin ist Chefredakteurin der Zeitschrift LYDIA und Herausgeberin mehrerer Bücher. Sie hat sechs Kinder.

Beate Nordstrand ist mit Heike Malisic Urheberin der Konzepte „Lebe leichter“ und „Body Spirit Soul Konkret“.

Gudrun Paladey ist LYDIA-Autorin.

Dr. Ingo Peters ist Rechtsanwalt und Notar in Wetzlar und Fachanwalt für Erbrecht.

Annemarie Pfeifer ist Buchautorin und war jahrelang Kolumnistin der Zeitschrift LYDIA.

Maria Prean ist Autorin und Referentin. Sie gründete den Verein „Vision für Afrika", um Waisenkinder in Uganda zu unterstützen.

Christa Schellmann ist verheiratet und Rentnerin, die gern schreibt.

Katrin Schmidt ist verheiratet, Mutter und Grundschullehrerin.

Liesel Schomaker ist verheiratet und Oma von vier Enkelkindern.

Heidi Schulte leitet die Arbeit „Neues Leben Indonesien e. V.".

Anne Seidlitz ist Farb- und Stilberaterin, Coach und psychotherapeutische Heilpraktikerin.

Gerdi Stoll hat Pädagogik studiert und war Grundschullehrerin, bis sie Mutter von drei Kindern wurde. Außerdem war sie Pfarrfrau, bis ihr Mann in Pension ging. Danach begann sie ihre Referenten- und Autorentätigkeit.

Rosemarie Uschold war LYDIA-Autorin und ist inzwischen verstorben.

Kerstin Wendel ist Mutter von zwei Kindern, Pädagogin, Autorin und Referentin.

Schwester Irmgard Wieland war bis zu ihrem Ruhestand Dozentin am Theologischen Seminar der Liebenzeller Mission, vor allem im Bereich des Alten und Neuen Testaments.

Ingrid Witte ist verheiratet und hat zwei erwachsene Kinder.

Roswitha Wurm ist Pädagogin und Autorin und lebt mit ihrer Familie in Wien.

Anmerkungen und weitere Informationen

Kapitel 1

1 Angaben entnommen aus der „Newsweek“ 8/2010; zitiert in: Margaret Heckel „Die Midlife-Boomer“, Edition Körber-Stiftung, Hamburg 2012.

2 Zitiert in: Margaret Heckel: „Die Midlife-Boomer“, 1. Auflage, Edition Körber, Hamburg 2012.

3 Über Suzelle Poole https://www.youtube.com/watch?v=tP214lJtKlM (letzter Zugriff: 27.03.18).

4 Über Allan Stewart: https://www.theaustralian.com.au/higher-education/grand-masters-for-97-year-old-allan/news-story/e72649ff11d5c46d5fb64862aea275a1?sv=88476ab5e40e8fea7b4d76e6daa3bf99 (letzter Zugriff: 27.03.18).

5 Über Lillian Weber: www.livenet.ch/themen/gesellschaft/international/africa/275845-100jaehrige_produziert_1000_kleider_fuer_kinder_afrikas.html (letzter Zugriff: 27.03.18).

Kapitel 5

6 „International Society of Aesthetic Plastic Surgery, USA“, Auszüge daraus erschienen in „Psychologie“ 5/2017.

7 Fachinformationen aus: Anneliese Schwenkhagen/Katrin Schaudig: „Kompass Wechseljahre“, 2. vollständig überarbeitete Auflage, Stuttgart 2015.

Erkennungsmerkmale einer seriösen Pflegevermittlung

- Wird der Vertrag zwischen dem Pflegehaushalt und der Pflegevermittlung vorher zur Überprüfung ausgehändigt?
- Sind die Kosten inklusive aller Nebenkosten transparent?
- Erfüllt die Agentur alle Pflichten bezüglich Sozialversicherung und Versteuerung?
- Wird bei der Entsendung einer Pflegekraft ein entsprechender Nachweis in Form eines A1-Dokuments vorgelegt?
- Verpflichtet sich die Agentur den geltenden Mindestlohn zu zahlen?
- Ist die angegebene Arbeitszeit pro Woche mit dem Arbeitszeitgesetz vereinbar? (Maximal 48 Stunden pro Woche und angemessene Pausen- und Regenerationszeiten.)
- Gibt es Vereinbarungen bezüglich des Rechts auf Freizeit der Pflegekraft und deren Gestaltungsmöglichkeiten oder wird die Verantwortung hierfür auf den Kunden übertragen?
- Besteht die Möglichkeit, vorab mit der Pflegekraft zu telefonieren?
- Gibt es einen kompetenten Ansprechpartner in Deutschland, der für beide – Pflegekraft und Pflegehaushalt – bei Fragen und Nöten zur Verfügung steht?
- Ist im Notfall ein zeitnaher Ersatz der Pflegekraft gewährleistet?
- Gibt es eine angemessene Kündigungsfrist?
- Liegen ein Qualitätszertifikat und Referenzen des Dienstleisters vor?

Beispiele für legale Vermittlungsagenturen

Pflegeberatung Esslingen
Tel.: 0711-30516591
www.pflegeberatung-esslingen.de

Stiftung Europäische Begegnung
Tel.: 0228-82320011
www.curae.de

CareWork
Tel.: 08000-180100
www.24stundenbetreut.com

Stiftung Innovation und Pflege
Tel.: 07031-72400-10
www.stiftung-innovation-und-pflege.de

FairCare
Tel.: 0711-23941-0
www.vij-faircare.de

** Hinweis: Diese Angaben waren gültig zum Zeitpunkt des Drucks. Keine Gewähr.*

Der Verlag weist ausdrücklich darauf hin, dass im Text enthaltene externe Links vom Verlag nur bis zum Zeitpunkt der Buchveröffentlichung eingesehen werden konnten. Auf spätere Veränderungen hat der Verlag keinerlei Einfluss. Eine Haftung des Verlags ist daher ausgeschlossen.

FSC
www.fsc.org
MIX
Papier aus verantwortungsvollen Quellen
FSC® C014496

Wenn nicht anders angegeben, wurden die Bibelstellen der folgenden Übersetzung entnommen:

1. Auflage 2018
Bestell-Nr. 817467
ISBN 978-3-95734-467-0

Umschlaggestaltung: spoon design, Olaf Johannson
Umschlagfoto: Ditty_about_summer / Shutterstock
Lektorat: Delia Holtus, Désirée Gudelius
Satz: Uhl + Massopust, Aalen
Druck und Verarbeitung: GGP Media GmbH, Pößneck
Printed in Germany

www.lydia.net